Xinxing Jingjiti Duiwai
Zhijie Touzi Yu
Muguo Chanye Shengji De
Hudong Guanxi Yanjiu

新兴经济体对外直接投资与母国产业升级的互动关系研究

李珮璘 ○ 著

上海社会科学院出版社
SHANGHAI ACADEMY OF SOCIAL SCIENCES PRESS

本书获国家社会科学基金项目资助(批准号:12CJL049);获上海社会科学院创新工程国际投资学创新型学科资助。

前　言

　　新兴经济体的群体性崛起是自 20 世纪以来世界经济中的重大事件之一。新兴经济体不仅吸引了大量的外国直接投资，而且逐渐成为重要的国际直接投资来源国，改变了全球资本流动格局。自 20 世纪 90 年代以来全球经济一体化深入发展，新兴经济体抓住此次发展机遇，普遍实行以出口为导向的开放战略，积极引进外资，承接发达经济体跨国公司主导的国际产业转移，融于全球生产网络，提升了国际分工地位，经济得以发展。在经济规模快速扩大的同时，由于在此战略主导下，新兴经济体国内生产要素主要服务于出口及其相关配套和辅助产业，其他产业发展则相对滞后，因此产业结构存在不尽合理之处，主要表现在三个方面：一是资源性产业成为支柱产业，制造业发展滞后，以俄罗斯、巴西和沙特等为代表；二是对外资和国际市场的依赖程度高，以制造业为主的产业技术水平需提高，以中国以及其他一些开放度高的小型经济体（如马来西亚、印度尼西亚、越南等）为代表；三是服务业过度发展，造成服务业与制造业之间比例不协调，以印度为代表。近年来世界经济低速增长的趋势明显，全球经济因新冠肺炎疫情的冲击雪上加霜，以美国为代表的主要发达国家贸易与投资保护主义抬头，支撑新兴经济体经济产业发展的国际市场需求减少，因此，新兴经济体国内产业与经济结构转型升级的内在要求更加迫切。当前在第三次产业技术革命的进程中，主要发达经济体纷纷调整国内产业结构，重视实体经济发展，推动新兴产业发展，试图在未来新一轮全球产业分工中占据主导地位。在此背景下，考虑到引进外资对国内产业技术进步的作用有限，因此通过对外直接投资促进母国产业升级，实现对外直接投资与新兴经济体国内产业升级的良性互动成为新兴经济体的现实需求。

　　在理论研究方面，关于开放条件下国际直接投资对母国产业升级的作用这一研究主题，最早的研究可追溯到 1958 年邓宁对美国在英国制造业的直接投资的研究，该研究肯定了对外直接投资对美国制造业的作用。随后从 20 世纪 60 年代到 80 年代的理论研究主要以美国、日本等发达国家的对外直接投资为研究对象，主要有两种观点：一种认为对外直接投资对母国产业升级存在积极作用，代表性研究包括产品生命周期理论、边际产业扩张理论等。典型的例子是雁行模式下日本通过对外直接投资进行产业梯度转移，带动了包括自身在内的亚洲一些国家和地区实现产业升级。另一种观点则认为对外直接投资对母国产业升级存在负面作用，这方面最有影响的代表性观点是产业空心的相关论点，然而近年来，大量基于美国和日本典型产业的案例研究结论并不完全支持产业空心化推论，反而肯定了对外直接投资对母国产业技术进步的作用。20世纪90年代以来，一些学者开始关注发展中国家对发达国家的逆向投资所产生的产业升级效应，国内学者也开始关注这一话题。与对发达经济体的研究存在观点分歧不同，这些研究基本肯定了对外直接投资对新兴与发展中经济体母国产业升级的积极作用，代表性理论如技术创新与产业升级理论等。随着经济全球化的深化，进入21世纪以来，理论界更多关注对外直接投资的母国产业升级效应产生的机理，学者们从企业与产业等多个层面进行了探讨。总体来说，国内外研究倾向认为对外直接投资在母国产业升级中的积极作用，但国内产业升级对一国或地区对外直接投资的影响却很少涉及，有关二者之间的互动关系的研究也仅见少量的文献，相关实证研究尤为缺乏。

基于以上实践与理论背景，本书在全面梳理相关文献的基础上，采用理论分析与实证研究相结合的方法，对新兴经济体对外直接投资与母国产业升级的互动关系进行研究，研究目的是探讨新兴经济体对外直接投资与母国产业升级关系的一般性和独特性，探索其互动关系的机理以及新兴跨国公司在这种互动关系中的作用，并在借鉴典型发达经济体促进对外直接投资与母国产业升级互动的经验的基础上，提出促进中国对外直接投资与母国产业升级良性互动的宏观对策以及微观主体即中国跨国公司的发展政策。除了第一章导论对研究的基本概况和基本概念进行界定外，第二章至第八章的具体研究内容及主要结论如下：

一、理论基础与研究现状

第二章主要梳理了本研究的理论基础，包括三个部分：以发达经济体为研究对象的对外直接投资理论，以早期发展中经济体为研究对象的对外直接投资理论，以及新兴经济体对外直接投资理论研究进展。随后对对外直接投资与母国产业升级的关系的研究现状做了梳理，目的是为后续研究提供理论支持及进一步研究的理论基础。对文献的梳理及对新兴经济体对外直接投资数据的分析表明，新兴经济体当前并不需要担忧对外直接投资造成的产业空心化问题,在对外直接投资迅猛发展与国内经济结构转型升级背景下,如何提升对外投资的母国产业升级效应是新兴经济体对外直接投资未来发展的题中应有之义。

二、新兴经济体对外直接投资与母国产业升级互动的机理

第三章分别从投资动因、投资区域和投资方式三个角度考察了新兴经济体对外直接投资与母国产业升级互动的机理,并提出了新兴经济体对外直接投资与母国产业升级互动关系的综合模型。从投资动因考察,资产运用型对外直接投资对新兴经济体产业升级的作用主要体现在获取资源、开拓市场与提升生产效率方面,资产寻求型对外直接投资对新兴经济体产业升级的作用主要体现在获取高级生产要素上。国内经济制度转型背景下,新兴经济体对外直接投资中存在制度套利动机和行为,这类制度套利型对外直接投资对新兴经济体产业升级存在负面作用,因此政府需要通过制度安排与政策设计进行引导,降低特定类型直接投资对本国产业升级的负效应。从投资区域考察,新兴经济体对发达经济体和其他新兴经济体的投资对国内产业升级作用的侧重点有所不同,而从投资方式来考察,跨国并购会产生高级要素获取效应和价值链跃升效应,因此新兴经济体对外直接投资的产业升级效应具有加速和跨越特征。在从投资动因、投资区域和投资方式三个角度分别考察新兴经济体对外直接投资与母国产业升级互动的机理后,本研究甄别出现阶段对新兴经济体产业升级的三个关键因素,即生产要素、国际市场和资本积累,构建一个有关新兴经济体对外直接投资与母国产业升级互动的综合模型。

三、主要新兴经济体对外直接投资与母国产业升级互动的实证检验

第四章的研究主要分两个部分。第一部分重点分析了中国对外直接投资与国内产业升级互动的历程,并对1982—2016年中国相关数据进行了实证检验,检验结果表明,中国对外直接投资与国内产业升级之间存在互动关系。第二部分在分别归纳印度、韩国、南非、巴西、俄罗斯、泰国和马来西亚等主要新兴经济体对外直接投资与母国产业升级互动历程的基础上,对上述经济体的互动关系进行了实证检验。研究结果显示,新兴经济体对外直接投资与母国产业升级之间普遍存在一定程度的互动关系,其互动关系主

要存在积极互动和消极互动两种情况,但由于不同新兴经济体差异较大,因此这种互动关系要结合不同新兴经济体的情况进行具体分析。

四、新兴跨国公司的崛起及其母国产业升级的互动

第五章重点研究作为新兴经济体对外直接投资发展的重要主体——新兴跨国公司与母国产业升级的互动,具体研究包括母国产业升级中新兴跨国公司崛起的模式、新兴跨国公司不同投资战略对母国产业升级的影响,并结合典型案例分析了新兴跨国公司崛起及其与母国产业升级的互动关系。研究显示,国内产业的发展是新兴跨国公司成长的土壤,新兴跨国公司有助于提升技术研发水平、开发新产品,提高产品附加值、拓展国际市场以及带动国内关联产业发展,进而对母国产业升级有引领和主导作用,因此新兴经济体要重视本国跨国公司的培育与成长。

五、典型发达经济体的经历与启示

第六章的研究目的是为后续对策研究提供国际经验借鉴。重点分析了四次国际产业转移中的主要发达经济体英国、美国和日本对外直接投资与母国产业升级互动的国际经验,并对发达经济体跨国公司在发达经济体对外投资与母国产业升级互动关系中的作用和特点进行了分析,归纳出相关经验。综合各发达经济体的实践可以看出,对外直接投资与母国产业升级互动是动态演进的过程。从全球国际产业转移历史、全球价值链分工现状、制造业与服务业跨国公司发展历程、发达经济体跨国公司跨国并购的作用等多个方面的分析得到的启示是,跨国公司在一国产业升级过程中有不可替代的作用。

六、促进中国对外直接投资与母国产业升级良性互动的对策

第七章旨在探讨促进中国对外直接投资与母国产业升级良性互动的对策以及提升我国跨国并购的产业结构进步效应的对策。考虑到"一带一路"国际化合作在我国对外开放中的重要性,本研究专门对利用"一带一路"国际化合作促进我国产业升级进行了对策研究。政府在处理对外直接投资与母国产业升级的互动关系时主要有三种模式:以英美为代表的市场主导模式、以日韩为代表的政府主导模式,以及以市场导向为主,政府干预为辅的混合模式。本研究认为中国应该采取第三种模式,并在这种思路的指导下

制定相关政策。本研究从投资产业的选择、投资主体的培育、投资区域的分布、投资方式的选择、投资政策的配套以及投资策略的突破等方面对促进对外投资与中国产业升级良性互动提出了参考对策,并针对提升跨国并购对我国产业升级的作用,针对"一带一路"国际化合作与国内产业升级进行了专门的分析。

七、促进中国对外直接投资与母国产业升级良性互动的微观主体培育

第八章首先对中国跨国公司和国外跨国公司在国际产业分工格局中地位进行了比较,深入分析中国部分跨国公司国际分工地位不高的原因。在归纳跨国公司主要发展模式及其发展趋势的基础上,针对中国跨国公司发展的战略部署和发展对策提出了建议:进一步巩固中国跨国公司在传统优势产业中的竞争地位,同时扩展在新兴产业领域的发展空间,提升中国在全球产业分工中的地位;进一步做强国有跨国公司,支持民营及其他类型跨国公司崛起,促进跨国经营主体多样化;借鉴不同跨国公司发展模式的优势,充分吸收各种发展模式的优势,发展与壮大中国跨国公司等。支持中国跨国公司发展的政策除了常规的财政、金融、税收、外汇等方面的支持之外,在当前中国企业频繁遭遇一些国家恶意抵制的背景下,建议中国政府对外应积极参与和主导国际投资体制建构,为中国跨国公司海外扩张提供制度保障。此外,中国应该利用"一带一路"国际化合作的机遇,发展中国跨国公司。

总体上看,新兴经济体对外直接投资对国内产业升级的促进作用已经开始显现,不同新兴经济体对外直接投资与母国产业升级互动的程度也有所不同,但对外直接投资与新兴经济体母国产业升级的互动还未达到高度良性互动的程度。主要原因在于新兴经济体对外直接投资的发展还处在规模扩张阶段,还需要向效益提升阶段转变,在此过程中也需要新兴经济体采取各种政策措施予以促进和支持。实践中,对中国的政策启示同样对其他新兴经济体具有一定的借鉴意义。

目 录

前 言 …………………………………………………………… 1

第一章 导论 ………………………………………………… 1
第一节 研究问题的提出 …………………………………… 1
第二节 基本概念界定 ……………………………………… 5
第三节 研究方法与研究内容 ……………………………… 10
第四节 基本观点与预期创新点 …………………………… 13

第二章 理论基础与研究现状 ……………………………… 16
第一节 以早期发展中经济体为研究对象的理论 ………… 17
第二节 新兴经济体对外直接投资的理论研究进展 ……… 21
第三节 对外直接投资与母国产业升级的关系 …………… 38

第三章 新兴经济体对外直接投资与母国产业升级互动的机理 … 45
第一节 基于投资动因的考察 ……………………………… 45
第二节 基于投资区域的考察 ……………………………… 54
第三节 基于投资方式的考察 ……………………………… 62
第四节 关于互动关系的进一步思考 ……………………… 79

第四章 主要新兴经济体对外直接投资与母国产业升级互动的实证检验 …………………………………………………… 82
第一节 中国对外直接投资与国内产业升级的互动 ……… 82
第二节 其他主要新兴经济体对外直接投资发展历程与特征 … 94
第三节 其他主要新兴经济体对外直接投资与母国产业升级互动的实证检验 …………………………………… 116

第五章　新兴跨国公司崛起及其与母国产业升级的互动 …………… 121
- 第一节　新兴跨国公司的崛起 ……………………………………… 121
- 第二节　新兴跨国公司的投资战略及其对母国产业发展的影响 …… 131
- 第三节　新兴跨国公司与母国产业升级互动的典型案例及启示 …… 135

第六章　典型发达经济体的经历与启示 ………………………………… 152
- 第一节　英国对外直接投资与母国产业升级互动的历程与启示 …… 152
- 第二节　美国对外直接投资与母国产业升级互动的历程与启示 …… 158
- 第三节　日本对外直接投资与母国产业升级互动的历程及启示 …… 164
- 第四节　发达经济体跨国公司与母国产业升级的互动 ……………… 173

第七章　促进中国对外直接投资与产业升级良性互动的对策 ………… 185
- 第一节　促进我国对外直接投资与产业升级良性互动的对策 ……… 185
- 第二节　提升我国跨国并购中产业结构进步效应的对策与措施 …… 193
- 第三节　"一带一路"国际化合作与我国产业升级 ………………… 200

第八章　促进中国对外直接投资与产业升级良性互动的微观主体培育 …………………………………………………………………… 207
- 第一节　中外跨国公司国际分工地位的比较 ………………………… 207
- 第二节　中国跨国公司国际分工地位较低的原因 …………………… 220
- 第三节　跨国公司主要发展模式及发展趋势 ………………………… 222
- 第四节　中国跨国公司发展的战略部署 ……………………………… 231
- 第五节　中国跨国公司发展的对策 …………………………………… 236

参考文献 …………………………………………………………………… 242

第一章
导　论

第一节　研究问题的提出

一、研究背景

（一）新兴经济体对外直接投资的迅猛发展

新兴经济体的群体性崛起是20世纪以来世界经济中的重大事件之一，其崛起改变了全球直接投资格局，新兴经济体成为重要的资本来源国。[①]从流量水平来看，以二十国集团(G20)成员中的中国、南非、印度、巴西、俄罗斯、韩国、墨西哥、阿根廷、沙特阿拉伯、土耳其和印度尼西亚等11国为例（以下统称为E11），[②]根据联合国贸发会议(UNCTAD)《2019年世界投资报告》提供的数据，2018年E11对外直接投资总额为2 497.2亿美元，占全球对外直接投资总额的24.6%，相当于发达经济体对外直接投资总额的44.7%，占新兴与发展中经济体(含以上11大新兴经济体)对外直接投资总额的54.8%，也就是说2018年新兴与发展中经济体对外直接投资流量超过一半是由E11贡献的，而1990年E11的对外直接投资流量总额仅为30.6亿美元，占比依次为1.2%、1.5%和44.0%。从统计数据的对比可以看出，经过近三十年的发展，新兴经济体不仅是推动新兴与发展中经济体对外直接投资发展的主要力量，而且已成为全球直接投资的重要来源国，提升了新兴与发展中经济体在全球直接投资格局中的地位，改变了全球直接投资格局。在涌现的众多新兴经济体中，"金砖五国"表现最为抢眼。20世纪80年代中期到90年代末，"金砖五国"对外直接投资总额占全球对外直接投资

[①] 新兴经济体中比较有代表性"金砖四国"(BRIC)、"新钻11国"(Next-11)、"展望五国"(Vista-5)等。"金砖四国"指中国、印度、俄罗斯和巴西，后南非加入，成为金砖五国；"展望五国"指越南、印度尼西亚、南非、土耳其和阿根廷，"展望五国"这个概念是日本"金砖四国"经济研究院负责人门仓贵史在2007年提出；新钻11国是高盛继金砖四国后提出的概念，指成长潜力仅次于金砖四国的11个新兴经济体，包括巴基斯坦、埃及、印度尼西亚、伊朗、韩国、菲律宾、墨西哥、孟加拉国、尼日利亚、土耳其、越南。

[②] 这11个国家又被称为E11，E11是博鳌亚洲论坛2010年首次提出的概念，实际上是G20成员中的11个新兴经济体。

总额的年平均比重仅为1.1%左右,而进入21世纪以来,随着五国对外直接投资的迅猛发展,这一比例已上升至4.5%左右,2018年"金砖五国"对外直接投资总额达2 064.4亿美元,占全球对外直接投资总额的比重上升至16.7%,相当于发达经济体对外直接投资额的30.3%,占新兴与发展中经济体对外直接投资流量的37.1%,推动了全球直接投资的发展。从对外投资产业分布来看,新兴经济体对外直接投资的产业分布更加广泛,不再仅限于传统的劳动密集型产业,而且开始涉足技术密集型产业和现代服务业;从投资区域分布来看,除了在周边国家和地区或者其他新兴经济体投资外,不少新兴经济体开始向发达经济体进行投资;从投资主体上看,一些新兴跨国公司已成为全球竞争的重要参与者。总体上看,新兴经济体对外直接投资发展已处于从规模扩张到质量提升转变的阶段,在新的阶段,如何通过对外直接投资更多获取全球产业分工的利益已被提上日程,自然的,产业升级成为新兴经济体对外直接投资发展的题中应有之义。

(二)开放背景下新兴经济体产业升级面临的困境

新兴经济体抓住了自20世纪90年代以来全球化深入发展的机遇,普遍实行以出口为导向的开放战略,对内进行市场化取向的经济制度改革,积极引进外资,承接发达经济体跨国公司主导的国际产业转移,融于全球生产网络,促进国内相关产业发展,国内产业结构得以改善,国际分工地位得以提升。毋庸置疑,新兴经济体以开放促发展的战略是成功的,但另一方面也必须看到,当前全球产业分工的主导格局中发达经济体依然是全球分工格局的构造者和推动者,新兴经济体总体上仍居于全球产业价值链的中低端,特别是随着原有开放模式的弊端逐渐显现,新兴经济体产业升级面临的困境日益凸显。

首先,出口规模与国际产业分工地位不相称。当前新兴经济体是全球出口的主导力量,其在世界贸易中的份额已经从1990年不足20%上升至目前的40%以上,不少新兴经济体出口依存度普遍较高,较高的出口依存度无疑加大了国内产业发展对国际市场的依赖性,经济增长更易受世界经济周期性波动的影响,加大了国内宏观经济不稳定的风险。在商品贸易领域,新兴经济体主要出口两大类商品,一是农产品、矿产、能源等初级产品,以俄罗斯、巴西、南非等为代表,经济危机前后农矿产品价格的剧烈波动冲击了这些经济体国内经济的稳定;二是工业制成品,以中国、墨西哥等为代表。尽管大量出口工业制成品改善了新兴经济体的出口结构,带动了制造业发展,但是存在两个问题,首先出口是以外资主导的加工贸易为主,贸易利益主要为外资获得,如墨西哥,其加工贸易居于主导地位的制造业出口主要被少数几家外资大企业占据,其中将近一半的制造业出口是由跨国公司在墨西哥建立的组装工厂创造。其次出口附加值低。在产业链的"微笑曲线"中,制造环节大多在新兴与发展中经济体,研发和销售等通常被发达经济体控制,新兴经济体出口所获得的附加值很低。商品贸易领域的窘境同样体现在服务贸易领域。有研究表明,同发达国家相比,金砖国家在服务贸易领域尚未形成类似商品贸易领域的优势。虽然印度在服务业领域被称为"世界办公室",但印度服务贸易主要集中在 IT 领域,以服务外包为主,结构单一。新兴经济体巨大的出口规模与其在国际产业分工中的地位是不相称的,价值链环节锁定低端造成新兴经济体产业创新能力不足,阻碍了新兴经济体产业结构转型与升级。

其次,以市场换技术的引资策略效果并不理想。不可否认,积极吸引外资,外资大量流入对新兴经济体的产业结构改善、经济增长与发展有积极作用。但大量引进外资也带来了不少问题,以市场换技术的引资策略效果并不理想。一是外资大量流入造成了国内资源与环境的压力。作为全球化驱动下国际产业转移的承接方,新兴经济体成为钢材、水泥、纸张、铝材、皮革、焦炭等产品的主要生产者,这些产业所提供的产品都是高耗能的,因此外资大量进入下的 GDP 高速增长也意味着国内资源大量消耗,环境压力与日俱增。以上产业所涉及的产业技术基本都为成熟技术,这也说明外资本身无意将先进技术转移给新兴经济体,外资进入新兴经济体更多是利用新兴经济体低成本的资源与生产要素。二是外资在促进国内技术进步方面不尽人意。由于主导全球国际直接投资流动的发达经济体跨国公司的逐利性与东道国政策初衷存在一定的背离,且外资技术溢出效应受外资所代表的跨国公司全球经营战略、东道国企业消化与吸收能力等诸多因素的制约,外资在促进国内技术进步方面不尽人意。大量研究也证明,外资对新兴经济体的技术溢出效应有限。[1]此外,过度鼓励外资大量进入易对国家产业安全造成威胁。按产业控制理论,外资和东道国对产业的控制是一种"零和博弈",一旦某一领域的外资在东道国市场份额中占据了相对优势,则本国企业将

---

[1] 姜云飞:《危机后新兴经济体崛起的趋势及其对外经济关》,引自张幼文等著《金融危机后的世界经济:重大主题与发展趋势》,人民出版社 2011 年版。

失去话语权。外资威胁国民经济安全在新兴经济体中普遍存在,如东欧新兴经济体在完成私有化转型后,形成了国内企业和银行被外国大资本持有和控制的局面。

再次,新兴经济体面临三大产业发展不协调的困境。由于以出口导向为开放战略,重规模增长,轻结构改善,因此造成新兴经济体产业结构不尽合理。实行出口导向型开放战略时,新兴经济体国内要素优先服务于出口及其相关产业,其他产业发展滞后,产业结构不尽合理。主要表现有三个方面:一是资源性产业成为支柱产业,制造业发展滞后,以俄罗斯、巴西和沙特等为代表。二是对外资和国际市场的依赖度高,以制造业为主的产业技术水平需提高,以中国和墨西哥为代表。其他一些开放度较高的小型新兴经济体如越南、印度尼西亚等出口加工业发达,其他产业发展滞后,产业技术止步不前。三是在制造业内部结构未改善前,服务业过度发展,造成服务业与制造业之间比例不协调,以印度和巴西为代表。因此,新兴经济体普遍存在国内产业结构与经济转型升级的内在要求。主要新兴经济体在资本投入、促进国内技术创新、积极扩大出口市场份额等方面为国内产业转型升级做出了努力,虽然这些政策对于国内产业转型升级是必要的,但受世界经济增速放缓的拖累,扩大出口市场并非易事,期待创新实现技术突破并非一蹴而就的,而且产业升级是个综合系统工程,因此需要新兴经济体为产业升级转型做更多努力。

(三)对外直接投资对母国产业升级的积极作用已被理论研究所证实

自20世纪50年代邓宁首次关注对外直接投资对美国制造业的作用开始,理论界对对外直接投资的母国产业升级效应进行了研究。总体来说,尽管存在对外投资是否造成母国产业空心化的争论,但总体上,无论是理论研究还是实证研究,对外直接投资对母国产业升级的积极作用均得到证实,新兴经济体当前并不需要担心对外投资会导致产业空心化的问题(详细论述见第二章)。

当前对外直接投资得到了不少新兴经济体的关注,特别是产业发展所需的技术大量掌握在发达国家企业手中,因此近年来新兴经济体对发达经济体的技术寻求型投资增长较快,这是新兴经济体期待通过对外直接投资促进国内产业升级的积极举措。在此背景下,基于危机前经济快速增长实现的资本积累,伴随着国内要素禀赋结构的提升,新兴经济体顺应全球产业发展趋势,通过对外直接投资,积极参与到全球技术和产业创新的进程中,调整自身产业结构,顺利实现国内产业升级,提升在全球产业分工格局中的地位,谋求未来经济的可持续增长。

二、问题提出

基于以上研究背景,本研究是在梳理国内外相关领域的历史文献及案例分析的基础上,结合经济全球化条件下新兴经济体国内经济制度转型的背景,分析新兴经济体对外直接投资与母国产业升级互动的表现及机制,构建新兴经济体对外直接投资与母国产业升级的互动关系的理论模型及计量模型,并对典型新兴经济体进行实证检验,然后进一步分析新兴跨国公司的崛起及其在新兴经济体对外直接投资与母国产业升级互动中的作用,目的是找出新兴经济体对外直接投资与国内产业升级互动的特殊性和一般性。在前述研究的基础上,本研究进一步对典型发达经济体对外直接投资与母国产业升级的互动实践进行研究,在此基础上,提出促进中国对外直接投资与国内产业升级的良性互动的对策。

在中国产业与经济转型和开放战略升级背景下,本研究的实践意义在于:(1)可为中国通过对外直接投资带动国内产业升级,探索产业升级的新路径,提升国际分工的地位提供实践参考;(2)为促进中国对外直接投资由"量"向"质"转变,培育中国跨国公司,进一步提升中国在全球直接投资中的地位,获取全球化的核心利益提供政策思路;(3)为克服外资在促进国内产业升级方面的弊端,促进中国对外直接投资与国内产业升级的良性互动提供对策参考。其理论意义:(1)有助于揭示经济全球化进程中,处于国内经济制度转型背景下,新兴经济体对外直接投资与母国产业升级的互动规律的一般性和特殊性,为解决目前学界对新兴经济体对外直接投资研究的有关争议提供参考;(2)目前国际直接投资理论面临来自新兴经济体对外直接投资实践的考验,本研究对国际直接投资理论发展也具有一定的启发意义。

第二节 基本概念界定

一、新兴经济体的概念及特征

20世纪90年代以来,伴随着经济全球化的发展,拉美、亚洲等一些发展中国家及其他国家在面临全球化所带来的挑战的同时,通过开放本国市场、完善国内市场制度等措施,主动参与全球化,积极与国际经济接轨,抓住了经济全球化所带来的发展机遇,其经济获得快速增长,这些发展中国家被称为新兴经济体(Emerging Economies)。

新兴经济体的大量崛起引起了包括相关国家政府部门、国际组织、国际投行、知名杂志和学界的关注。追溯起来,新兴经济体的概念最早是由世界银行的 Antoine Van Agtmael 在 1981 年提出的,指从欠发达国家中涌现出的、经济增长速度较快并经历改革过程的国家和地区,当时,这类国家人口大约占世界总人口的 80%,而经济总量只占世界经济总量的 20%,但 2016 年,仅"金砖四国"GDP 总额占全球 GDP 的总额就达到 22%。目前关于新兴经济体的定义和范围界定较多,各种定义的侧重点有所不同,范围界定也存在一定差异,但总体来看,目前对新兴经济体的定义主要关注其经济增长和市场化进程。综合上述观点,笔者认为:新兴经济体指经济快速增长,市场经济体制逐步走向完善,并且经济具有一定开放性的国家和地区。一般来说,新兴经济体是一些重要的发展中国家(地区)和部分转轨国家,其一般特点是:市场经济体制将逐步走向完善,经济发展速度较快,市场发展潜力大,是世界经济的主要增长点。在具体范围上,有些研究所涵盖的范围较广泛,但代表性弱,"金砖四国"具有较强代表性,但范围较小,一般认为二十国集团(G20)成员中的巴西、俄罗斯、印度、中国、南非、墨西哥、印度尼西亚、沙特阿拉伯、韩国、阿根廷和土耳其等 11 国是新兴经济体的代表,在具体理论研究中,有必要根据具体的研究主题来界定具体范围。

新兴经济体与发展中国家、新兴工业化国家、转型经济国家等概念既有联系,也有一定的区别。发展中国家(developing countries)是与发达国家相对的概念,它是指经济比较落后的国家,目前还没有一个统一的、为人们所普遍接受的定义。新兴工业化国家与地区(NIEs: newly-industrialized economies)是指一些已基本完成工业化、经济结构较合理、发展水平已接近或赶上发达国家的发展中国家与地区,主要是指以韩国、新加坡,以及中国香港地区和中国台湾地区"四小龙"为首的东亚和东南亚部分国家和地区,以及以巴西、阿根廷和墨西哥等为代表的部分中南美洲国家和地区,其主要经济特征包括快速和持续的经济增长、出口导向为主的发展战略和日益增强的工业生产多样化(童继生、李元旭,2001),但在 20 世纪 90 年代后这一概念使用不多,原来的新兴工业经济体多被称为新兴经济体。转型经济国家或转轨国家(transition economic country; transitional economies)通常是指27个中欧与东欧的前社会主义国家,这些国家经历了传统的高度集中的计划经济向市场经济过渡,被作为一个群体统称,[①]这些国家的特征是:形成以私有化为基础的多种经济成分的所有制结构、由计划经济向市场经济过渡,UNCTAD《世界投资报告(2006)》将世界上的国家分为三类:发达国家、转型经济体和发展中国家,其中转型经济体指东南欧和独联体国家。

由以上对比分析可以看出,新兴经济体多属于发展中国家,却在经济增长速度和国内经济制度建设等方面与大多数发展中国家存在明显区别,以至于可以单列出来。新兴经济体与新兴工业化国家、转型国家所包含的范围有一定的重叠,转型经济体这一概念更多的是强调一国或地区经济体制从非市场经济体制向市场经济体制的转变。而新兴经济体概念同时还强调一国或地区整体经济的增长潜力,不能完全通用。

二、对外直接投资的概念

对外直接投资,国际上较常用的对外直接投资的定义主要包括国际货币基金组织(IMF)的定义、经合组织(OECD)的定义和联合国贸发会议(UNCTAD)的定义。IMF认为,对外直接投资是指在投资国以外的国家(地区)所经营的企业中拥有永久利益的一种投资,其目的是对该企业的经营管理具有有效的发言权。[②]OECD对对外直接投资的定义是:一个国家的居民(直接投资者)在投资国之外的另一个国家进行的,旨在以获取持久利益为目的的活动。持久利益的含义是指,直接投资者和企业之间存在一种长期的关系,并且直接投资者对企业管理有重大的影响。[③]这一概念与IMF的定义相比,强调了直接投资者对企业的长期关系,并放松了对企业拥有"实际发言权"的限定,只强调对管理的影响意义。根据UNCTAD《世界投资报告(2009)》的解释,[④]对外直接投资指一国(或地区)的居民和实体(对外直接投资者或投资企业)与在另一国的企业(对外投资企业、子公司或国外子公司)所建立的长期关系,反映持续利益和控制。根据这一定义,对外

[①] 袁中红:《转型经济国家资本项目可兑换进程比较与借鉴》,《南方金融》2011年第2期。
[②] 国际货币基金组织(IMF):《国际收支教科书》,国际货币基金组织出版物,1995。
[③] OECD, 1996: "DECD Benchmark Definition of Foreign Investment", 3th Edition, Paris, Organization for Economic Cooperation and Development: 7—8.
[④] UNCTAD, "World Investment Report(2009)".

直接投资意味着投资者对国外投资企业的管理实施显著的影响,这些投资包括两个实体(母国投资企业和对外投资企业)间的初始交易,以及两个实体、国外附属机构(包括公司和非公司)之间的所有后续交易。而且,根据UNCTAD的定义,除企业外,对外直接投资的投资主体也包括个人,可见,这一定义所涉及的对外直接投资的范围较为广泛。

国内使用的定义中,根据中国商务部、国家统计局和国家外汇管理局所发布的2008年《中国对外直接投资统计公报》,对外直接投资是指我国企业、团体等(以下简称境内投资者)在国外及港澳台地区以现金、实物、无形资产等方式投资,并以控制国(境)外企业的经营管理权为核心的经济活动,其内涵主要体现在一经济体通过投资于另一经济体而实现其持久利益的目标。相比较而言,我国对外直接投资统计范围相对较窄,主要包括企业和团体的对外投资。

综合而言,本研究认为,对外直接投资是一经济体投资者为取得另一经济体企业经营管理上的有效控制权而输出资本、设备、技术和管理技能等无形资产的跨国界资本流动。在本研究中,如无特别说明,则本研究中所提到的对外投资、投资均与对外直接投资同义。在统计范围上,本研究中中国对外直接投资除特别说明外,只涵盖中国大陆地区对外直接投资,中国台湾、香港和澳门地区单独统计。另外,如无特别说明,有关中国对外直接投资的统计数据均来自历年商务部、国家统计局与外汇管理局提供的《中国对外直接投资统计公报》。

三、产业升级的内涵

作为国民经济的组成部分,产业是指以社会分工为基础,生产和经营上具有某种同类属性的企业经济活动的集合。产业是社会分工的产物,并随着社会分工的发展而发展。产业是社会生产力不断发展的必然结果,随着社会生产力水平提高,产业的内涵和外延都不断充实与扩展。产业分类的方法较多,常用的分类方法有三次产业分类法、两大部类分类法、资源密集度分类法和国际标准产业分类等。两大部类分类法将国民经济中的产业部门划分为两个部门,即物质资料生产部门和非物质资料生产部门,前者指从事物质资料生产并创造物质产品的部门,包括工业、农业、建筑业、运输邮电业等;后者指提供非物质性服务的部门,包括科教文卫、咨询以及金融等部门。三次产业分类法是新西兰经济学家费歇尔首先创立,后经英国经济学家、统计学家克拉克在大量的实证研究的基础上进一步完善,是产业结构分类法中比较常用的分类方法。三次产业分类法是根据社会生产活动历史发展的顺序对产业结构的划分。第一产业是产品直接来自自然界的生产部门,第二产业是对初级产品进行再加工的生产部门,第三产业则是为生产和消费提供各种服务的部门。资源密集程度分类法主要按照产业投入中占主要地位的资源来划分。产业投入的主要资源是劳动力、资本和技术,因此根据这三种资源在不同产业中的相对密集度,可以把产业划分为劳动密集型产业、资本密集型产业和技术密集型产业。为使不同国家对产业的统计数据具有可比性,联合国颁布了《全部经济活动的国际标准产业分类(ISIC)》,把经济活动划分为农业、林业和渔业,狩猎业、矿业和采石业,制造业,煤气、电力、建筑业、供水业、餐馆与旅店业运输业,批发和零售业,仓储业和邮电业金融业,保险业及商业性服务业,不动产业,社会团体及个人的服务以及不能分类的其他活动十大类。中国国家质量监督检验检疫总局和中国国家标准化管理委员会于2017年6月30号发布的国民经济行业分类即参考了2009年联合国《所有经济活动的国际标准行业分类》修订第4版。中国国民经济行业分类有二十个大的门类和97个类别,这种分类很自然地可以用三次产业分类法对照,即第一产业包括农、林、牧、渔,第二产业包括煤矿业、制造业、电力、燃气及水的生产和供应业,建筑业等,其他未囊括进第一产业和第二产业的,均为第三产业。

一般而言,产业升级指产业结构向高级化方向发展,即产业重点依次向更高级别转移。产业结构是指国民经济中三大产业的比例关系以及各产业内部结构。具体来说,产业升级是指一国或地区的产业重点依次由第一产业向第二产业转移,进而向第三产业转移。目前大多数有关产业升级的研究都是建立在这一规律上的。这种产业转移可以从两个方面来衡量,一是三次产业在国民生产总值中的比重,二是劳动力这一生产要素在三次产业中所占的比重,一般规律是随着一国或地区的经济发展,这两个比重在第一产业部门会逐渐降低,在第二产业中先上升后下降,在第三产业中逐步上升的趋势。配第一克拉克定理揭示人均国民收入水平越低,一国农业劳动力所占份额越大,第二产业和第三产业劳动力所占份额相对越小;反之,人均国民收入越高,一国农业劳动力的比例会减少,而第二产业和第三产业的劳动力所占份额相对越大。美国经济学家库兹涅茨在克拉克研究基础之上,同时从国民收入和劳动力在三次产业间的分布进一步证明了这种产业结构演进的规律。①

钱纳里重点对发展中国家工业化进程进行研究,他吸收了克拉克和库兹涅茨的研究成果,根据人均国内生产总值,将不发达经济到成熟工业经济整个变化过程划分为六个阶段,一国产业结构的转化会推动该国从低一级的阶段向高一级的阶段跃进,在这个过程中,产业升级的演进规律是产业依次从劳动密集型产业、资本密集型产业向技术密集型产业、知识密集型产业转移。在产业升级过程中,不仅不同产业间的产业重点会依次转移,产业部门内部结构也会发生变化。根据霍夫曼工业化经验法则理论,在工业化进程中,一国或地区工业部门内部会呈现消费品工业占主导地位、资本品工业快于消费品工业的增长、资本品工业和消费品工业相平衡、资本品工业占主导地位的阶段演进特征,这一演进阶段的完成即被视为实现了工业化。

综合以上理论分析,本研究认为产业升级是产业结构从低水平状态向高水平状态演进的过程,是生产要素在不同产业之间、相同产业不同部门之间流动的结果,简而言之,产业升级主要表现在三个方面:一是三次产业的比例结构的优化,即在国民生产总值中,第一产业比重不断下降,第二产业、第三产业所占比重却不断上升,最终第三产业占据主导地位;二是不同生产要素密集度的优化,呈现出劳动密集型产业→资本密集型产业→技术密集型产业→知识密集型产业的阶段演进特征;三是制造业内部从消费品生产占主导到资本品生产占主导的演进过程。此外,企业是推进产业升级的微观主体,因此从微观视角理解产业升级,产业升级的内涵更加广泛,包括产品附加值提高、生产要素改进、生产效率提升、产品质量提高、企业在产业链中地位的提升等,这些都可以视为产业升级的表现。

第三节 研究方法与研究内容

一、研究方法

本研究力求多层次、多角度、多方法地研究对外直接投资与新兴经济体产业升级之间的互动关系,研究方法包括:

(一)文献资料分析

本研究是在前人研究的基础上进行的,因此首先系统梳理国内外 FDI

---

① [美]西蒙·库兹涅茨:《各国的经济增长》,商务印书馆1999年版。

理论、新兴经济体对外直接投资理论以及对外直接投资的产业结构调整效应等领域的历史文献,对相关研究成果进行总结,在此基础上提出了对外直接投资与新兴经济体产业升级互动的理论分析框架,以此作为后续进一步深入研究的基础。

（二）案例研究

使用大量案例开展研究是本研究的一大特色。本研究搜集了大量典型行业与企业案例,对相关企业进行了实地调研,在分析对外直接投资与母国产业升级互动机理、新兴经济体跨国公司在对外直接投资与母国产业升级的互动中的作用、跨国并购的产业升级效应等研究主题的过程中,结合案例进行深度分析,尽量让本研究落地,更务实。

（三）实证研究

首先依据本研究领域通用做法,借鉴综合加权指数构造方法,构造产业结构指数,该指数能综合反映新兴经济体的产业结构状态,体现了一国产业结构中三次产业动态演进的规律。其次,结合上述指标以及新兴经济体历年对外直接投资情况,对典型新兴经济体对外直接投资与母国产业升级的互动关系进行实证检验。

（四）比较分析

主要从企业和产业视角分别对新兴经济体与发达经济体对外直接投资与产业升级互动情况进行比较研究,以期深入把握新兴经济体对外直接投资与产业升级的互动关系的特殊性。

二、研究内容

本研究的重点是探讨新兴经济体对外直接投资与母国产业升级的互动机制,并通过国际比较找出其互动关系的一般性和特殊性。除了第一章导论对研究的基本概况和基本概念进行界定外,主要研究内容包括:

（一）理论基础与研究现状

本章主要梳理了本研究的理论基础,包括三个部分:以发达经济体为研究对象的对外直接投资理论、以早期发展中经济体为研究对象的对外直接投资理论以及新兴经济体对外直接投资理论研究进展。随后对对外直接投资与母国产业升级的关系的研究现状做了梳理,目的是为后续研究提供理论支持及进一步研究的理论基础。

(二) 新兴经济体对外直接投资与母国产业升级互动的机理

分别从投资动因、投资区域和投资方式三个角度考察了新兴经济体对外直接投资与母国产业升级互动的机理。鉴于新兴经济体对外直接投资中跨国并购方式逐渐被普遍接受和采纳，从投资方式分析互动机理时，重点分析了跨国并购对对外直接投资的产业升级效应，并在分析过程中以中国为例进行了大量的案例研究。然后提出了新兴经济体对外直接投资与母国产业升级互动关系的综合模型。

(三) 主要新兴经济体对外直接投资与母国产业升级互动的实证检验

首先重点分析了中国对外直接投资与国内产业升级互动的历程，并进行了实证检验，实证结果显示，对外直接投资与中国产业升级之间存在显著的互动关系。其次在分别归纳印度、韩国、南非、巴西、泰国和马来西亚等主要新兴经济体对外直接投资与母国产业升级互动历程的基础上进行了实证检验，实证结果显示各国实践中，新兴经济体对外直接投资与母国产业升级之间基本都存在一定程度的互动关系，其互动关系主要存在双向互动和单向互动两种情况，但由于不同新兴经济体国别差异较大，不同经济体对外直接投资与母国产业升级之间的因果关系没有统一的结论。

(四) 新兴跨国公司的崛起及其母国产业升级的互动

重点研究作为新兴经济体对外直接投资发展的重要主体——新兴跨国公司与母国产业升级的互动，具体研究包括母国产业升级中新兴跨国公司崛起的模式、新兴跨国公司不同投资战略对母国产业升级的影响，并结合典型新兴跨国公司的案例分析了新兴跨国公司崛起及其与母国产业升级的互动关系。

(五) 典型发达经济体的经历与启示

本部分研究目的是为后续对策研究提供国际经验借鉴。重点分析了四次国际产业转移中的主要发达经济体英国、美国和日本对外直接投资与母国产业升级互动的国际经验，并对发达经济体跨国公司在发达经济体对外投资与母国产业升级互动关系中的作用和特点进行了分析，归纳出相关经验。

(六) 促进中国对外直接投资与母国产业升级良性互动的对策

先归纳当前主要经济体产业结构调整的战略，然后探讨促进中国对外直接投资与母国产业升级良性互动的对策以及提升我国跨国并购的产业结构进步效应的对策。考虑到"一带一路"国际化合作在我国对外开放中的重要性,本研究专门对利用"一带一路"国际化合作促进我国产业升级进行了对策研究。

(七)促进中国跨国公司对外直接投资与母国产业升级良性互动的微观主体培育

开篇对中国跨国公司部分和国外跨国公司在国际产业分工格局中的地位进行了比较,深入分析中国跨国公司国际分工地位不高的原因。在归纳跨国公司主要发展模式及其发展趋势的基础上,针对中国跨国公司发展的部署和发展对策提出了建议。

第四节 基本观点与预期创新点

一、基本观点

(一)关于新兴经济体对外直接投资理论的观点

主流国际直接投资理论对新兴经济体对外直接投资仍具有一定的解释力。各种FDI理论均有其适用的边界,一种国际直接投资理论只解释了某类国际直接投资发生的原因。由于发展历史背景、国内要素禀赋、政府发展战略导向等方面的差异,新兴经济体并不是一个同质的概念,不同新兴经济体对外直接投资之间也存在较大差异。因此,尽管可以针对新兴经济体对外直接投资的独特性进行理论创新,但目前要发现一种能解释所有新兴经济体对外直接投资的一般理论仍充满挑战。

(二)新兴经济体对外直接投资与母国产业互动的特征

经济全球化条件下,新兴经济体对外直接投资与母国产业升级的互动关系呈现以下特征:

(1)新兴经济体崛起于经济全球化深入发展的背景下,由于可在全球范围内进行要素整合,可供产业转移的地理范围更广,产业竞争更加充分,产业联系更加紧密,因此通过对外直接投资带动母国产业升级具有加速和跨越的特征。

(2)相对于封闭条件下母国更易受世界经济周期波动的影响,对外直接投资也会给母国产业结构调整与转型带来阻碍。

(3) 国内经济制度转型背景下,新兴经济体 ODI 中存在制度套利行为,这类制度套利型 ODI 对新兴经济体产业升级存在负效应,因此政府需要通过制度安排与政策设计进行引导,降低特定类型 ODI 对本国产业升级存在的负效应。

(4) 新兴经济体对外直接投资与母国产业升级之间基本都存在一定程度的互动关系,这种互动关系主要有积极双向互动和消极双向互动两种情况。由于经济规模、开放度、对外直接投资发展起点、国内市场经济制度完善程度等各方面都存在差异,不同新兴经济体与母国产业升级的互动关系会表现出差异性。

(5) 通过对比主要发达经济体对外直接投资与母国产业升级互动的实践发现,相比而言,在这种互动关系中,新兴经济体受到更多的政府干预,政府干预对发挥对外直接投资对新兴经济体的积极促进作用是非常有必要的,因为企业个体的逐利目标有时会与国家总体产业发展战略目标相冲突。

(三) 新兴大国与小国在互动关系中的不同表现

同等开放条件下,由于经济规模不同,新兴经济体和小国对外直接投资对母国产业结构的调整效应存在差异,即相对于小国来说,新兴大国通过对外直接投资带动产业升级会表现出一定的路径依赖,因此,在国内市场经济制度转型背景下,新兴大国需通过政府战略与政策的引导和调节加快产业升级过程。

(四) 新兴跨国公司的作用

新兴经济体跨国公司是促进母国对外直接投资与产业升级良性互动的重要力量,但现实中发挥那些具有国有企业性质的新兴经济体跨国公司的作用却存在两难:一方面,作为"后来者",在与"老牌跨国公司"的竞争中,规模甚至政府的战略导向与政策支持是必要的;但另一方面,国有企业跨国公司在国际市场"开疆拓土"时却易面临"制度歧视",因此在实践中需要寻求破解这一难题的有效对策。

(五) 对制度套利型对外直接投资的监管

国内经济制度转型背景下,新兴经济体对外直接投资中存在制度套利行为,这类制度套利型对外直接投资对新兴经济体产业升级存在负效应,因此政府需要通过制度安排与政策设计进行引导,降低特定类型直接投资对本国产业升级存在的负效应,因此我国应重点加强对企业对避税地投资的监管。

（六）市场机制与政府干预的关系

政府在处理对外直接投资与母国产业升级的互动关系时主要有三种模式：以市场为主导的模式、以政府为主导的模式，以及以市场导向为主政府干预为辅的混合模式。为更好地促进对外直接投资与母国产业升级的良性互动，中国的政策支持体系应该是市场导向为主政府干预为辅的混合模式，特别强调的是，政府干预的作用主要体现在产业发展方向引导、财政与税收政策支持、融资与外汇支持等方面，目的是营造更有利于企业发展的市场环境，政府干预不能代替企业的市场主体地位。

（七）鼓励各类跨国公司成长

新兴跨国公司对提升新兴经济体在全球产业分工中的地位发挥着关键作用。中国应该重视中国跨国公司的成长问题，但要改变过去只重视大型跨国公司的做法，应该鼓励各种类型的跨国公司的成长，因为在互联网时代，商务模式创新层出不穷，这为各种类型的跨国公司成长乃至迅速崛起提供了条件。

二、预期创新点

从研究内容来看，本研究是融合经济学与管理学等学科的研究，本研究旨在研究开放条件下新兴经济体对外直接投资与母国产业升级互动关系的一般性和特殊性，同时还将研究新兴经济体跨国公司的作用，拓展了新兴经济体对外直接投资的研究领域。

从研究视角来看，本研究是对新兴经济体对外直接投资的产业结构调整效应开展的研究，拟同时从企业和产业角度以及国际比较的视角展开研究，拓宽了新兴经济体对外直接投资的研究视角。

从研究方法来看，通过梳理国内外文献中有关产业升级的测度方法，开发出开放条件下新兴经济体产业升级的测度指标，并就新兴经济体对外直接投资与产业升级的互动关系构建理论模型，进行实证检验。在研究方法的使用方面，本研究的一个特色是广泛收集了大量有关新兴经济体投资的国别和企业案例，结合相关研究主题展开具体分析，使得研究更贴近实践，给出的政策建议更有实践指导意义。

第二章
理论基础与研究现状

  新兴经济体对外直接投资与母国产业升级互动关系这一研究主题的理论基础主要是对外直接投资理论,具体来说,包括以发达国家为研究对象的国际直接投资理论、以早期发展中国家对外直接投资实践为研究对象的直接投资理论以及20世纪90年代以来新兴经济体对外直接投资理论研究。以发达国家为研究对象的国际直接投资理论主要包括垄断优势理论、内部化理论、产品生命周期理论、国际生产折衷理论以及边际产业扩张理论。总体上看,这些以发达经济体为研究对象的理论都直接或间接地包含对外直接投资有助于母国产业升级的理论意蕴:垄断优势理论表明企业对外直接投资可以巩固企业在技术等方面的垄断优势;内部化理论表明对外直接投资有助于企业节省交易成本,这些都有利于企业提升企业竞争力,对产业升级无疑有积极作用;而国际生产折衷理论框架下,可根据投资动因的不同进行适合对外投资产业选择,这样无疑对母国产业发展有利。有些理论则直接明示了对外直接与母国产业升级的关系,如产品生命周期理论说明发达国家企业可以在国外投资设厂生产在母国已经标准化和成熟的产品,将这些已经成熟或衰退的产业转移到其他国家,母国由此进入新一轮的技术进步,带动新一轮产品生命周期发展。边际产业扩张理论强调本国对外直接投资应该选择已经处于或者即将处于比较劣势的产业(称边际产业,也是东道国具有显在或潜在比较优势的产业)开始。这两个理论说明一国或地区通过对外投资将失去竞争优势的产业(主要是劳动密集型产业)向外转移,有助于本国发展其他技术更先进的产业,促进母国产业进步。可见,在以发达国家为研究对象的传统国际直接投资理论框架体系中,实际上已经明示或暗示了对外直接投资对国内产业升级的积极作用。鉴于理论界对这些以发达国家对外直接投资实践为研究对象的国际直接投资理论的归纳和分析的研究内容已经比较丰富和成熟,因此本研究在此不对上述理论再展开论述,而是重点对与本研究的主题直接相关的理论基础,即早期以发展中国家为研究对象的直接投资理论和对外直接投资的母国产业升级效应理论进行分析、归纳和总结，以便为本书的后续研究打下理论基础。

第一节 以早期发展中经济体为研究对象的理论

一、小规模技术理论

美国经济学家刘易斯·威尔斯在弗农产品生命周期理论的基础上，于1977年正式提出小规模技术理论，并于1983年在其专著《第三世界跨国公司》中对该理论进行了更详细的阐述。威尔斯首先肯定了发展中国家跨国公司竞争优势的客观性，他认为发展中国家的跨国公司和发达国家跨国公司一样，都拥有竞争优势，只是来源不同而已，如与发达国家跨国公司所有权优势来源于高端技术和卓越管理能力不同，发展中国家跨国公司竞争优势主要来自适应发展中国家当地条件的小规模生产技术和管理知识。与发达国家跨国公司相比，发展中国家企业在对外投资中往往采用低价产品营销策略，因而物美价廉成为其竞争的有力武器，由此在成本控制及低成本制造方面有显著优势。因为低收入发展中国家对工业品的需求有限，发达国家现代化的大规模与专业化生产技术和设备很难从这种有限需求的市场中获得规模效益，只有使技术适合于小规模制造，才更具适应性和成本效率，发展中国家企业正是开发了满足小规模的市场需求的生产工艺而获得竞争优势。

威尔斯提出的小规模技术理论摒弃了那种只能依赖垄断的技术优势进行跨国界生产的传统观点，肯定了发展中国家跨国公司竞争优势的客观性，将发展中国家跨国公司对外直接投资的竞争优势来源与这些国家自身的市场与技术特征结合起来，这对于经济相对落后国家企业在对外投资的初期即刚走出国门投资的早期如何确立竞争优势具有启发性。然而，由于继承了产品生命周期理论的内核，因此从该理论出发，发展中国家企业只能对引进发达国家的技术进行适应性的改进，以适合发展中国家小规模化生产及特定人群的需要，其结果是它们只能位于产品生命周期的末端，这点无疑抹杀了发展中国家在技术创新方面的主动性，导致发展中国家产业发展的低端锁定。

二、技术地方化理论

技术地方化理论由英国经济学家拉奥在1983年出版的著作《新跨国公

司:第三世界企业的发展》中首次提出。拉奥在对印度跨国公司的竞争优势和对外投资动因进行研究的基础上,归纳了发展中国家跨国公司竞争优势的来源,如表2-1所示,并经提炼和拓展,前瞻性地提出发展中国家跨国公司的技术特征尽管表现为规模小、使用标准化技术和劳动密集型技术,但这种技术的形成却包含着企业内在的创新活动,也可在特定领域形成竞争优势,可以参与到全球创新发展和国际投资中。传统理论认为在与发达国家的竞争中,发展中国家企业不具备技术优势,他们对外国技术的吸收只是被动的模仿和复制,但拉奥的技术地方化理论强调发展中国家技术引进的再生过程,激发已有的潜力,即发展中国家对技术消化、改进和再创新,正是这种创新活动弥补了原始创新不足的缺失,给企业带来了竞争优势。拉奥认为,发展中国家在发展本国的跨国公司时应优先利用母国廉价的生产要素及本地创新所形成的特有技术来形成一定的国际竞争优势,并引进外资,加强技术吸收与再生,逐步增强本国企业的创新能力、技术水平与组织能力。

表2-1 发展中国家竞争优势来源

发达国家跨国公司	发展中国家跨国公司
1 企业/集团规模大	1 企业集团
2 靠近资本市场	2 技术适合于第三世界供求条件
3 拥有专利或非专利技术	3 有时的产品差异
4 产品差异	4 营销技术
5 营销技巧	5 适合当地条件的管理技术
6 管理技术和组织优势	6 低成本投入(特别是管理和技术人员)
7 低成本投入	7 "血缘"关系
8 对生产要素和产品市场的纵向控制	8 东道国政府支持
9 东道国政府支持	

与小规模技术理论相比,技术地方化理论更强调企业技术引进并消化吸收后,然后再利用的过程,即欠发达国家和地区的对外国技术的改进、消化和吸收不是一种被动的、简单模仿和复制,而是对技术的消化、改进和再创新,国内学者提出的二次创新理论有与此异曲同工之处。[①]正是这种二次创新活动给企业带来新的竞争优势。拉奥提出的技术地方化理论对发展中国家的启发意义在于:它不仅给出了发展中国家在无原始创新背景下企业

---

① 吴晓波:《全球化制造与二次创新:赢得后发优势》,机械工业出版社2006年版。

对外直接投资的竞争优势的来源,而且更强调创新活动,二次创新活动在形成企业特定优势的作用。技术地方化理论从企业微观层面有侧重地对发展中国家对外直接投资活动进行研究,恢复了企业组织在一国对外直接投资活动中的主体地位,证明了在特定领域,发展中国家、欠发达国家企业可以以自己的独特优势进行对外投资,开展跨国经营活动。

三、技术创新与产业升级理论

20世纪80年代中期以后,发展中国家对外直接投资加速增长,特别是一些新兴工业化国家和地区的对外直接投资投向了发达国家,发展中国家对发达国家的逆向投资大幅度增加,甚至有一些投资竞争优势突出,与东道国企业形成了竞争。如何解释发展中国家对外直接投资的新趋势,是国际直接投资理论界面临的重要挑战。20世纪90年代初期由英国学者坎特韦尔和托兰惕诺共同提出,一种用以解释20世纪80年代以来发展中国家和地区对经济发达国家的直接投资加速增长趋势的理论:技术创新产业升级理论应运而生。该理论分析了发展中国家对外直接投资发展过程中技术创新的作用,进一步从源头角度分析了技术创新的源头,即企业的学习能力是提升企业技术创新能力的重要决定因素。该理论指出,发展中国家国内产业结构状况和技术创新能力对该国对外直接投资有直接影响。发展中国家对外直接投资的区域分布会随着时间推移而变化。在投资区域的变化上,很大程度发展中国家企业对外投资的区位选择受心理距离的影响,其对外投资活动会遵循如下的推进顺序:首先这些企业会在周边国家和地区进行投资,原因是这些地区与发展中国家投资国的距离较近,文化传统、社会习俗等各方面通常也相似,这会消除发展中国家企业对东道国未知市场的陌生感,更快地适应当地市场的竞争,等积累一定的跨国经营经验后,发展中国家企业会逐步向其他地理位置更远些的发展中国家扩张,最后随着市场经验和技术实力的提升,会尝试对发达国家进行直接投资。从产业分布方面来看,发展中国家企业对外投资发展早期阶段大多是从资源开发活动开始的,主要原因是母国经济发展需要更多资源供给,因此在对外直接投资的起步阶段,发展中国家政府更倾向于鼓励本国企业在国外资源开发领域的投资活动,随着工业化进程的推进,资源供给的重要性让位于消费市场的扩张,因此发展中国家企业对制造业的投资会增加。最后随着工业化程度的提高,产业结构发生明显变化,开始涉足高技术产业领域的生产与研发活动,并向发达国家投资以获取更先进的技术。[1]由于从区域分布和产业分布两个方面发展中国家对外直接投资过程都存在明显的规律,因此发展中国家对外直接投资的发展历程是可以预测的。

发展中国家技术积累的演进过程需要其企业对技术的学习和组织能力,包含技术吸收及二次创新、适应性创新等,总体上是国家整体的技术积累和演进,表现在相互联系的两个方面:第一,发展中国家产业结构的升级意味着宏观整个技术能力的稳定提升与扩大;第二,这种技术能力的扩大和提升影响着他们国际生产活动的形式和效果。发展中国家技术能力扩大本身则是他们本国的技术积累和对外国技术学习和使用过程共同作用的结果。并且这个演进模式是以地域扩展为基础,以技术累积为内在动力的。随着技术累积固有的能量的扩展,对外直接投资逐渐从资源开发型向技术获取型转变,而且投资的产业构成与地区分布的变化密切相关。其理论所体现的动态分析拓展了对发展中国家对外直接投资认识的深化。坎特韦尔与托兰惕诺基于发展中国家的研究表明,发展中国家通过对发达国家进行对外直接投资,可以利用当地的技术资源优势获得逆向技术转移,从而促进母国的产业升级。

四、动态比较优势投资理论

动态比较优势投资理论由日本学者小泽辉智(Ozawa, 1992)提出,该理论主要探讨开放背景下,企业对外直接投资对经济增长的推动作用。在该理论分析框架中,各国经济发展水平和发展趋势具有阶梯性,这种阶梯对于不同等级的国家都很适用,对处在不同层级的国家均有重要借鉴意义:它为发展中国家指出、提供赶超机会,同时为发达国家创造了一个转移知识与技术的机会。小泽辉智将发展中国家对外投资过程化、系统化、结构化,把一个国家从只吸引外资进入到向国外投资的发展过程打开,进一步细分为吸引外国直接投资阶段,从输入对外直接投资到输出对外直接投资的转型阶段,从劳动力导向的对外直接投资向技术导向、贸易支持型对外直接投资过渡阶段,资本密集型输入的对外直接投资和资源导向型输出的对外直接投资交叉发生阶段等四个阶段。在此框架下,小泽辉智提出了跨国直接投资模式选择决策问题,他认为最优模式应选择能使国家现有和潜在的比较优

---

[1] 薛求知、朱吉庆:《中国对外直接投资的理论研究与实证检验》,《江苏社会科学》2007 年第 7 期。

势(比较优势是指两个或多个主体在某些特定方面相比较而显现出来的相对优势性)激发出来,并达到最大程度,因此发展中国家和地区的跨国投资模式必须与工业化战略结合起来,将经济发展、比较优势和跨国直接投资作为相互作用的三种因素结合于一体分析。

尽管上述理论是针对早期发展中国家对外直接投资实践而提炼出的理论,但基本上都蕴含了对外直接投资有利于发展中国家产业升级的理论内涵。小规模技术理论表明,尽管不如发达国家跨国公司那样拥有垄断性的技术优势,但发展中国家跨国公司可以利用小规模生产的技术优势,对其他发展中国家开展投资活动,带动本国中间产品出口,这对本国产业发展是有利的。技术地方化理论肯定了发展中国家在引进国外技术过程中的二次创新活动,说明发展中国家在特定产业,尤其是劳动密集型产业领域拥有一定的技术优势,这种优势为其他发展中国家所需要,可以与发展中东道国的劳动力要素结合起来,这使得发展中国家的对外投资活动开始有主动的特征。技术创新与产业升级理论则直接开宗明义地阐述了对外直接投资与发展中国家产业升级的互动作用:随着国内产业升级,发展中国家对外投资的产业分布会得以优化,而向发达国家的投资有利于获得技术,促进发展中国家的产业升级。动态比较优势投资理论所论述的发展中国家引进外资与对外投资的发展过程是与国内产业升级过程相伴而来的,这也是该理论强调发展中国家要将对外投资的发展与国内工业化战略相结合的原因。总体而言,早期以发展中国家为研究对象的对外直接投资理论肯定了对外直接投资对发展中国家产业升级的积极作用。

第二节 新兴经济体对外直接投资的理论研究进展

20世纪90年代,以新兴经济体为代表的发展中国家和地区对外直接投资迅猛发展,掀起了发展中国家对外直接投资发展的第三次浪潮。以此为实践背景,一些学者对此进行了卓有成效的理论探索,促进了发展中国家对外直接投资理论的新进展。此次理论新进展主要从三个维度展开:传统理论的扩展、新视角的引入和新理论的提出。作为最大的新兴经济体,中国对外直接投资规模的急剧扩张也引起了国内外学者的关注,以中国对外直接投资为研究对象的理论研究是发展中国家对外直接投资新发展的重要内容。与传统理论相比,发展中国家对外直接投资理论在假设前提、研究范围、研究重点和主要研究结论等方面都有所不同。发展中国家对外直接投资理论的新发展也存在不足之处，未来研究中需要对新兴经济体对外直接投资的发展背景进行深入分析，综合多视角审视发展中国家对外直接投资，对新兴跨国公司给予关注，处理好理论新发展与传统理论之间的关系，并重点关注发展中国家对外直接投资与国内经济发展的互动关系等。

一、新兴经济体对外直接投资理论新发展的背景

从发展历史来看，发展中国家大约经历了三次对外直接投资的浪潮。第一次浪潮是20世纪60至80年代，对外直接投资主体以拉美发展中国家为主，代表国家包括巴西、阿根廷、委内瑞拉、菲律宾等；第二次浪潮始于20世纪80年代中期，投资主体以亚洲新兴工业化国家和地区为主，包括新加坡、韩国，以及中国香港地区等国家和地区；第三次浪潮始于20世纪90年代，以中国、俄罗斯、巴西、印度等新兴经济体为主。呼应前两次浪潮，发展中国家对外直接投资理论研究也获得了快速发展，代表性理论包括小规模技术理论、技术地方化理论、技术创新与产业升级理论等。第三次浪潮中，以金砖四国为代表的新兴经济体对外直接投资迅猛发展，并呈现出不同于以往的特征，如对发达国家的投资较多，战略资产寻求型投资增长迅速，一些所有权优势不明显的企业也进行对外直接投资等，传统的对外直接投资理论在解释这些现象时遇到了困难，理论界从拓展传统理论、推出新理论以及促进传统理论与新理论融合等三个方向展开研究，促进了新兴与发展中国家对外直接投资理论的发展。

发展中国家对外直接投资发展的第三次浪潮中，以中国、印度、巴西、俄罗斯等为代表的新兴经济体对外直接投资取得巨大发展，成为国际直接投资的重要来源国，其中一些企业在投资中不断壮大，成长为跨国公司，成为全球竞争的重要参与者。新兴经济体对外直接投资的迅猛发展及其呈现出的新特点引起了理论界的关注，对新兴经济体对外直接投资的研究已成为国际直接投资、国际商务、战略管理等领域的热点。为了有效解释现实中的"问题"与新现象、新趋势、新特点，一些学者沿袭传统理论对此进行了解释。如依据垄断优势理论，企业进行国际直接投资之前需拥有可进行跨国转移的条件与优势。正是通过对这些专有资产和能力的占有，企业可以在东道国形成与当地企业的相当或超出的垄断地位或者竞争优势，从而弥补在国外市场经营所面临的外来者劣势(liability of foreignness)，从这个角度来说，

传统理论可视作基于资产运用或资产运营导向的国际直接投资理论。传统国际直接投资理论在解释新兴经济体对外直接投资时，倾向于认为新兴经济体企业在特定发展背景下已开发出一定的优势，或者某方面特定的优势，从而使得企业得以进行对外直接投资，这种理论解释具有一定的合理性，与一些企业对外投资实践有一定的吻合性。但与发达国家企业相比，新兴经济体企业无论是在技术、营销还是组织管理技能等方面仍处于劣势，因此依据传统理论，新兴经济体企业只能在其他发展中国家进行对外直接投资，并且其对外直接投资活动也只能限于技术含量比较低，门槛相对不高的价值链低端。而最近的发展趋势显示，进入21世纪以来，新兴经济体对外直接投资实践，有呈现出多样性一面，如其区位选择上包括发展中国家也包括发达国家，其对外投资活动既涉及资源导向，也涉及更高的价值增值活动，这与20世纪七八十年代发展中国家企业通过运用产品与生产流程技术方面的企业特定优势，如成本控制技术，从而在要素成本、投入特征与需求状况与本国相似的发展中东道国以及其他欠发达国家地区进行对外直接投资是不同的。这一发展趋势及新兴经济体对外投资的新特点对传统理论无疑提出了挑战。

总体来看，传统国际直接投资理论的研究思路在一定程度上视新兴跨国公司为竞争力比较弱或者比较有限，对外投资仅限定在特定低端领域的思路，排斥了对那些通过国外扩张获取在国内难以获得的资源，从而获取竞争优势的企业对外直接投资的研究，对于新兴经济体企业在经济全球化背景下重视外部合作、积极布局战略产业、加速国际化等现象也缺乏解释力，因而在解释新兴经济体对外直接投资时并不具有普遍适用性。正是基于以上实践和理论发展的背景，一些学者重点以新兴经济体对外直接投资为研究对象，展开卓有成效的理论探索，促进了发展中国家对外直接投资理论的新发展，新发展主要可以归纳为三个部分：传统理论的扩张、新视角的引入和理论创新。

二、新兴经济体对外直接投资理论研究进展

（一）传统理论的扩展

1. IDP 理论的扩展

20世纪80年代，英国学者邓宁研究了包括发达国家和发展中国家在内的67个国家对外直接投资的输出入流量的资料，在国际生产折衷理论的

三优势(所有权优势、区位优势、内部化优势)基础上,通过引入直接投资流入与流出、净对外直接投资以及人均国民生产总值等宏观经济变量,将国际生产折衷理论动态化,以人均净对外直接投资表征对外直接投资地位,以人均 GNP 表征经济发展水平,创立了投资发展周期理论(Investment Development Path,简称 IDP),其核心思想是:在一定阶段内,一国净对外投资额与该国经济发展水平成正比,经济发展水平越高,其净对外投资额也越大。具体说来,随着人均 GNP 水平提高,一国的净对外直接投资(即直接投资输出减直接投资输入之差)具有周期性规律,其间将经历四个阶段。进一步,邓宁又根据国际直接投资实践发展的新形式提出第五个阶段。第五个阶段中,净对外直接投资额仍然大于零,但绝对值已经开始下降。与前四个阶段相比,第五个阶段受经济发展阶段的影响程度大大减弱,一国的资本流入和流出都已得到了充分的发展,外资流入及境外投资都可能继续增加,但净境外投资额更多地取决于发达国家之间的交叉投资,围绕零水平波动。

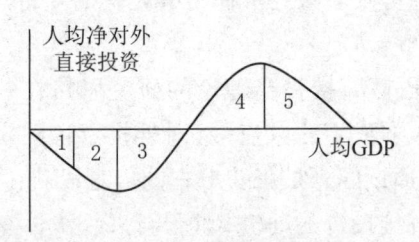

图 2-1 对外直接投资发展周期图

一些学者就尝试利用 IDP 理论来解释新兴经济体对外直接投资。国内学者许真和陈晓飞运用新兴经济体 11 国 2002—2013 年的数据的实证研究表明对于新兴经济体国家,IDP 框架具有解释力。[①]但也有学者认为,IDP 理论解释发展中国家对外直接投资实践时应根据实际情况进行修正。一国特定的投资发展周期会因一国特定因素,如资源禀赋、国内市场规模、产业发展战略、政府政策导向和经济活动的组织等而有所不同,如一些新兴经济体如中国和印度国际直接投资的起步要比投资发展周期理论预计的早。邓宁等人分析了经济全球化对一国投资发展周期的影响,提出了全球化背

---

① 许真、陈晓飞:《基于扩展的 IDP 模型的对外直接投资决定因素分析——来自国家面板回归的证据》,《经济问题》2016 年第 2 期。

景下,以新兴经济体为主的"新来者"(New Players)的投资发展周期模型,如图2-2所示,该图显示,全球化使得"新来者"的投资发展周期加速。

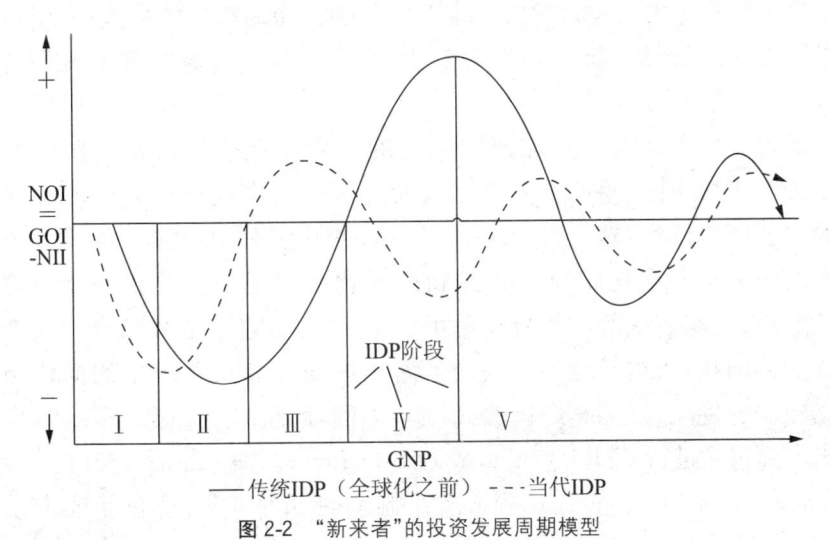

图 2-2 "新来者"的投资发展周期模型

- 资料来源:Dunning, J.H., C.Kim & D.Park, 2008: "Old wine in New Bottles: a Comparison of Emerging Market TNCs Today and Developed Country TNCs Thirty Years ago", SLPTMD Working Paper Series No.011。

依据传统理论(如国际化阶段理论),传统跨国公司通常遵循常规的阶段化演进,即传统跨国公司的成长要经历不规则出口活动、通过代理商出口、建立国外销售子公司和从事国外生产与制造的逐步演化的过程,且这个过程是缓慢的、渐进的,同时伴随着国际化经验学习的积累,一些研究也认为新兴经济体跨国公司也遵循阶段化演进路径。[1]然而,有证据显示新兴经济体跨国公司的形成是以资产寻求而不是资产运用为起点的,它们通常按照非常规模式演化以便追赶上传统跨国公司,包括内向型国际化(如通过OEM成为成熟跨国公司本地生产或者全球供应的联盟伙伴等)、为加速国际化(accelerated internationalization)而进行阶段重叠(Stage overlap)、阶段跨越(Stage jump)、阶段重复(Stage repeat)、阶段反转(Stage reverse)、阶段压缩(Stage compression)等。[2]造成这种现象的原因主要有:首先在全球化背景下,由于国内市场制度改革和向国外开放市场所带来的竞

---

[1] Cuervo-Cazurra, A, 2008: "The Multinationalization of Developing Country MNEs: The Case of Multilatinas", *Journal of International Management*.
[2] Li, P.P. & Chang, T., 2000(1): "The Paradox of Asian Management Practices: A Case Study", In J.Choi (ed) *International Finance Review*. Stamford, CT: JAI Press.

争压力,"迟来者"要遵循"先行者"的渐进式的阶段发展模式是不可能的;其次,经济全球化的深化为新兴经济体跨国公司提供了巨大的发展机遇,政府为提升国际竞争力大多为本国或本地区跨国公司的跨国扩张提供支持,这弥补了新兴经济体跨国公司自身实力的不足,为其超越常规发展创造了条件。

新兴经济体跨国公司加速国际化的演化特征得到了相关研究的证实。如对来自中国、墨西哥和土耳其的三家白色家电产业领域的跨国公司的实证研究证实:这些来自新兴经济体的跨国公司并非简单重复传统跨国公司的阶段演化路径,[①]而是将全球化竞争视作提升企业能力的机遇,通过对迟来者优势的杠杆化利用、与市场领导者建立战略合作关系等方式加速国际化,成长为跨国公司。对中国海尔和日本松下的演化历程的比较研究发现,这两家跨国公司在不同国际化阶段所花时间不同,[②]如从出口到首次进行FDI(Foreign Direct Investment),海尔用时6年,松下为9年,从设立首个境外生产工厂到首次并购,海尔用时5年,松下为12年。相对于传统跨国公司,新兴经济体跨国公司发展确实呈现出加速国际化的特征。这说明,由于经济全球化带来的竞争压力和提供的发展机会并存,一些新兴经济体企业对外直接投资的起步要比投资发展周期理论预计的早。

2. 折衷模式的扩展

在传统国际直接投资理论中,因其整合性、逻辑相对完整性,国际生产折衷理论无疑是应用最广泛、最具解释力的理论,也是解释新兴经济体对外直接投资最常用的理论之一。如以中国台湾地区和新加坡的跨国公司为例,利用国际生产折衷理论详尽解释亚洲新兴跨国公司对外直接投资的优势,证实了国际生产折衷理论对解释新兴经济体对外直接投资实践仍有很大的合理性。[③]有学者应用国际生产折衷理论分析了中国企业的所有权优势、内部化优势和区位优势时认为国际生产折衷理论是分析中国对外直接投资决定因素的适用框架。[④]在解释以新兴经济体为代表的发展中国家对

[①] Bonaglia, F., Goldstein, A., & Mathews, J.A., 2007: "Accelerated Internationalization by Emerging Markets' Multinationals: The Case of White Goods Sector", *Journal of World Business*.

[②] Yang, X. Yi Jiang, Rongping Kang & Yinbin Ke, 2009: "A comparative Analysis of the Internationalization of Chinese and Japanese firms", *Asia Pac J. Manag*.

[③] Sim, A.B., & Pandian, J.R. 2003: "Emerging Asian MNEs and Their Internationalization Strategies: Case Study Evidence on Taiwanese and Singaporean Firms", *Asia Pacific Journal of Management*.

[④] Deng, P., 2003: "Foreign Investment by Multinationals from Emerging Countries: The Case of China", *Journal of Leadership and Organizational Studies*.

外直接投资发展时,国际生产折衷理论无疑应用最为广泛,但该理论也遇到了以下挑战:

首先,在解释新兴经济体资产寻求型国际直接投资时,传统国际直接投资理论关于企业必须拥有所有权优势才能在国外进行国际直接投资的假设无疑遇到挑战。由于新兴经济体通常是全球竞争的后来者(latecomers),当进行对外直接投资时,它们在母国所拥有的企业所有权优势往往不足以形成相对于本土企业的竞争优势,因此除了资产运用动机(asset-exploitation motives)外,新兴经济体企业对外直接投资的动机还包括资产寻求动机(asset-seeking motives)。从组织学习和资产寻求视角来看,新兴经济体企业不仅在它们拥有企业特定优势时进行资产运用型国际直接投资,也试图在寻求母国所缺乏的技术资源和技能时进行国际直接投资。[1]对中国市场寻求型企业国际化模式与动机的案例研究显示,这些企业通过并购等方式进行国际化扩张,其对外直接投资是为了获得技术和品牌等战略资产,[2]从而在国际市场中建立竞争优势。认为来自新兴市场的跨国公司将国际直接投资作为跳板(springboard)来获得战略资产,并减少在国内遇到的制度和市场方面的制约。[3]以上有关新兴经济体资产寻求型国际直接投资的案例研究及理论研究说明,不少新兴经济体企业进行对外直接投资之前也许并没有拥有优于东道国本土企业的所有权优势,基于所有权优势的资产运用动机更多是新兴经济体进入其他新兴经济体或发展中国家时的动机,而进入发达国家时更多是由发展所有权优势的资产寻求动机所驱动(Liu、Buck & Shu, 2005),[4]资产运用动机和资产寻求动机是我们在观察新兴经济体对外直接投资过程中都能观察得到的互补的动机,[5]而由于国际生产折衷理论及其拓展都是在其原有基本假设基础上的适用,都没有改变"企业进行

---

[1] Makino, S., Lau, C. M. and Yeh, R. S. 2002: "Asset-exploitation Versus Asset-seeking: Implications for Location Choice of Foreign Direct Investment from Newly Industrialized Economies", *Journal of International Business Studies*, 33(3).

[2] Child, J. & S. B. Rodrigues, 2005: "The Internationalization of Chinese Firms: A Case for Theoretical Extension?", *Management and Organization Review*.

[3] Luo, Y. D. & Tung, R. L., 2005: "International Expansion of Emerging Market Enterprises: A Springboard Perspective", *Journal of International Business Studies*.

[4] Xiaohui Liu, Trevor Buck & Chang Shu, 2005: "Chinese Economic Development, the Next Stage: Outward ODI", *International Business Review*.

[5] Klein, S. & A. & Wöcke, 2007: "Emerging Global Contenders: The South African Experience", *Journal of International Management*.

国际直接投资之前必须拥有所有权优势"的假设前提,因此对新兴经济体对外直接投资的解释显然力不从心。

其次,国际生产折衷理论以降低交易成本和通过内部化利用已有优势从而降低风险为基础和出发点,忽视了交易价值的创造和网络模式所提供的发展新优势机会,这就不能很好解释新兴经济体企业在对外投资中重视外部网络合作(如建立战略联盟)等进入模式,以及加速国际化的现象。

再次,国际生产折衷理论没有考虑所有权优势、区位优势和内部化优势这三个核心概念之间的相互联系及动态变化。例如新兴经济体制度环境的改变,会导致国内企业母国区位优势的变化,从而让企业所有权优势发生转变,最终使得企业内部化优势发生改变,推动企业进行国际直接投资,[1]国际生产折衷理论对此还未有深入的分析。

20世纪90年代以来,邓宁及其继承者不断修订、拓展国际生产折衷理论,以便该理论能更好解释国际直接投资的蓬勃发展,如国际并购、国际合资企业及联盟合作等七八十年代早期没有过的商务形式,特别是考虑到经济全球化背景下联盟资本主义(alliance capitalism)的出现和技术进步因素对对外直接投资的影响,邓宁在保持原有所有权优势内涵基本不变的基础上,将所有权优势的范围扩展至通过与其他组织建立合作关系并在内部产生的能力和竞争力。所有权优势内涵的拓展扩大了国际生产折衷理论的解释范围。进一步地,邓宁将国际直接投资动机纳入到折衷理论分析框架,试图以投资动机为桥梁,探讨直接投资与产业发展的关系(见表2-2)。对拉美企业进入发达国家的研究发现,这些来自新兴经济体的企业拥有包括技术能力、集团关系、以前的国家所有权、国际化和联盟的经验等在内的独特的所有权优势。[2]在利用扩展的国际生产折衷理论解释中国家族企业的国际化活动时,中国家族企业的所有权优势通常不是基于技术和专有知识上的,而是基于关系契约的,[3]这使得中国家族企业能比竞争对手更快地捕捉到商业机会,中国家族企业的区位优势在于它在非结构化和非稳定的经营环

---

[1] Cuervo-Cazurra, 2007: "A Sequence of Value-added Activities in the Multinationalization of Developing Country Firms", *Journal of International Management*.
[2] Hoskisson, R. E., L. Eden, C. M. Lau & M. Wright. Lorraine, 2000: "Strategy in Emerging Economies", *Academy of Management Journal*.
[3] Carolyn Erdener & Daniel M. Shapiro, 2005: "The Internationalization of Chinese Family Enterprises and Dunning's Eclectic MNE Paradigm", *Management and Organization Review*, 1(3).

境中有效运作的能力,而内部化优势则是家族企业的超级控制,以及通过社会关系控制和对网络的杠杆化利用来实现对专有资产的科层控制,从而证明关系资产(如网络技巧和海外族群的关系网络)的存在为新兴经济体企业提供了一种"所有权优势"。以上研究结果说明,在全球化与网络化背景下,由于资源禀赋和文化的不同,与发达经济体相比,新兴经济体拥有的所有权优势会有所不同。

表2-2 国际生产折衷理论与投资产业选择

投资类型	所有权优势(O)	内部化优势(I)	区位优势(L)	战略目标	适宜产业
资源导向型	资本、技术、市场准入、互补资产、议价能力	确保在合理价格上稳定供应、控制市场	资源拥有状况、相关交通通信基础设施、税收优惠与其他激励	获得使用资源的特权或优先权	能源、矿产品、农产品;出口加工产业;劳动密集型产业;某些离岸服务
市场导向型	资本、技术、信息、管理与组织技能、研发能力、品牌忠诚度	降低交易成本与信息成本、买方的不确定性、保护产权	市场规模与特点、政府政策(管制、进口控制、投资激励等)	保护现有市场、反击竞争者、组织竞争者或潜在竞争者进入新市场	计算机、医药、汽车、食品、航空、金融服务
效率导向型	资本、技术、范围经济、地理分散或积聚、中间投入品的国际采购	垂直一体化和水平多元化经济	产业集聚和专业化、东道国对当地产生的鼓励、具有竞争力的商业环境	通过地区或全球范围的合理化生产,获得专业生产的利益	汽车、电子器具、家电、纺织服装、医药、商业服务、研发
战略资产导向型	能配合现有资产的上述任何优势	共同治理经济、改善竞争优势和战略优势、降低或分散风险	能提供公司缺少的技术、组织和其他资产的上述任何优势	加强全球创新竞争力和生产竞争力,获得新的产品线和市场	知识密集型产业

• 资料来源:何帆、姚枝仲等:《中国对外投资:理论与问题》,上海财经大学出版社2013年版。

制度视角已成为新兴经济体研究的重要理论视角。为呼应这一趋势,邓宁对国际生产折衷范式进行了拓展,为制度维度融入国际生产折衷范式提供了一个理论分析框架,如表2-3所示。他们认为制度的设计与实施对折衷范式的三个要素都会产生影响:从宏观层面来看,制度对国家经济增长和区位优势的重要性不言而喻,尽管人们通常总是将注意力集中在不同组织形式的交易的静态效率上,但内部化因素也是在宏观层面制度化,从微观层面来看,除资产优势和交易优势外,所有权优势还包括企业制度所产生的优势。制度视角是有效联系宏观分析和微观分析的桥梁,也为深入理解当前跨国公司的实践提供了非常有前景的途径,制度维度融入国际生产折衷理论无疑拓展了国际生产折衷理论的适用范围,有助于深入理解新兴经济体跨国公司的成长与演化路径及特征。

表2-3 正式和非正式制度对企业国际生产折衷的影响

制度 正式 非正式	O 组织与治理	L 社会资本	I 关系
制度 正式 非正式	法律、规章制度、协定、市场交易规则 行为规范、规则、国家/企业文化、个人道德水准	法律、规章制度、协定、政治规则 信仰、社会习俗、传统、社会闻名	企业内外部合同 协议、行为规范、企业内外部基于信任的关系,通过网络或企业集群所进行的制度构建
强化机制 正式 非正式	制裁、惩罚、税收、激励、利益相关者(消费者、投资者和工会)行为 道德劝告、地位/认可的获得或失去、报复、信任的建立或削弱、秘密反对	制裁、惩罚、公共组织的质量、教育(形成和完善制度) 个人愧疚感、非正式的示威、积极参与组织决策(由下而上的影响)、道德劝告(由上而下对制度、组织和个人的影响)	违约赔偿、罢工、高员工流动性、教育、培训 个人愧疚感、非重复交易、业主停工、因网络/联盟导致的外部经济/不经济(如学习收益)、秘密反对

• 资料来源:Dunning, J.H. & Lundan, S.M., 2008:"Institutions and the OLI Paradigm of the Multinational Enterprise", *Asia Pacific Journal of Management*。

与发达国家跨国公司相比,来自新兴经济体的发展中国家跨国公司对外直接投资更易受到国家经济政策和国内制度影响,因为在国内持续的经济自由化和制度转型过程中,新兴经济体通常存在制度空缺(Institutional voids),[①]而这些制度空缺正是新兴经济体跨国公司可以发挥其特有优势的重要来源,如获得政府强有力支持等,若将这一独特优势跨国转移到具有相同制度环境的其他市场,新兴经济体跨国公司就会形成相对于发达国家跨国公司的竞争优势。

(二)新视角的引入

1. 制度视角

新兴经济体企业除面临持续的经济自由化和制度转型外,还面临各种制度限制,而包括文化距离、制度差异等在内的制度维度在传统国际直接投资理论中却未得到足够重视,因此对新兴经济体对外直接投资的研究应考虑到新兴经济体的制度背景。制度视角重点研究特定制度环境对新兴经济体企业对外直接投资的影响,代表性文献及其主要研究结论如下表所示。

---

① Khanna, T. & Palepu, K.G., 2006:"Emerging Giants:Building Worldclass Companies in Developing Countries", *Harvard Business Review*。

表 2-4 新兴经济体对外直接投资研究制度视角的主要观点

研究者	主要结论
Aggarwal & Agmon(1990)	政府的大力支持,包括自然资源和其他投入方面的特权、低成本的资本、补贴等弥补了新兴经济体企业在海外所面临的所有权优势和区位优势方面的不足;新兴经济体投资者通常会遇到官僚主义、各层次繁琐的国际直接投资审批,从而影响了新兴经济体对外投资总量、方向与资本流动范围;制度约束以及针对特定产业和所有权形式的企业的歧视政策,导致一国对外投资的扭曲;会出现通过非正规途径甚至非法途径进行对外投资的情况
Dunning, Hoesel & Narula(1998)	东亚新兴经济体跨国公司通过并购等方式在发达工业化国家所进行的战略资产寻求型对外直接投资活动是由国家经济结构重建和自由化、出口导向、更开放的政策和政府支持来促进的
Deng(2009)	中国对外直接投资是与中国长期发展战略相匹配的,中国政府在企业海外产业投资中起到重要驱动作用;中国跨国公司通过并购获得战略资产是中国独特的制度环境的必然逻辑
Cuervo-Cazurra (2007)	外资进入、对国内企业保护减少等制度环境的改变是促使拉美企业进行对外直接投资,成为跨国公司的重要驱动因素;制度环境的改变也改变了企业的优势
Khanna & Palepu (2006)	无论在国内还是在具有相同制度环境的其他市场,新兴经济体企业在利用制度空缺方面存在独特的优势
Pananond (2007)	对比 1997 年金融危机前后泰国跨国公司的国际化扩张活动时发现,由于对透明度要求的提高,泰国跨国公司由传统的对网络能力重视变得更重视技术能力
Chittoor & Raya (2007)	由于贸易体制自由化导致的国内市场向国际竞争者开放,以及 WTO 专利体系的监管,印度制药业原来通过反向工程所形成的传统竞争优势在国际化经营中面临压力
Cuervo-Cazurra & Genc(2008)	与发达国家跨国公司相比,发展中国家跨国公司的劣势部分地是由于它们不得不在母国欠发达的制度环境中经营,但是当它们在类似制度环境的欠发展中国家进行国际直接投资时,这种劣势反而成为一种相对于发达国家跨国公司的优势

• 资料来源:作者整理。

制度视角的引入加深了人们对发展中国家对外直接投资第三次浪潮、新兴跨国公司快速成长的理解。在全球化背景下,以新兴经济体为代表的大部分发展中国家致力于国内市场经济制度建设,这些制度建设对发展中国家拥抱全球化,利用资本带来经济增长、利用全球化带来的发展机遇是非常有必要的。一方面,市场化的制度建设释放了经济活力,有利于促进对外直接投资的发展。另一方面,在市场化和政府干预的混合机制中,新兴经济体企业积累了独特的制度优势,有助于其在国外市场开疆拓土。如一些新兴经济体企业具备发达国家企业所不具备的国家层面的所有权优势、一些发展中国家企业到类似制度背景的发展中国家投资时比发达国家企业更能适应东道国市场等。总体来说,制度视角是理解发展中国家对外直接投资的重要视角。

2. 创业视角

创业及创业管理作为管理学中一个分支,有不同于传统管理的视角和分析方法,对于分析新创企业为什么以及如何创业,如何更好地创业等有体系化的研究方法,且近年来被一些学者引入到新兴跨国公司投资领域。国别案例研究发现,由于新加坡企业创业不足,政府扮演创业者的角色通过在国外建立新加坡产业园等方式为企业国际化活动提供支持和帮助,一定程度上促进了新加坡企业的创业创新。[1]有学者指出鉴于越来越多的新兴经济体企业在成立不久就走向国际市场,因此有必要对新兴经济体国际新创企业进行深入研究。[2]韩国三星公司没有囿于国际直接投资与国内经济动态发展水平相适应的理论限制,其创业导向资产寻求型(entrepreneurial asset seeking)国际直接投资,反而提升了母国发展路径。[3]中国家族企业通常采用非正式的非结构化的方法进行对外直接投资,分析一类对外投资中投资经验和相关知识的分布及适用情况,发现中国家族企业从海外创业活动中所学习到的战略经验被牢牢控制在家族之内。在国际化扩张过程中,一些新兴经济体创业企业会通过对母国优势的杠杆化利用而获得成功。[4]新兴经济体企业包括技术能力、制度网络等的特定所有权优势决定了新兴经济体企业的公司创业水平,进而促进了这些企业通过国际直接投资进行国际创业,并且企业出口密度和母国产业竞争状况会对这种关系产生影响。[5]有学者认为新兴跨国公司和新兴市场国家的一些对外投资行为并非新兴市场国家企业和资本单独所为,有来自发达国家的资本支持和技术支持,[6]其中来自发达国家的风险投资提高了新兴经济体新创企业的管理效率和外部网络联系,从而推动了新兴经济体的新建企业到发达国家进行对外直接投资,另外高创业导向(自主性、创新性、超前行动、风险承担、冒险性行为)也会促进新兴经济体的新创企业到发达国家进行对外直接投资。对

---

[1] Yeung, H., 1998: "Transnational Corporations and Business networks: Hong Kong Firms in the ASEAN Region", London: Routledege.
[2] G.D. Bruton, D. Ahlstrom & K. Obloj, 2008: "Entrepreneurship in Emerging Economies: Where Are We Today and Where Should the Research Go in the Future", Entrepreneurship Theory and Practice, January.
[3] J. Lee & J. Slater, 2007: "Dynamic Capabilities, Entrepreneurial Rent-seeking and the Investment Development Path: The Case of Samsung", *Journal of International Management*.
[4] Lu, Y., 2007: "Home-based Product Strategies and Export Performance in International Entrepreneurial Firms", Working paper, Chinese University of Hong Kong.
[5] D.W. Yiu, C.M. Lau & G.D. Bruton, 2007: "International Venturing by Emerging Economy Firms: the Effects of Firm Capabilities, Home Country Networks, and Corporate Entrepreneurship", *Journal of International Business Studies*.
[6] Y. Yamakawa, M.W. Peng & D.L. Deeds, 2008: "What Drives New Ventures to Internationalize from Emerging to Developed Economies?", *Eentrepreneurship Theory and Practice*, January.

16家中国民营企业的深度访谈研究发现,受新兴经济和转型经济的背景所影响,只有国际化阶段理论和国际新创企业理论结合才可以解释中国本土民营企业的国际化行为,他们认为这种"受限创业(bounded entrepreneurship)"(即创业者具有天生的创业特质,但创业者的认知和能力受到有限的教育、制度因素导致的有限国际化经验的影响)可能是中国民营企业独特的国际化模式和竞争地位的关键影响因素。

创业视角引入到新兴经济体对外直接投资研究是一种非常独特的视角。在这种视角下,新兴经济体对外直接投资被视作一种创业行为,基于国际创业视角,相关学者进行了卓有成效的研究,得出一些有价值的结论,对探索新兴经济体对外投资规律、对丰富新兴经济体对外直接投资研究均有一定的启发性。在研究新兴经济体对外直接投资时,创业视角通常从企业内在的、特有的优势及母国特有优势、外部环境条件、独特经营行为等方面分析新兴经济体企业的成功原因及优势来源。创业视角的引入,对深入理解新兴经济体企业在资源缺乏和有限的情况下开展国际化经营,进行对外直接投资提供了全新的思路。

3. 多视角的融合

在有关新兴经济体跨国公司的研究中,大部分研究只局限于单一理论视角的考察,这大大限制了对新兴经济体跨国公司相关规律的深入理解,为有效深入探讨新兴跨国公司对外投资复杂性规律,有必要进行理论视角的整合。彭维刚从众多影响因素中归纳提炼,整合产业、制度和资源观三个理论视角,提出了整合化的企业国际化战略分析框架,该框架对新兴经济体跨国公司经营行为具有较好的解释力,被称之为Y模型,[1]如图2-3所示。Y模型中,不仅重视企业跨国化经营的宏观制度与产业环境,也重视企业微观层面的因素,为较为全面地理解经济全球化背景下企业战略行为提供了分析框架,有利于拓展处于独特制度与经济环境中的新兴经济体跨国公司的理论研究。中国海尔和日本松下两家跨国公司国际化进程的比较研究表明,Y模型能较好解释新兴经济体与发达国家跨国公司形成与演化的异同,[2]其研究结论也说明,新兴经济体跨国公司国际化战略是由产业和资源

---

[1] Peng, M.W. & Zhou, J.Q., 2005: "How Network Strategies and Institutional Transitions Evolve in Asia", *Asia Pacific Journal of Management*.
[2] Yang, X.Yi Jiang, Rongping Kang & Yinbin Ke, 2009: "A Comparative Analysis of the Internationalization of Chinese and Japanese Firms", *Asia Pac J. Manag*.

方面的因素共同影响的,并且这种影响作用是嵌入在一定的国内和国际制度环境中的。总体来看,整合了微观分析和宏观分析视角的 Y 模型为新兴经济跨国公司理论研究提供了有用的分析工具,但对这一模型的应用性研究还有待加强。

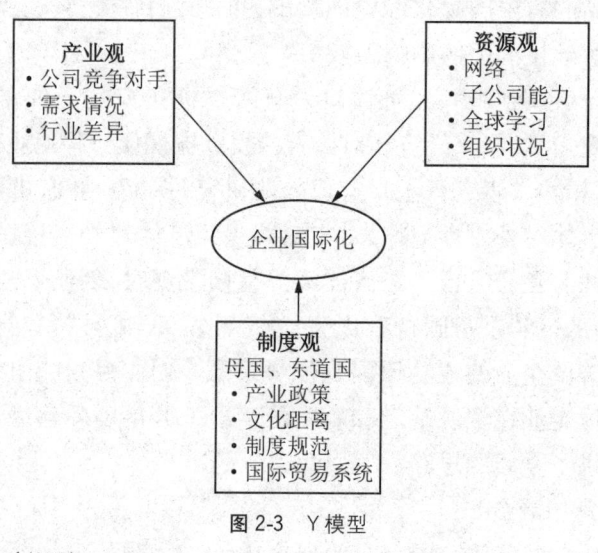

图 2-3 Y 模型

·资料来源:Yang et al.(2009)。

（三）理论创新

也有学者对缺少针对新兴跨国公司对外直接投资的专有理论,现有理论建构仅仅从传统理论修补和新视角引入这些做法不满意,他们认为理论界应认真研究以新兴经济体为代表的发展中国家对外直接投资这种新现象中包含的新特征及新规律,在结合传统理论合理成分的基础上,发展出新理论。

1. 非平衡理论

主流国际直接投资理论普遍将企业对外直接投资看作企业占有特定资产或者拥有某种特点优势后企业经营行为跨国界的结果,这一逻辑有一定合理性,也符合发达国家背景下的实践特点。但 Moon & Roehl(2001)观察到来自发展中国家的对外直接投资不断增长,一些企业客观上并没有对特定资产的占有,所有权优势并不明显,甚至缺乏优势。依据企业成长理论,企业在获得特定资产过程中,几乎总是不可避免地面临优势和劣势的不平衡,受这一观点的启发,为了建立能解释所有类型对外直接投资的通用理论,Moon & Roehl(2001)从动态考察企业成长的视角,提出了解释新兴跨国公司对外投资的非平衡理论。该理论的基本观点认为企业同时拥有所有权优势和所有权劣势,正是所有权优势和劣势的不平衡,企业决策者对所有权优势的认知重视程度会促使其进行对外直接投资。换言之,企业进行对外直接投资既可以由所有权优势驱动,也可由所有权劣势所驱动,其核心思想是决策者认知程度和容忍程度会影响对外投资的决策,因而在分析企业对外直接投资的动因时要同时观察其所有权优势和所有权劣势,并且要考察这两者之间的不平衡。

依据非平衡理论,具有所有权优势的企业可以通过运用这些优势或者对市场进行内部化来进行对外直接投资,那些处于所有权劣势的企业为寻求新优势也会开展对外直接投资。这就可以解释为什么那些缺乏所有权优势的发展中国家企业在发达国家进行资产寻求型对外直接投资等非传统对外直接投资类型。事实上,由于非平衡理论不仅仅局限于优势分析,而是要全面分析企业的优势、劣势及其互动关系对其对外直接投资的影响,所以非平衡理论不仅可以解释发展中国家的对外直接投资,也可以解释其他类型国家的对外直接投资,适用范围更加普遍。因而一些在国际直接投资研究领域的相关争议问题可以得到解决:

第一,关于国际直接投资的真实动机,传统理论主要回答企业是通过何种方式如何进入国外市场的,非平衡理论则回答了企业为什么要开展对外直接投资,因为在传统理论分析框架中,企业开展对外直接投资的活动在企业具备一定所有权优势时已被自动决定,而非平衡理论更有助于我们理解企业为何要进行对外直接投资。

第二,关于何种要素可以在国家间流动,通常人们倾向认为企业到国外投资获取技术优势支持国内的劳动力优势,与企业到国外投资获取廉价劳动力支持国内智力资本,这两种行为在概念上是相同的,只是最终优势的来源不同而已。但比较资本和劳动力这两种要素,并考虑到劳动力要素在国际间的流动性较差,显然,对外直接投资只能从发达国家投向发展中国家。非平衡理论则可解释企业不具备所有权优势仍开展对外直接投资的情况,如发展中国家企业到发达国家投资。

第三,关于现实世界中国际直接投资理由的多样性,传统的国际直接投资理论解释发达国家对发展中国家的对外直接投资是有说服力的,因为相对于发展中国家企业来说,发达国家企业通常有技术等方面的所有权优势,然而现实中，有些并非源自企业所有权优势的对外直接投资并不能用传统国际直接投资理论解释，如发展中国家对发达国家的对外直接投资。这些投资通常是为了寻求战略资产，而不是运用已有的优势。为解释这类投资，非平衡理论认为企业在进行对外直接投资时，所有权优势和劣势及其之间的平衡必须同时予以考虑，而传统理论只考虑企业的优势，从这个角度来说，非平衡理论是对传统理论很好的拓展。

我们需要丰富的理论来解释市场上存在的各种类型的对外直接投资。邓宁的折衷模式没有看到企业所有权优势和劣势之间的不平衡对对外直接投资的强烈驱动作用。这与折衷模式刚提出时非传统投资行为还比较少有关系。随后一些学者试图解释发展中国家的对外直接投资活动，但其关注重点仍然是试图找出这些发展中国家企业独特的所有权优势，如小规模技术优势、国家层面的优势等。这种观点能够解释发展中国家到比其自身更不发达的国家开展的对外直接投资活动，但不能解释发展中国家到发达国家的对外直接投资活动。由于非传统的投资活动不仅仅是由企业优势所推动，因此研究对外直接投资也需要关注企业优势之外的东西，从这个角度来说，非平衡理论的提出有非常积极的意义。

2. LLL 分析框架

马修斯（Mathews）从全球化背景下的资源观出发，基于迟来者视角提出了 LLL 分析框架（LLL Framework），[1]该框架提出新兴经济体跨国公司国际化的起点是源于它们对可从外部获得的资源的关注，通过与发达国家跨国公司建立战略联盟或者建立合资企业来建立外部资源联系（Linkage）、对资源进行杠杆利用（Leverage）和学习（Learning）进行对外直接投资。马修斯提出的 LLL 分析框架已成为解释新兴经济体跨国公司形成与演化的重要理论。其提出背景是包括中国在内的来自亚太地区发展中国家"龙跨国公司"（Dragon multinationals）近年来加速国际化，组织创新特征明显，战略创新成效显著，加速国际化并非完全由技术创新促成，为解释这一类新兴跨国公司的海外经营行为而提出的理论分析框架。根据 LLL 分析框架，新兴经济体跨国公司在缺乏资源和国际化经验的情况下经由三个"L"获得了新的竞争优势，并且联系、杠杆利用与学习可形成自我加速的过程，由此可

---

[1] Mathews, J.A. 2006: "Dragon Multinationals: New Players in 21st Century Globalization", *Asia Pacific Journal of Management*.

以解释新兴经济体企业加速国际化的现象。如 Ge & Ding(2008)以格兰仕为例,对中国制造业的实证研究证明 LLL 模型对新兴经济体跨国公司对外直接投资有较强的适用性。LLL 分析框架深入分析企业对外投资及加速过程,用动态的过程和视角来分析跨国公司的形成,这更符合新形势下全球化背景下企业战略行为特点。LLL 模型与国际生产折衷分析框架的区别如表 2-5 所示。LLL 分析框架是基于扩展的资源观理论,融合了企业能力等相关理论而提出,在解释那些缺乏资源、国际化经验不足的新兴经济体跨国公司对外直接投资方面更具解释力,甚至可以替代国际生产折衷理论。LLL 模型至少有两个主要的贡献。首先,在解释尽管缺乏资源和国际化经验,但新兴经济体企业如何进行国际化投资及运营方面,突破了主流理论的局限。其次,用动态的过程观来分析跨国公司的形成,更贴近客观实践,而非像国际生产折衷理论那样更多基于静态的偏好,有脱离实践的设计之嫌。

表 2-5　国际生产折衷分析框架与 LLL 分析框架的比较

比较标准	国际生产折衷分析框架	LLL 分析框架
所利用的资源	自有资源	通过与外部企业建立联系而接近并使用资源
地理区位	区位作为垂直整合的一部分	区位作为国际网络的一部分
制造或者购买	倾向于跨国界内部化生产	倾向于通过外部联系来生产
学习	国际生产折衷分析框架未涉及	通过重复联系和杠杆效应而学习
国际化过程	国际生产折衷分析框架未涉及;跨国公司的国际化被视为已经存在的	通过联系而逐渐推进的过程
组织形式	国际生产折衷分析框架未涉及;组织形式应该是跨国化的	全球整合形成迟来者优势
驱动范式	交易成本经济学	获得迟来者优势
时间框架	比较静态分析	累积发展过程

• 资料来源:Mathews, J.A., 2006:"Dragon Multinationals: New Players in 21st Century Globalization", *Asia Pacific Journal of Management*。

　　LLL 分析框架的合理性得到本领域知名学者的肯定,邓宁对 LLL 分析框架表示认同,他认为以通讯技术为代表的科技进步带来了新兴技术的便利,给各种类型的企业均带来了前所未有的发展机遇,因此一些不具备所有权优势的企业也获得了对外直接投资的发展机会。同时他认为 LLL 这一分析框架与自己后续研究中拟提出的资产增强型对外直接投资是相同的,他特别指出来自东亚的发展中国家的跨国公司对外直接投资往往有多重目标,既包括利用已有的所培育的所有权优势,也包括获得战略资产,其中对发达国家的投资很大程度上是为了获得战略资产,对发展中国家的直接投资则是未来利用已有的所有权优势,如中国对外直接投资是资产运用型和资产增强型。这种资产增强型的对外直接投资正是 LLL 分析框架重点研究的内容。

综上所述,对新兴经济体对外直接投资,新兴跨国公司快速成长,特别是对发达经济体对外直接投资不断增长的现象及其表现出的一些新特点,学界大致从拓展传统理论、引入新视角和理论创新三个方面进行了卓有成效的探索,这些对于理解现今世界多样化的国际直接投资现象及跨国公司成长战略无疑大有裨益,也有助于推进国际直接投资理论的深入与发展。新兴经济体对外直接投资研究的理论进展显示,学界已认真关注新兴经济体群体及担当投资重任的新兴跨国公司在全球直接投资中的地位,无论是传统理论的扩展,还是新视角的引入,抑或是新理论的提出,学者们的研究都注意到将它与早期发展中国家相区别。20 世纪 90 年代以来,新兴经济体对外直接投资表现出更大的积极主动性,投资类型更具多样,表现形态差异比较大,也涌现出一些新特点、新趋势。这体现出新兴经济体希望通过对外直接投资获取国内产业发展所需资源与要素的决心,也说明对外直接投资对于国内经济增长和对产业结构优化升级的积极作用已为新兴经济体普遍接受。

第三节　对外直接投资与母国产业升级的关系

与对外直接投资对东道国产业升级的影响相比,对外直接投资在母国产业升级中的效应较少受到关注。进入 21 世纪以来,新兴经济体对外直接投资迅猛发展,投资规模快速扩张,投资结构不断改善,理论界才开始重视这一话题,这一主题的实质是研究开放条件下跨国直接资本流动与母国产业的互动关系。对外直接投资促进母国产业升级的理论渊源最早可追溯到 1958 年邓宁对美国在英国制造业领域的对外直接投资的研究。1958 年,邓宁在《美国在英国制造业中的投资》中研究 19 世纪 70 年代至第二次世界大战间美国对英国的对外直接投资,提出了美国对英国的对外直接投资有助于美国工业化发展的观点。20 世纪 60 年代以来,随着发达国家对外直接投资的迅速发展,西方学者开始对其国际直接投资行为进行研究,描述和解释其动因、影响因素、投资模式及效应等,并在此基础上形成了各种理论。

以早期发展中国家对外投资实践为研究对象的理论肯定了对外投资对发展中国家产业升级的积极作用,新兴经济体对外直接投资理论(如非平衡理论、LLL分析框架等)更强调了新兴经济体对发达经济体的战略资产寻求型投资的意义,这类投资无疑对新兴经济体技术进步、产业升级意义重大。总体上看,这些理论基本都肯定了对外直接投资对母国产业升级的积极作用。

相关实证研究进一步证实了以上结论,如美国和日本跨国公司倾向于在低成本东道国投资生产,以便利用当地的劳动力成本优势,而发达国家对其他发达国家的投资也能带来知识溢出效应,有利于促进本国技术进步。[1]对新兴与发展中经济体的研究也支持了这种观点,如有学者对不同赶超型国家的22个行业1970—1995年的相关数据进行实证分析,结果显示赶超型国家对外直接投资与国内产业升级之间呈现明显的正相关关系;[2]对中国大陆1993—2011年对外直接投资和产业升级的实证研究显示,中国对外直接投资与国内产业升级之间存在长期稳定的比例关系,对外直接投资能有效促进中国产业结构的优化和升级;[3]对韩国的研究表明,韩国通过对外投资将边际产业的制造环节移到海外,促使国内企业在国内发展高技术产业,从而提高了国内产业的技术密集度,[4]原因在于跨国公司对于中间投入物的需求,其中的一些会从母国市场上获得,从而拉动母国产业发展。学界认为对外直接投资促进母国产业升级的主要作用机理如下:从企业微观角度看,一国或地区企业借助对外投资可以获得或利用东道国的低成本资源,如低成本的土地和劳动力资源等,[5]也可以促进母国企业的技术提升,[6]进而提升企业的竞争力,促进产业升级;从产业层面看,对外投资会产生产业转移效应进而促进产业升级,即企业在进行对外投资时,母国部分生产要素会释放出来,流向新兴产业,促进本国的生产向资本与技术密集型转变,从

---

[1] Branstetter, Lee., 2000: "Is Foreign Direct Investment a Channel of Iconwledge Spillovers? Evidence from Japan's FDI in United States", NBER Working Paper, No.8015.
[2] Malcolm. Dowling, 2000: "Chia Tien Cheang, Shifting Comparative Advantage in Aisa: New test of the 'flying geese' Model", *Journal of Aisan Economics*.
[3] 杨建清、周志林:《我国对外直接投资对国内产业升级影响的实证分析》,《经济地理》2013年第4期。
[4] Advincula, R., 2000: "Foreign Direct Investments, Competitiveness, and Industrial Upgrading: The Case of the Republic of Korea", KDL.
[5] Love, J.H., 2003: "Technology Sourcing Versus Technology Sxpioitation: An Analysis of US Foreign Direct Investment flows", *Applied Economics*.
[6] Branstetter, L., 2001: "Are Knowledge Spillovers International or Intranational in Scope? Microeconometric Evidence from the U.S. and Japan", *Journal of International Economics*.

而带动母国产业调整和升级，[1]提升母国产业在全球产业价值链中的地位，[2]生产全球化促进了产业结构调整，[3]导致产业内竞争加剧，从而提升产业效率，进而促进产业升级，[4]通过带动上下游关联产业发展促进母国产业升级等；[5]也有研究认为对外投资对国内产业升级具有多层次的综合作用：一是企业内部的结构调整，如企业引入新的生产方式等；二是产业内部的结构调整，即将母国企业向产业的上游或下游延伸，提升分工地位；三是产业之间的结构转移，即在将母国传统产业向国外转移的同时，使原来企业释放的生产要素向新产业转移。[6]

总体上看，对外直接投资对母国产业升级的积极作用已从理论和实证两个方面得到证实。但是，学界对此也存在质疑，其中影响最为广泛的观点是对外直接投资会引起产业空心化。所谓产业空心化指资本从一国的生产部门大规模撤退，造成物质生产在国民经济份额中大幅度下降的现象。广义的产业空心化指国民经济的超工业化或服务化，即随着国家经济向服务化发展，国内制造业逐渐衰落，其表现为国民经济构成中，第一产业比重下降，第二产业比重上升的同时，第三产业比重上升，最终超越第一产业和第二产业，成为国民经济的主导产业部门。狭义的产业空心化指随着制造业大规模对外直接投资活动，国内制造业向国外转移，国内物质生产规模缩减，进而导致产业空心化。本研究讨论的是第二种情况的产业空心化，即一国对外直接投资是否导致国内制造业的空心化。

历史上，英国、美国、日本等发达经济体、以"亚洲四小龙"为代表的新兴工业化国家/地区都曾关注本国/地区制造业对外直接投资是否引起国内产业空心化这个问题。19世纪英国借助产业革命的力量，生产力得到极大发展，成为"世界工厂"。随着国内生产成本上升，英国制造业企业为追逐更高投资利润，纷纷到海外进行投资和生产，将国内一些制造和加工企业迁往国外，英国开始从"世界工厂"成为工业品进口国，其制造业逐渐落后于美国和德国。制造业大规模对外直接投资也被视为造成20世纪以来"英国病"的

---

[1] Lipsey, R., 2002: "Home and host effect of FDI", NBER Working Paper Series: 9293.
[2] 隆国强：《全球化背景下的产业升级新战略》，《国际贸易》2007年第7期。
[3] 庄宗明、孔瑞：《制造业结构调整与经济波动：美国的实例》，《国际经济合作》2007年第2期。
[4] 赵伟、东江：《ODI与中国产业升级——机理分析与尝试性实证》，《浙江大学学报》2010第3期。
[5] B Kogut & S.J.Chang., 1991: "Technological Capabilities and Japanese Foreign Direct Investment in the United States", *Review of Economics & Statistics*.
[6] 周升起：《OFDI与投资国(地区)产业结构调整：文献综述》，《国际贸易问题》2011年第7期。

原因之一。

　　同样日本也为产业空心化问题所困扰。日本的产业空心化问题起源于20世纪70年代。日本经济经过战后50年代至70年代早期的高速增长，工业部门得到很大发展，但进入70年代后，随着国内劳动力成本上升以及日元升值的影响，日本企业纷纷将纺织、冶金、机械等为代表的劳动密集型企业向亚洲其他地区转移，以利用该地区低成本劳动力等要素，确保利润，维持日本产品的国际竞争力。进入80年代后，随着日本签署"广场协议"，日元大幅度升值，日本产品出口受阻，加上日本在电子、汽车等资本与技术密集型行业竞争力提升，日本与欧洲和美国的贸易摩擦越来越激烈，日本产品在国际市场上遭遇的贸易壁垒较高，日本资本与技术密集型制造业产品的出口竞争力受到较大影响。在此背景下，日本企业开始在汽车、电子等领域加大对欧美国家和东南亚国家的投资，特别是在电子产业领域，日本约有三分之一的电子产品都在海外工厂生产。制造业大规模对外直接投资后，日本贸易赤字大幅度增加，进入90年代，日本经济陷入长时间的萧条，被称为"失去的十年"。日本国内对此的反思中，就有观点认为这与七八十年代制造业大规模对外直接投资造成国内产业空心化直接相关。[1]

　　遭受产业空心化问题困扰的还有美国。美国产业空心化问题可追溯至20世纪40至60年代。"二战"后，美国确立了自身在全球经济中的领先地位。与此同时，美国国内开始进行新一轮产业结构调整，国内集中发展汽车、电机、化工等资本与技术密集型产业，借助战后援助的契机，通过对外直接投资将传统劳动密集型产业向日本、德国等国转移。此后，随着日本和西欧经济恢复增长，劳动力成本上升，美国便开始把传统劳动密集型产业向以"亚洲四小龙"为代表的亚洲国家/地区转移。20世纪80年代在第三次科技革命的推动下，美国开始向电子信息技术、航空航天、生物医疗、基因技术等技术密集型制造业方向发展，为了绕开欧共体对非成员国的贸易壁垒，美国向欧洲大量投资，转移资本密集型制造业。进入20世纪90年代，美国重点发展信息技术、现代服务业，借助全球化的东风，以美国跨国公司为主导，大力推进产品内分工，将制造业的低附加值环节配置在新兴经济体，与此同时，随着制造业外迁，以金融为代表的服务业快速发展，导致虚拟经济和实

---

[1] Cowling, K. & Tomlinson, P.R. 2001: "The Problem of Regional 'Hollowing Out' in Japan: Lessons for Regional Industrial Policy", Working paper, University of War Wick.

体经济发展失衡,直至2007年次贷危机爆发。这引起美国对产业空心化问题的反思,奥巴马政府开始提出再工业化战略,试图重拾实体经济。

学界对产业空心化的研究主要有两种观点:一种观点认为对外直接投资会引起母国国内产业空心化,需要投资国加以重视,典型代表性观点如对外直接投资会造成母国相关产业投资不足;[1]美国跨国公司的对外直接投资引发了美国国内产业空心化;[2]大量的对外直接投资造成了日本产业空心化,影响了日本国内就业。[3]国内也有学者指出,在一国对外投资发展过程中,旧产业为了生存就会向海外转移,如果新产业还未发展起来,这时会出现行业或地区性产业空缺,造成特定产业衰退的现象,[4]特别是无序的产业国外转移,国外生产就会取代国内生产,造成国内生产能力下降,就业减少,税源转移甚至技术流失等问题。[5]另一种观点认为对外直接投资与母国产业空心化并无直接关系,不需要过度解读。如有研究认为19世纪60和70年代日本国内能源价格上升,劳动力缺乏,土地、劳动力等要素成本高,日本将高能耗产业向海外转移是必然选择,当时日本国内产业结构向高技术、高附加值产业转变。[6]有研究进一步指出与美国等发达国家相比,日本对外直接投资的产业转移程度比较有限,即便日本国内出现产业空心化,其根本原因在国内而不在国外,内外直接投资失衡才是日本产业空心化问题形成的主要原因。[7]也有研究以具体产业为例展开研究。日本学者对丰田汽车及其所在的爱知地区为例,调查了日本跨国公司制造业的对外投资情况,发现并未引起爱知地区的产业空心化。[8]

不可否认,制造业大规模对外直接投资确实在一定程度上会引起母国产业空心化问题,我国国内有学者已经明确提出在当前中国对外直接投资

---

[1] [日]关下捻著,李公掉译:《跨国公经济学——现代资本主义的世界经济模序论》,《世界经济译从》1990年第5期。

[2] Abe K., 1992: "Japan Direct Investment in the USA: Direct Investment, Hollowing-Out and Deindustrialization", In *Economic, Industrial, and Managerial Coordination between Japan and the USA*, Edited by Kiyoshi A., William G and Harold S., New York, St. Martin's Press.

[3] Ito, M., 2003: "Hollowing Out of the Japanese Manufacturing Industry and Regional Employment Development", *Japan Institute for Labour Policy and Training*.

[4] 周振华:《我国经济发展面临产业空洞化的挑战:机理分析与应对思路》,《经济研究》1998第6期。

[5] 汪琦:《对外直接投资对投资国的产业结构调整效应及其传导机制》,《世界经济与政治论坛》2004第1期。

[6] Hirono Ryokichi, 1996: "Japan's Direct Investment Overseas: Performance Issues and Prospect 1951—2000", *Management Japan*, Spring.

[7] 江瑞平:《日本产业空心化的实态、症结及其中国闪素》,《日本学刊》2003年第3期。

[8] Fujita, Bill K., 1989: "Child. Global production and regional 'Hlollowing Out' in Japan", *Pacific Rim Cities in the World Economy-Comparative Urban & Community Research*.

规模不断扩大情况下,要借鉴美国和日本的经验教训,避免出现产业空心化。[①]但本研究判断,当前新兴经济体并不需要忧虑对外直接投资导致产业空心化问题,主要理由如下:

首先,总体上,与发达经济体相比,新兴经济体对外直接投资规模不大,远没有达到大规模产业对外转移的程度。在新兴经济体中,中国对外直接投资规模最大,2016年中国对外直接投资行业中,投资额最大的是租赁和商务服务业,其次是制造业,制造业投资额290.5亿美元,占当年流量总额的14.8%。主要流向汽车制造业、计算机/通信及其他电子设备制造业、专用设备制造业、化学原料和化学制品制造业、医药制造业等。以上五个行业领域共计投资152.57亿美元,占当年对外投资流量的52.52%,这类投资主要投向美国、德国等发达经济体。这说明中国对外直接投资并不是以转移劳动密集型产业为主。中国对外投资存量数据也证明了这个观点,截至2016年末,中国制造业对外投资存量为1 081.1亿美元,占8%,位居租赁和商务服务业、金融业、批发和零售业、采矿业之后。制造业投资主要分布在汽车制造、计算机/通信及其他电子设备制造、专用设备制造、化学原料及化学制品制造、其他制造、橡胶和塑料制品、医药制造、纺织、食品制造、电气机械和器材制造、有色金属冶炼及压延加工、运输设备制造、纺织服装等领域。其中装备制造业存量470.4亿美元,占制造业投资存量的43.5%,对汽车制造、计算机/通信及其他电子设备制造、专用设备制造领域的投资均超过100亿美元。

其次,从英、美、日产业空心化问题的历史来看,这些国家产业空心化发生的背景与国内劳动力成本上升、汇率上升、遭遇贸易壁垒等因素相关,与其说对外直接投资是导致这些经济体国内产业空心化的原因,不如说对外直接投资是这些经济体国内产业结构转型升级过程中的必然选择。而且制造业通过对外直接投资延长了产业的生命周期,为国内新兴产业的发展提供了资源。因为任何工业部门在发展过程中都要经历产生、发展、成熟和衰老四个阶段。制造业对外投资延缓了这些产业的生命周期。如英国制造业对外投资后,开始向金融等高端服务业发展,奠定了英国金融业强大的国际竞争力;美国则大力发展高技术产业、现代服务业,这些产业都在国际上保

---

① 桑百川、杨立卓和郑伟:《中国对外直接投资扩张背景下的产业空心化倾向防范——基于英、美、日三国的经验分析》,《国际贸易》2016年第2期。

持领先地位,成功地建立了新的产业体系。特别是在全球经济一体化中,在发达国家跨国公司主导的全球生产网络中,以美国企业为代表的跨国公司占据了制造业价值链的高端环节,利用其他新兴与发展中经济体劳动力成本优势,获取了全球化分工的主要利益。总体上美国制造业的对外投资对美国是有利的。日本制造业大规模对外投资发生之时,正好是日本工业化发展进入转型阶段,经济高度发展后对服务的需求个性化、高端化,原有传统的产业结构不能满足这些需求,加之日元升值、美日贸易壁垒等原因,制造业企业自然选择海外投资,从而把国内产业结构引向高技术化、服务化方向。日本的产业空心化问题正是在产业进一步升级过程中,新兴产业还未完全建立起来,新旧产业转换过程中的结构问题。事实上,德国虽然产业结构与日本相似,德国制造业也有不少对外投资,但并没有出现产业空心化的现象。"德国制造"之所以能够长盛不衰,主要得益于德国产品过硬的质量,从而拥有强大的、严谨的、先进的工业标准和质量认证体系以及职业教育体系,确保了德国制造业的先进性,并在全球化时代始终保持领先地位。这可为担忧对外投资造成产业空心化的经济体提供借鉴。

第三章
新兴经济体对外直接投资与
母国产业升级互动的机理

第一节 基于投资动因的考察

依据传统国际直接投资理论,企业之所以进行对外直接投资主要是为跨国转移与利用自身优势,弥补在国外市场经营所面临的外来者劣势(liability of foreignness),形成相对于东道国当地企业的竞争优势或垄断地位,从而获取超额利润。企业常见的对外直接投资动因主要包括四类:资源寻求型对外直接投资、市场寻求型对外直接投资(market-seeking motivation)、效率寻求型对外直接投资(efficiency-seeking)和战略资产寻求型动因(strategic asset-seeking motivation)。这种分类方法源自邓宁的国际生产折衷理论分析框架,分类较为全面,基本囊括了企业对外投资的主要动因,然而也存在不足之处。如 Wesson 认为效率寻求动因与资源寻求动因非常接近,存在重叠部分,根据企业进行对外直接投资是开发其已有优势还是为了获得新资产,他将对外直接投资的动因划分为资产运用对外直接投资(asset-exploiting ourward direct investment)和资产寻求型对外直接投资(asset seeking ourward direct investment)。[1]"资产运用型对外直接投资指为利用既有的所有权优势所开展的对外直接投资,资产寻求型对外直接投资指由企业获得有价值的资产的意图所驱动的对外直接投资,这些有价值的资产在东道国可获得,而国内无法获得或只能以不利条件获得。这种分类方法得到学界的普遍认可"。[2]同发达经济体企业一样,新兴经济体企业对外直接投资的动因也包括资产运用和资产寻求两类动因,在这一点上,这两

---

[1] Wesson, Thomas J. 1993: "An Alternative Motivation for Foreign Direct Investment", Unpublished Ph.D dissertation, Harvard University.

[2] R Narula & A Marin. 2005: "Foreign direct investment spillovers, absorptive capacities and human capital development: evidence from Argentina", Ilo Working Papers.

类经济体对外直接投资具有共同特征。

一、母国产业升级对新兴经济体投资动因的影响

首先,在母国工业化起步阶段,新兴经济体大多以寻求资源和市场的投资,即资产运用型投资为主。新兴经济体对外直接投资发展的起步阶段通常也是母国产业结构从农业向工业转换的发展阶段,这一阶段,国内工业化进程一方面需要大量资源,另一方面,产业发展需要消费市场的支撑,特别是从历史发展背景来看,20 世纪 50 年代开始,不少发展中国家(现部分新兴经济体的前身)为建立本国的工业体系,推行进口替代战略,对来自国外的竞争性产品实现较高的贸易壁垒,因此,这一阶段新兴经济体大多开展以获取资源和市场为目的的资产运用型对外直接投资。

其次,母国产业由工业向服务业转换进程中,新兴经济体的资产寻求型投资活动会逐步增加,也开始重视通过对外投资在发达经济体开拓国际市场。主要原因如下:第一,国内制造业存在提升技术水平,向现代制造业转型升级的需求。在发达经济体跨国公司主导的全球产业分工体系中,大多数新兴经济体只能从事中低技术的制造环节,新兴经济体在经济发展过程中还付出环境的代价,而外资在国内产业技术进步中的作用有限,因此,自进入 21 世纪后,新兴经济体纷纷加大对外投资规模,特别是对发达经济体的技术寻求型投资增加较快。第二,由服务业的特点所决定。以银行、批发与零售等为主的服务业需要以商业存在的形式提供服务,而这两个行业正好是新兴经济体服务业对外投资的主要领域。另外,后工业化时代,商业模式创新日新月异,特别是在互联网领域,这些商业模式具有规模越大、用户越多,产品越具有标准性,所带来的商业机会就越多,其效益就越大的特点,这也促使一些新兴经济体企业在服务业领域的投资。

二、不同动因类型的对外直接投资对新兴经济体母国产业升级的影响

(一)资产运用型对外直接投资

资产运用型对外直接投资主要在以下三个方面促进新兴经济体国内产业升级:

1. 获取国内产业发展所需的资源

新兴经济体需要通过对外直接投资获取国内产业发展所需的资源主要

有两个原因:其一,出于自然禀赋的限制或者经济增长的需要,一国产业升级进程中会遇到一些资源瓶颈,因此通过对外投资获取东道国的自然资源已成为弥补国内资源供给不足的重要途径,这类投资在发达经济体工业化起步阶段大量存在,在国内资源供给不足的或者资源禀赋较差的经济体同样常见,中国和印度都是资源需求量大,国内资源供不应求的经济体,因此中国和印度的对外直接投资中,采矿业对外直接投资占了较大比重。其二,受东道国资源禀赋的制约,全球重点资源与能源领域的供应呈现高度垄断的特征,如石油供应方主要有欧佩克成员国、俄罗斯和加拿大等国家和地区,全球铁矿石供应市场高度集中于两个国家(澳大利亚和巴西)、四大公司(巴西的淡水河谷集团、澳大利亚的必和必拓集团、力拓集团与FMG集团),因此,对主要依赖进口弥补国内资源供给的新兴经济体来说,这种状况对国内资源与能源供给安全会形成较大冲击。为确保稳定的资源供应,新兴经济体会开展资源寻求型对外投资活动。

作为经济高速增长的新兴经济体,中国在工业化进程对相关资源存在巨大需求,而受资源禀赋的约束,中国一些重要生产资源,如石油、铁矿石等国内供需矛盾突出,大量依赖进口,进口依存度高企。2017年中国成为世界最大原油进口国,2018年全年石油净进口量4.4亿吨,同比增长11%,石油对外依存度达到69.8%,同比上升2.6个百分点。为改变这一被动局面,自进入21世纪后,中国在采矿业领域进行了大量投资,以便稳定国内资源供给。截至2018年底,中国在采矿业领域的投资存量达到1 734.8亿美元,占中国外投资存量的8.8%,存量规模排第六位,主要分布在石油和天然气开采,有色金属矿、黑色金属采选,其中石油、天然气和铁矿石等领域正是中国高度依赖进口的领域。通过对外投资,中国企业可以获取份额油(指通过参股、投资、技术服务参与国外石油资源开发,根据分成合同稳定获取的分成油)和海外权益矿,或者建立供应基地,确保国内稳定的资源和原材料供应,缓解国内供需矛盾。

新兴经济体这类投资主要流向自然资源丰富的国家和地区。如中国和印度在澳大利亚和俄罗斯采矿业领域均有不少投资。2018年,中国对俄罗斯的直接投资流量为7.25亿美元,采矿业和农/林/牧/渔业的投资流量分别占10.2%和54.9%,这两个领域的投资占当年流量的65.1%(表3-1)。2018年末,中国对俄罗斯的投资存量为142.08亿美元,其中采矿业66.73亿美元,占47.0%;农/林/牧/渔业30.29亿美元,占21.3%;两个领域的投资占中国对俄罗斯投资存量的68.3%。无论从流量水平,还是从存量规模来看,采矿业和农/林/牧/渔业都是中国对俄罗斯的主要投资行业。中国对澳大利亚投资也有类似特征。2018年,中国对澳大利亚直接投资流量19.86亿美元,占流量总额的1.4%,占对大洋洲投资流量近九成。从存量水平来看,2018年末,中国对澳大利亚投资存量为383.79亿美元,占中国对外直接投资存量的1.9%,其中采矿业是中国对澳大利亚投资第一大行业领域,共计195.59亿美元,占51.0%。

表3-1　2018年中国对俄罗斯直接投资的主要行业　　　(单位:百万美元)

行业	流量	比重(%)	存量	比重(%)
采矿业	7 489	10.2	667 285	47.0
农/林/牧/渔业	39 830	54.9	302 858	21.3
制造业	21 187	29.2	175 955	12.4
租赁和商务服务业	-967	-1.2	89 857	6.3
批发和零售业	-3 904	-5.4	42 896	3.0

· 资料来源:中国商务部:《2018年度中国对外直接投资统计报告》,2019年。

另一个新兴经济体印度也在自然资源禀赋东道国有较大规模的投资,以满足国内产业与经济发展的需求,特别是石油、天然气、矿石等。根据石油输出国组织(OPEC)报告显示,到2040年,印度或将取代中国成最大石油进口国。印度现在是全球第三大原油消费国,原油总需求的80%左右都需要从其他国家购买。因此,以印度石油公司、巴拉特石油公司等为代表的能源企业自2003年以来通过跨国并购大规模进行对外投资,其中不少投资都是瞄准资源国的油气资源。

此外,一些资源丰富的国家,如俄罗斯、巴西、印度尼西亚、秘鲁等,在资源开采领域也有一定规模的对外直接投资。与上述国内资源供应紧张的经济体通过对外投资弥补国内资源供应缺口不同,这类投资主要是相关经济体利用自身在资源开采领域积累的技术优势进行对外投资,以供应其他市场,或者在自然资源领域进行全球一体化整合,加强对相关产业链的控制,提升国际产业分工所致。近年来,那些来自资源丰富的新兴经济体的许多国有的石油公司开始向下游和海外分销渠道进发。巴西石油公司收购了巴拉圭和乌拉圭的燃油业务,俄罗斯的Gazprom调整分销渠道以确保需求,该公司还购买了欧洲的能源公司,投资于管道和分销项目。

2. 拓展国际市场

始于 20 世纪 90 年代的全球化浪潮中，发达经济体跨国公司将产品价值链分割为独立的模块，为使生产效率最大化，通过对外投资将这些模块分布于世界范围内生产成本低、生产效率高的国家或地区，进而形成全球多个国家或地区参与产品价值链的不同阶段的国际分工体系，构成了全球生产网络。在这一网络中，新兴经济体通过引进外资承接国际产业转移，制造业积累了大量的产能，这些产能在满足国内市场需求的同时，大量供应国际市场。在目前全球经济增长乏力，外需不振的背景下，新兴经济体频频遭遇贸易壁垒，国内相关产业出口不畅、转型升级压力巨大，而对外直接投资因能带动东道国就业、促进当地经济发展等原因，更受东道国政府欢迎。对国内来说，对外直接投资首先可以绕过东道国的贸易壁垒，节省跨国交易费用，扩大对东道国的出口，其次可以带动设备、原材料、中间产品、与生产相关的服务（如工程与技术咨询等）等出口，产生贸易创造效应，最终对国内出口数量和出口结构产生影响，带动产业升级。

在众多新兴经济体中，中国是遭遇各类贸易壁垒较多的经济体，这些贸易壁垒不仅来自以欧美为主的发达经济体，也来自其他有出口竞争关系的经济体，而在外需不振的困境下，生产能力过剩的压力巨大，对相关行业内企业来说，通过对外投资开拓国际市场，为产业发展开拓外部市场空间显得尤为迫切，这方面中国光伏产业发展现状有很强的说服力。中国目前是全球最大的光伏产品生产国，产能占到全球一半以上。国内光伏企业 90% 以上产品销往国外，欧美市场占 80% 左右，自美国与欧盟对中国光伏企业发起"双反"调查以来，中国光伏业产业便陷入寒冬，中国光伏产能富余严重。为减少"双反"及产能富余对企业的冲击，国内目前已有不少企业通过对外直接投资，把相当一部分产能迁移到国外有需求的地方，当地生产当地销售或者供应其他市场，促进我国光伏产品出口市场多元化，并向产业链两端延伸，提升自身在全球光伏产业价值链上的地位。比如晶科能源分别在马来西亚、南非、葡萄牙建立工厂；晶澳太阳能先后成立马来西亚 400 MW 光伏电池制造厂、墨西哥分公司和巴西分公司；保利协鑫在印度和泰国投资光伏项目等。海润光伏与非洲矿产能源开发有限公司在南非约翰内斯堡市设立合资公司，主要从事太阳能光伏组件及其相关产品的进口、销售及售后服务，以及太阳能光伏发电项目的投资与开发等。目前公司在德国、美国、意大利、瑞士、日本、澳大利亚、南非、印度，以及中国香港地区均设立了子公司,在全球范围内拥有大约100家控股子公司,建立了覆盖全球的营销网络,产品远销海内外众多国家,巩固和扩大了国际市场,有力支撑了国内光伏产业发展。

对外直接投资之所以有助于企业巩固和扩大国际市场,还因为企业通过对外投资可以更贴近消费市场,研发出更适合东道国消费者需求的产品,从而巩固和扩大市场份额。这方面中国海尔集团提供了成功的典范。在巴基斯坦,海尔集团品牌知名度和销量均名列前茅。根据华通明略2014年品牌调研显示,在巴基斯坦,目前海尔品牌知名度99%,排名第一。2014年,海尔在巴基斯坦全年销售收入则达2.3亿美元,市场份额第二,其中空调、洗衣机均排名第一。海尔在巴基斯坦的市场表现与海尔能根据当地用户的使用习惯设计产品,进行本土化运作密不可分。例如,针对巴基斯坦平均每个家庭人口多,而且喜爱穿大袍子的特点,海尔于2005年开发了12 KG的洗衣机,这种洗衣机能满足当地大家庭清洗大袍子的需求,能让用户把全家人的衣服一次性洗涤。针对当地气候炎热且能源短缺,夏季用电高峰几乎每天长时间停电的实际情况,海尔2010年发布巴基斯坦第一款直流变频空调,能降低一半的能耗,2012年又开发大容量、长时间不化冻冷柜,此款冷柜可满足用户在电力短缺时的制冷需求,一经推出深受欢迎。在印度,海尔通过大量用户交互,开展本地开发设计和制造融合,海尔印度的业绩增速高达20%左右。在欧洲,海尔先后建立了意大利设计中心、德国研发中心、法国营销中心,实现设计、制造和营销"三位一体"本土化模式,并采用缝隙化和差异化战略成功进入中高端市场。产品层面,海尔深入洞察欧洲用户需求,设计研发了意式三门冰箱、一米宽法式对开门冰箱等一系列高端家电产品。正是这一系列的贴近东道国市场的产品研发与设计助力海尔集团巩固和扩大了海外市场,取得了国际化的成功。[①]

3. 提升产业生产效率

当前不少新兴经济体已开始步入工业化快速发展阶段,产业结构由劳动力密集型向资本和技术密集型调整,经济增长模式逐渐由传统的加工制造业转向先进制造业与现代服务业的双驱动模式。新兴经济体群体中也存在发展不平衡现象。一些经济发展更快的新兴经济体随着最低工资水平的提高,以能源和原材料为代表的生产要素价格持续上扬及人力成本上升等

[①] 案例来自海尔集团官网:www.haier.net。

原因,原来具有优势的纺织业、机械、金属冶炼业等传统劳动密集型产业的优势正在缩减。与此同时,另外一些新兴经济体工业化进程相对落后,劳动力成本较低。在这种情况下,前一类经济体可通过对外直接投资将高成本且低附加值的生产或组装等环节输出至后一类经济体,这样可使母国生产资源得到优化,将更多的产业要素资源投入到资本和技术密集型产业中,扩大高新技术产品生产空间,促进产业结构升级。从某种意义上讲,我国纺织与服装、玩具等传统劳动密集型产业产能的跨国转移趋势与"一带一路"国际化合作相契合,因此中国企业可以此为契机推动我国这类产业的国际化布局。如《印染》杂志2015年第11期刊文报道,2015年以来,上海纺织集团与新疆生产建设兵团合作,投资10亿美元在苏丹建立了纺织产业园,园区涵盖10万公顷棉花种植和30万纱锭产能,包括原料在内,将在海外布局制造、销售、设计供应和配送等五大基地,最终做到"全球资源、中国集成",构建中国跨国公司主导的国际产业价值链分工体系和全球生产网络,提升中国产业的国际竞争力,促进产业结构进步。

(二)资产寻求型对外直接投资

资产寻求型对外直接投资主要在以下两个方面促进新兴经济体国内产业升级:

1. 获取产业发展所需的战略资产等

战略资产包括专利、技术、品牌、管理技能和研发能力等,相关产业的战略资产通常镶嵌在特定区域的特定优势企业中,是企业长期经营过程中形成的独特竞争优势来源。在开放条件下,对于缺乏战略资产的企业来说,通过对外直接投资获取东道国的某些战略资产是提高企业技术水平,从而提升企业竞争优势,最终带动相关产业升级的有效途径,如在东道国相关产业积聚和创新活跃区域投资设立研发中心,或者与东道国相关企业建立研发联盟等,有利于促进企业技术进步,更好地设计和生产适合当地消费者需要的产品,带动出口结构的提升,促进产业升级。目前这类投资主要集中在发达国家和一些特定产业具有优势的新兴与发展中国家,如中国在信息技术服务领域对印度的投资。

2. 促进新兴产业成长

对外直接投资可以通过以下途径促进国内新兴产业的成长:一是释放新兴产业发展所需的生产要素。企业将国内失去优势的传统产业转移到国外,释放出的生产要素用于新兴产业的发展。二是投资收益可支持新兴产业发展的资金需求。企业通过对外直接投资获取投资收益,这部分投资收益汇回国内投入新兴产业,为从而促其成长。三是通过对外直接投资,拓展国内新兴产业成长的市场空间,促进新兴产业的发展。四是通过设立境外的研发中心、与先进企业结成研发联盟或者直接获取国外的技术,提升产品质量,提升行业技术水平。五是通过对外投资贴近东道国市场需求,可以引进国外的消费模式和消费理念,引导国内消费者对高新技术产品产生需求,从而促进国内新兴产业的发展。

新兴经济体通过对外直接投资促进新兴产业成长是国内产业升级的重要途径。这方面印度软件产业的升级之路值得借鉴。经过三十多年的发展,IT产业成为印度国民经济的支柱产业,涌现出了包括塔塔咨询服务公司(TCS)、印孚瑟斯(Infosys)、高知特(Cognizant)、威普罗(Wipro)和HCL技术公司在内的不少知名企业。由于印度IT产业一半以上收入来自国际市场,主要依靠欧美跨国公司的软件服务外包业拉动增长,基本位于全球IT产业的中低端环节,受世界经济增长放缓的影响,外包业务减少,近几年来,印度软件业也遭遇到前所未有的挑战。当前,全球IT产业在经历转型升级,IT产业向自动化和云端管理化方向发展,如何顺应技术变革趋势,实现产业升级是印度IT产业面临的核心任务。在此背景下,印度IT业巨头纷纷进行跨国并购,目的是快速抓住高端技术,重新定义国内IT产业的技术生态系统,提升本国在全球IT产业价值链上的地位(表3-2)。不仅印度IT企业如此,中国的互联网巨头阿里、腾讯、百度等都在云计算、大数据等方面大规模地进行收购,投入研发,以便占据产业链的高端环节。在其他行业领域,新兴经济体对外投资已初见成效,如南非石化能源巨头萨索公司(Sasol)通过对外投资推广煤化油技术,已投资89亿美元在美国路易斯安那州建立一座乙烷裂化和衍生物工厂,这一项目将成为该公司投资最大的单一项目;在生物医药领域,中国药企在口服制剂、辅料、机械设备等方面与跨国巨头相比差距明显,以恒瑞医药、海正药业为代表的国内不少制药企业纷纷进行境外投资,以求获得进一步发展。通过对外投资,这些生物制药企业可以扩大自己的产品组合,找到新的增长领域,提升研发能力,实现资源整合,特别是在发达国家的对外投资,可以进入监管标准较高的发达市场为切入点,快速提升企业的技术水平和行业地位,从而促进中国生物制药产业的发展。

表 3-2 印度 IT 企业主要跨国并购活动

公司	跨国并购项目
Wipro	在自动化和云计算领域，2015 年 Wipro 向一家致力于推动云的商业化进程的美国公司 Drivestream，投资了 500 万美元，2017 年又向奥地利的软件测试公司 Tricentis 投资 1.65 亿美元。在物联网领域，2016 年 Wipro 投资了专注于工业物联网的公司 Altizon Systems，该公司主打设备和设备管理；在网络安全领域，Wipro 投资了致力于网络金融交易安全的公司 EmailAge。2019 以 4 500 万美元收购美国 ITI 公司，该公司是数字工程和制造解决方案公司
HCL	HTC 涉及的领域更加广泛。2015 年 HTC 收购了专注于物联网设备的商业化美国公司 TrygTech、一家硅系概念的技术工程公司、美国客户关系管理公司 PowerObjects 等。2017 年 HCL 收购数据自动化和数据管理的英国公司 Datewave
Infosys	2015 年有三次重大收购：收购以色列确保使用基于云的软件的质量的技术公司 Panaya；收购技术平台公司 Skava，Skava 运营着一个技术平台，将零售商与移动钱包、应用程序和网络商店等工具连接起来；收购为教育在线内容的图书馆提供技术支持的创业公司 edtech。2016 年投资了以色列的云端信息管理平台公司 Cloudyn、销售商用无人机公司 ideaForge Technology 等多家公司。2018 年收购芬兰的 Fluido。2020 年拟出资 2.5 亿美元收购美国 Simplus，以此快速强化自己的企业云能力以及在美国和澳大利亚市场的覆盖
塔塔咨询服务公司	2013 年收购法国 IT 服务公司 Alti

• 资料来源：作者整理。

在实践中，新兴经济体对外直接投资的资产运用和资产寻求动因并不是截然分开的。这两种动因有时同时存在，或有所侧重。此外，新兴经济体企业对外直接投资的动因并非一成不变，会随着企业实力的提升和企业发展战略的变化而变动，使得企业对外直接投资的动因表现出相互交织、动态变化的特征，因此对国内产业升级的促进作用更加综合，可以说企业对外直接投资对国内产业升级的促进作用是一个长期的动态演化的结果。以中国家电业为例，我国家电企业如海信、海尔等早期对外直接投资主要以资产运用动因为主，主要是利用我国在制造环节的成熟技术优势进行对外直接投资，对国内产业升级起促进作用，绕开贸易壁垒，拓展国际市场、带动出口和利用东道国当地低成本生产要素等，这些企业将国内市场需求已经饱和的设备转移到其他新兴与发展中经济体，在提高企业自身利润的同时，扩大了出口，增强了国际竞争力，为促进家电产业升级夯实了基础。基于此，中国家电企业在海外建立了不少制造基地，这些制造基地大多位于市场潜力大、生产要素成本具有一定竞争力的新兴经济体。根据海尔公司网站提供的资料，截至 2018 年底，海尔在全球设立十大研发中心、25 个工业园、122 个制造中心，拥有海尔、卡萨帝、统帅、美国 GE Appliances、新西兰 Fisher&Paykel、日本 AQUA、意大利 Candy 等智能家电品牌。20 世纪 90 年代以来，针对产业价值链薄弱的技术环节和销售环节，中国家电企业加大了资产寻求投资的比重,产业竞争力得到提升。此外,中国家电领域的其他大型企业集团如康佳、格兰仕和创维等也在 20 世纪 90 年代末期和 21 世纪早期投资于美国硅谷,建立实验室等研发机构,聘请当地的科技人员参与产品设计研发,拓展当地销售,有力地提升产品技术含量,延长了中国家电产业的生命周期,促进了中国家电产业的发展。如汤森路透发布的《2016 年全球创新报告》显示,中国家电行业美的、海尔和格力进入前三甲。美的发明专利数量为 5 427 个,专利数量遥遥领先,凸显了我国家电企业的技术优势。对外直接投资在中国家电产业升级进程中起到了重要作用。

第二节 基于投资区域的考察

根据邓宁的国际生产折衷理论,拥有所有权优势和内部化优势的新兴经济体企业在进行对外直接投资时,首先面临的是区位选择,就是在国内投资生产还是在国外投资生产,具体而言这些企业必须决定是在发达经济体投资,还是在其他新兴与发展中经济体投资。区位优势指一国或地区在发展经济方面客观存在的有利条件或优越地位。区位优势主要由一国或地区的地理位置与自然资源等基本条件,还包括经济、社会、管理、科技、政治、文化等方面的因素作用所形成的综合优势。新兴经济体在进行区位选择时,一国或地区是否拥有区位优势是重要决策参考因素。在现实生活中,区位条件是由东道国的多种因素决定的,这些因素主要包括东道国政府的政策、市场特征、劳动力成本、生产水平以及原材料供应情况等。不同的投资区域决定了新兴经济体对外直接投资与母国产业升级的互动机理有所不同。

一、母国产业升级对新兴经济体对外直接投资区域的影响

根据技术创新与产业升级理论的推测,从地理扩张看,发展中国家对外投资遵循以下发展顺序:首先在周边国家投资,然后在经验积累的基础上,逐步向距离稍远些的其他发展中国家扩张,最后随着发展中国家工业化程度的提高,产业结构得以改善,发展中国家开始向发达国家投资,投资涉及高科技领域的生产与研发活动,目的是获得更先进的技术。这说明随着母国产业升级的进程,新兴经济体对外直接投资的区域选择呈现"由近而远"的动态演变特征。因此,在母国产业升级的进程中,新兴经济体工业化进程

的不同阶段资源需求会有所侧重,因此选择的投资区域也会呈现动态变化特征。实践中,大多数新兴经济体早期对外投资主要集中在其他新兴与发展中国家,原因在于在新兴经济体的开放策略下,对外外资持欢迎态度,出台各种优惠政策鼓励,吸引外资。同时,发展中国家通常拥有廉价的劳动力和不断增长的市场容量。在新兴经济体对外投资发展的起步阶段,适逢发展中国家为推进工业化进程,进行产业升级,普遍采取进口替代的政策,进口替代政策的主要特点是国家对工业制成品进口设立各种贸易壁垒,这也促使新兴经济体在这些东道国进行投资,通过在当地设厂就地生产,就地销售,从而绕过东道国的贸易壁垒,维护并扩大出口市场。从技术实力来看,新兴经济体国内产业经过一段时期的发展,已培育出适用技术优势,这种优势大多来自劳动密集型制造业,其特点是投资少,易于为东道国掌握,吸收劳动力多,更贴合东道国需求等,与发达经济体企业那种需要高额资本投入的投资项目相比,更受新兴经济体欢迎。如印度在经济改革前曾在斯里兰卡投资设立小型轧钢厂,该工厂年产近 1 万吨,适合斯里兰卡每年 3.5 万吨的小规模需求,而且该厂采用印度技术。总体上,这一阶段新兴经济体对外直接投资主要是标准化的成熟技术产业,对外投资与母国产业升级的互动还停留在较低层次,涵盖的内容还比较单一。

随着国内工业体系的初步建立,产业技术升级及服务业发展均提上日程,此时拥有先进技术,服务业发达的发达经济体自然吸引了新兴经济体企业的目光,因此,大多数新兴经济体在工业化进程后期通常都会加大对发达经济体的投资。这一阶段,新兴经济体对外直接投资产业结构会优化,较多涉及技术含量更高的制造业和现代服务业,这既是国内相关产业发展与结构改善的结果,同时,对发达经济体相关产业的投资一定程度上提供了国内产业升级所需的稀缺要素,如技术、品牌、销售渠道、管理技能、国际化经验等,因此在新的阶段,对外投资与国内产业升级之间的互动的内涵更加丰富,投资对国内产业转型升级的积极作用更大。如印度在新兴经济体工业化发展的早期,由于技术水平所限,企业对外投资大多在经济发展水平类似或更低的其他新兴与发展中经济体,投资以小规模适用技术或者成熟技术为主,投资行业主要是工程、纺织、造纸、金属制品等劳动密集型行业,部分投资目的是规避贸易壁垒或者受东道国外资优惠政策吸引,最终投资目标是为了满足东道国当地市场需求或者供应其他新兴与发展中经济体,对外投资对国内产业升级的促进作用主要体现在拉动出口。印度在

1974年专门成立了海外合资企业委员会,其用意是将对外投资与促进出口相结合,鼓励印度企业对外投资,带动中间产品的出口,促进国内相关产业发展。随着国内产业进一步发展,需要技术提升,自20世纪90年代开始,印度对外投资重点转向发达经济体,所涉行业除了一般制造业外,还涉及制药、汽车制造、软件、通讯、传媒等领域,投资行业得以优化,投资对国内产业升级发展的作用更突出。其他新兴经济体如中国、韩国、马来西亚、泰国等国内产业升级进程中,对外投资区域均呈现类似的变化特征(详见第四章)。

二、投资于不同区域对母国产业升级作用的侧重点不同

由于不同区位的区位优势不同,这决定新兴经济体对不同区位的投资所获取的资源有所不同,因此对国内产业升级的促进作用会有所不同。总的来说,来自新兴经济体的企业遵循双重国际化路径,它们在其他新兴与发展中国家扩张的同时,也在发达经济体中同时扩张。这些企业在其他新兴与发展中国家的投资主要是市场寻求和资源寻求动因所驱动,而在发达经济体的投资大多以寻求知识(如品牌、新技术、研发、经营管理知识等)和寻求市场为主。投资于不同区域对母国产业升级作用的侧重点不同。

(一)对其他新兴经济体投资的作用以开拓国际市场、寻求效率等为主

不少新兴经济体当前正处于产业转型升级的关键时期,需要国际市场承接国内产能。从投资区域选择的角度来看,新兴经济体向生产要素价格低于本国的其他新兴与发展中国家进行投资,对面临产能过剩的经济体来说,主要作用是将国内过剩产能转移到国际市场,以满足东道国的市场需求、绕过贸易壁垒带动出口、转移国内失去优势的传统产业等,对其他经济体而言,则可以利用东道国低成本要素,提高生产效率。近年来,随着我国国民生产总值持续较快增长,中国沿海经济发达地区土地、劳动力等生产要素价格不断攀升,这些地区具有传统优势的劳动密集型产业,主要是纺织与服装、鞋业、食品加工制造、玩具生产等,开始以对外投资方式向外转移,投资区域大多集中在东南亚、拉美、非洲等新兴与发展中国家。在这种产能转移模式下,我国企业将在国内高成本、低效益的加工装配环节转向低成本的国外,国内则保留附加值高的研发、市场、销售等产业价值链的高端环节,实现资源的跨国配置,由此促进了国内制造业的升级。如天虹纺织集团是我

国棉纺织行业竞争力20强企业,也是全球最大的包芯棉纺织品供应商之一,该集团计划"走出去"时,经调研后发现越南工资水平低于中国纺织行业平均工资水平的一半,税收政策比中国优惠,于是在越南投资设厂,目前在越南同奈省和广宁省拥有多个产业基地。

中国对东盟的投资是较好的例证。东盟多数经济体为新兴经济体。中国对东盟的投资主要以市场寻求和资源寻求为主。2018年,中国对东盟当年投资流量为136.94亿美元,占中国对外投资流量总额的9.6%。从流量的行业分布看,制造业为44.97亿美元,占32.8%,主要分布在泰国、印度尼西亚、越南、马来西亚等,以金属制品、化工产品、陶瓷制品、电子产品生产行业等为主,主要是利用中国在相关产业的成熟技术优势,结合东道国的劳动力低成本优势进行的投资,产品以供应当地市场或者出口至第三方市场为主。在服务业领域,批发和零售业为34.73亿美元,占25.4%,主要分布在新加坡、泰国等;租赁和商务服务业为15.02亿美元,占11.0%,主要分布在新加坡。这两个领域的投资占比为36.4%。采矿业2.41亿美元,占当年我国投资流量的2.3%,主要分布在泰国、印度尼西亚、越南、缅甸等。

在东盟国家中,以泰国为例(表3-3),近年来,中国对泰国的投资主要分布在金属制品/机械设备以及农业这两个领域,投资所占比重为57.5%。中国对金属制品/机械设备领域投资的主要原因在于中国在相关领域有一定的技术优势;泰国在工业化进程中,一直都比较重视金属与机械设备行业的发展,拥有完整的金属与机械设备生产链,劳动力成本较低;此外,不仅泰国对金属与机械设备有较大国内需求,而且泰国是东盟主要的汽车及配件生产基地,是东南亚地区配件供应中心,因此中国在泰国的投资既可以直接供应当地市场需求,也可以供应东南亚市场。在农业领域,中国拥有较成熟的农业生产技术,而泰国在土地、水源等方面具有优势,因此对泰国农业领域的投资也是中国技术与当地优势资源结合的典型例子。中国对印度的投资也有类似特征。由于劳动力成本上涨、劳动人口老龄化、经济增速下滑等因素影响,中国急需寻找新的市场。印度作为邻国,以高速的经济发展、十亿级人口市场和低廉的劳动力成本吸引了中国企业的目光。据印度工业联合会(CII)和咨询机构Avalon的报告显示,中国制造业劳动力成本是印度的1.5—3倍。斯里达尔指出,从2013年开始,从中国进口产品的价格上涨了35%。这也促使中国部分汽车、化工、电子制造等企业把生产线从中国搬到印度。

表 3-3 2004—2014 年中国对泰国直接投资的行业分布

行业	金属制品/机械设备	农业	化工产品及纸业	矿产及陶瓷制品	服务业	电器及电子产品	轻工业/纺织业
金额(百万泰铢)	46 658	22 841	14 297	12 284	10 302	8 575	4 287
占比(%)	38.6	18.9	12	10.2	8.5	7.1	5.2

• 资料来源:周雪春:《中国对泰国直接投资行业分布研究》,《东南亚纵横》2016 年第 5 期。

同中国一样,其他新兴经济体也非常重视对新兴市场的开拓,特别是中国市场快速增长,吸引了不少来自其他新兴经济体的直接投资。印度塔塔集团非常重视对中国市场的开发,虽然与塔塔集团的传统市场美国和英国相比,中国市场在塔塔集团国际业务中所占比重较小,但进入 21 世纪后,塔塔集团加大了对中国的投资。塔塔集团 2016—2017 财年总收入为 1 003.9 亿美元,2017 年,集团在中国的销售额约 122 亿美元,从中国采购额约 8.3 亿美元,当前在中国拥有超过 14 家公司,约有 9 700 名员工。[①]早在 1996 年,塔塔已进入中国,主要从事钢铁及其他产品外贸业务。塔塔集团旗下的塔塔咨询服务公司(TCS)目前已在中国大陆地区建立了 5 个全球交付中心。塔塔钢铁集团在中国已投资建设有两家轧钢厂。塔塔汽车零配件公司已在南京建厂生产塑料部件,供应中国当地市场和塔塔海外客户。主要目的是利用中国在研发领域和生产领域的低人力成本优势,开拓中国市场。此外,其他主要新兴经济体,如南非、巴西、俄罗斯等近年来对中国的投资均有所增加,显示了中国市场的重要性。

(二)对发达经济体投资的主要作用是获取战略资产、开拓市场等

新兴经济体迫切需要先进的技术作为产业升级的依托。新兴经济体资产寻求型对外直接投资可以获取技术进步、品牌、销售渠道等战略资产,获得逆向技术溢出,通过产业关联效应和产业竞争效应提升国内优势产业的技术,促进新兴产业的成长。这类投资通常是投向发达经济体,以中国对美国投资为例,从 2015 年末中国对美直接投资存量行业分布情况,制造业以 107.19 亿美元高居榜首,占对美投资存量的 26.3%,截至 2015 年末,中国对美国科学研究和技术服务领域投资存量达 18.2 亿美元,占 4.5%。这类投资主要分布在汽车、生物医药、专用与通用设备制造等高端制造领域,投

[①] 塔塔集团中国公司网站:www.tatachina.com.cn。

资主要以获得技术进步、品牌和销售渠道为主,其中不少是国内优势企业在相关行业的并购,有利于国内相关产业技术水平的提升。实践中国内一些企业提供了成功案例,如在通信设备制造业,大唐等企业进行海外投资力度不断增强,中国通信设备制造企业在国际通信设备市场上与爱立信、阿朗、思科、诺基亚等国外通信设备巨头同场竞技。这些企业充分利用了发达国家和新兴与发展中国家要素禀赋的差异,合理进行国际化布局,提高了本企业的竞争力,促进了行业发展。

跨国并购是新兴经济体企业在发达国家进行战略资产寻求型投资的重要投资方式。这类投资能提升自身的技术水平,促进新兴经济体的产业结构从一般加工制造业为主转向以知识、技术密集型部门为主体的产业结构。值得一提的是,跨国并购投资也是新兴经济体快速在发达经济体进行市场扩张的选择。中国一些知名企业包括联想、海尔、吉利、万向等在该领域都有过成功的实践。印度也是如此,塔塔集团 2016—2017 财年总收入为 1 003.9 亿美元,其中 64.1% 来自国际业务。塔塔集团在全球各地的职员数量超过 66 万人,其通过跨国并购在发达经济体市场快速扩张。在钢铁行业领域,印度跨国公司通过跨国并购快速扩大规模,扩大国际市场份额。2007 年印度钢铁巨头塔塔钢铁公司收购了英国最大的钢铁制造商——康力斯集团(现已更名为塔塔钢铁欧洲),此举帮助公司快速在欧洲市场扩张。塔塔全球饮料公司通过收购英国知名茶品牌泰特莱(Tetley)茶叶公司,奠定了世界第二大品牌茶叶公司的地位。

(三)母国产业升级效应的区域差异导致投资动因的区域差异

新兴经济体对发达国家投资主要以资产寻求动因为主,对新兴与发展中国家主要以资产运用动因为主,中国企业对东盟国家的投资较好体现了这个特征。在东盟十国中,新加坡是发达经济体,区位优势明显,一直以来是中国对东盟进行资产寻求型投资的首选国家。当前中国企业对新加坡的投资行业已从初期的海运、贸易、工程承包等传统领域延伸至金融、保险、生物制药等领域,近年来,包括工商银行、北大方正、华为、中国国际航空在内的一些中国知名企业纷纷在新加坡设立了分支机构、子公司或研发中心等。此外,海尔、康佳、长虹、海信等中国制造企业也都在印度尼西亚开展了一定规模的投资,在当地建立了家电生产基地。缅甸、柬埔寨都属于低收入水平国家,两国第一产业占 GDP 比重都较大,农业在经济发展中占有重要地位。与两国经济结构相符,中国对其投资也大都涉及农业、原材料等相关领域。

目前中国在缅甸的投资主要是以石油天然气项目为主,此外还涉及木材加工、水产品加工、农业种植等领域。中国在柬埔寨的投资则主要是林业资源开采与加工、纺织与服装加工、工程承包和农业开发等领域。而中国与泰国的经济结构接近,产业互补性和竞争性都较强,中国对泰国投资广泛分布于纺织、食品加工、化工产业、橡胶产业、餐饮住宿、金融、保险和房地产等多个领域。

下面以中国对美国投资情况加以更具体的说明。作为全球最大的发达经济体,美国吸引了大量的外国投资,新兴经济体积极开展对美投资。从流量行业分布情况来看,2018年,中国企业通过直接投资和境外企业再投资累计对美实现各类投资74.77亿美元,比上年增长16.3%,覆盖国民经济18个行业大类,其中对美制造业投资以30.81亿美元位列首位,占对美投资流量的41.2%;其次为信息传输/软件和信息技术服务业1.57亿美元,占2.1%;科学研究和技术服务业6.65亿美元,占8.9%:三个领域的投资流量占比52.2%。从存量行业分布情况看,截至2018年底,制造业以177.69亿美元高居榜首,占对美投资存量的23.5%,主要分布在汽车制造业、医药制造业、专用设备制造业、铁路/船舶/航空航天、计算机/通信和其他电子设备制造业以及其他运输设备制造业、化学原料和化学制品制造业等技术与资本密集型制造业。主要以寻求市场为目的的金融业为112.21亿美元,占14.9%、租赁和商务服务业99.97亿美元,占13.2%、批发和零售业60.13亿美元,占8.0%、文化/体育和娱乐业57.11亿美元,占7.6%。总体上看,资产寻求和市场寻求是中国对美国投资比较重要的动因。

表3-4　2018年中国对美国直接投资的主要行业分布　　（单位:万美元）

行　　业	流量	比重(%)	存量	比重(%)
制造业	308 064	41.2	1 776 887	23.5
金融业	47 005	6.3	1 122 089	14.9
租赁和商务服务业	59 028	7.9	999 667	13.2
信息传输/软件和信息技术服务业	15 710	2.1	673 739	8.9
批发和零售业	83 016	11.1	601 288	8.0
文化/体育和娱乐业	11 211	1.5	571 083	7.6
科学研究和技术服务业	11 211	8.9	319 594	4.2

• 资料来源:中国商务部:《2018年度中国对外直接投资统计公报》,2019年。

中国对欧盟发达经济体的投资行业结构类似。从流量的行业分布情况来看，2018年流向制造业40.1亿美元，占45.2%，主要分布在德国、荷兰、瑞典、英国等；科学研究和技术服务业3.8亿美元，占4.3%，主要在德国、英国。从存量情况来看，截至2018年末，中国对欧盟的投资存量为907.39亿美元，占存量总额的4.6%。从存量的行业分布看，制造业为267.44亿美元，占29.5%，主要分布在英国、德国、瑞典、荷兰等；金融业为170.2亿美元，占18.8%，主要分布在英国、卢森堡、法国、德国等；批发和零售业为50.17亿美元，占5.5%，主要分布在荷兰、法国、英国、德国、卢森堡等；租赁和商务服务业为107.74亿美元，占11.9%，主要分布在英国、卢森堡、荷兰、德国等；科学研究和技术服务业为31.77亿美元，占3.5%，主要分布在英国、德国、瑞典等；信息传输/软件和信息技术服务业为23.89亿美元，占比2.6%。以上行业投资存量占中国对欧盟投资总存量的71.8%。总体上看，中国对欧盟发达经济体的投资也是以资产寻求和市场寻求为主。

需要指出的是，尽管中国对欧美发达经济体的投资存在资产寻求动因，但实际效果不尽如意，主要原因有两个方面，一是近年来，以美国为首的发达经济体民粹主义、保护主义兴起，对来自中国的正常市场行为的投资大加限制，阻碍了中国对外投资，如2019年中国对美国投资仅为38.1亿美元，同比下降49.1%；二是跨国并购后整合效果存在差异。这些将会在后文进一步深入分析。

（四）新兴经济体可利用产业升级效应的区域差异同时在不同国家和地区配置产业价值链的不同环节，综合发挥对外直接投资的产业升级效应

中国汽车产业的对外投资案例具有代表性。中国汽车产业从改革开放后通过大力引进外资，"以市场换技术"，使产能快速提升，产业技术水平也有大幅度提升，但在核心技术和品牌等方面，中国汽车制造企业与发达国家全球知名跨国公司仍存在较大差距。为克服引进外资发展相关产业的弊端，中国汽车企业尝试通过对外直接投资带动国内汽车产业转型升级。中国汽车制造企业一方面通过在市场潜力大、产业配套强的新兴与发展中国家设立汽车生产厂和组装厂，建立并获取当地销售网络和维修服务中心，并以此为基础向当地和周边市场辐射。如在南非，一汽集团与中非发展基金共同投资6000万美元建设汽车组装厂，主要供应当地和周边市场；另一方面在欧美发达国家设立汽车技术和工程研发中心，并购国外技术实力强的

汽车企业,提高自主品牌研发制造技术水平。该企业从以产品贸易为基础的初级阶段向以海外直接投资为主的中级阶段,继而向以品牌竞争为特征的高级阶段发展,从而从产业价值链的低端向高利润的中高端转移,提升自身国际产业链分工中的地位。再如浙江吉利控股集团旗下汽车企业在瑞典哥德堡、英国考文垂、西班牙巴塞罗那、美国加州均建有设计、研发中心,拥有大量发明创新专利,全部产品拥有完整知识产权。

一些小型新兴经济体的做法同样值得借鉴。20 世纪 90 年代马来西亚政府大力推进"南南合作",积极扩大与发展中国家的经济合作,政府甚至成立了南南协会等民间团体来促进对南部投资。基于这一投资发展战略的指导,90 年代马来西亚对外投资主要集中在新加坡、中国、泰国、菲律宾等国家,投资产业以纺织、电机、食品、精密机器等为主。与此同时,马来西亚开始通过对发达国家的投资,引进马来西亚实现产业升级所必需的先进设备和技术,以促进国内高技术产业的发展。1996 年 10 月,马来西亚汽车制造企业——普隆通公司并购英国莲花跑车公司及其设计部门,该公司拥有先进的汽车制造技术。普隆通公司随后派遣母国公技术工程师到莲花公司学习,而且特意在莲花公司附近建造一个培训中心,安排国内工程师在此培训,提升汽车设计技术。[①]这一阶段其对发达国家的投资除了流向英国外,对澳大利亚、美国等发达国家的投资也有所增加。

第三节 基于投资方式的考察

在国际直接投资中,与绿地投资(又称"创建投资"或"新建投资")方式相比,跨国并购不仅可让企业快速"走出去",拓展国际市场,而且可以获取先进的技术专利、品牌、销售渠道等高级生产要素,通过整合这些被并购的高级生产要素,提高生产与运营效率,提升企业核心竞争力,从而向全球产业链的高端跃升,促进母国产业升级,因此越来越受到期待通过对外直接投资促进国内产业升级的母国政府的欢迎。在新兴经济体群体中,中国在全球跨国并购市场表现尤为突出,近年来不少跨国并购大手笔引起国际广泛关注。中国企业跨国并购从 20 世纪 80 年代起步,并购主体日趋多样化,并购区域范围不断扩大,逐渐进入到并购行业多元化的扩张

---

① 李春平:《马来西亚政府鼓励对外直接投资》,《国际展望》1997 年第 1 期。

阶段。2018年中国企业共实施完成并购项目433起,分布在全球63个国家和地区,实际交易总额742.3亿美元,涉及18个行业大类。中国企业跨国并购从早期受国家政策驱动逐渐发展到自主结合企业跨国经营战略开展并购活动,有国际影响力的并购事件越来越多,对国内产业升级的作用开始凸显。本书以中国为例,重点研究跨国并购与新兴经济体母国产业升级的作用机理。

一、中国企业跨国并购的产业分布特征

从19世纪末20世纪初第一次大规模的并购浪潮至今,全球已经历了五次大规模的并购浪潮,全球跨国并购则始于20世纪50年代左右开端的第三次并购浪潮。中国的海外并购起步较晚。

(一)并购特定行业的起步阶段

20世纪80年代至2000年是中国企业海外并购的起步阶段。这一阶段中国企业跨国并购总体上规模比较小,每年中国企业的跨国并购额占同期世界并购额份额的比例不足一个百分点,投资区域为与中国有贸易往来的东南亚国家,并购主体主要是资金雄厚的国有企业,如中化等,并购行业多为石油、化工类传统行业,主要是满足国内资源需求,并购多为国家政策扶持。

表3-5　1992—2000年中国企业跨国并购额占世界并购额的比重

(单位:百万美元)

年份	中国企业跨国并购额	世界跨国并购额	占比(%)
1992	573	79 280	0.72
1993	485	83 064	0.58
1994	307	127 110	0.24
1995	249	186 593	0.13
1996	451	227 023	0.20
1997	799	304 848	0.26
1998	1 276	531 648	0.24
1999	101	766 044	0.01
2000	470	1 143 816	0.04

• 数据来源:联合国贸发会议:历年《世界投资报告》。

(二)并购行业集中的发展阶段

2001年至2007年是中国企业跨国并购的发展阶段。2001年中国加入WTO,随着对外开放步伐加快,中国企业的海外并购也得到较快发展,这个

阶段的海外并购呈现以下特征:首先,并购主体日益多元化。虽然大型国有企业仍然在中国跨国并购中占主导地位,但民营企业逐步发展壮大,一些企业在跨国并购中成为重要投资主体;其次并购行业呈现集中化趋势,并购主要分布在矿产、能源、家电、汽车、石油和基础设施行业,且开始由制造业向高科技和新型服务业转移;再次,并购投资区域更加广泛,不仅局限于相邻的亚洲国家和地区,还向美洲、欧洲等地区延伸;最后并购规模不断扩大,与第一阶段相比,每年中国企业的跨国并额占同期世界并购额份额的比例有所提高,单笔并购规模增加,如2004年联想以12.5亿美元收购IBM的PC业务、吉利以18亿美元收购沃尔沃等重大收购案推高了单笔并购总额,这也体现了中国企业跨国并购资本实力的增强。

表3-6　2001—2007年中国企业跨国并购额占世界并购额的比重(单位:亿美元)

年份	中国企业跨国并购额	世界跨国并购额	占比(%)
2001	4.5	5 939.6	0.1
2002	10.5	3 697.9	0.3
2003	16.5	2 969.9	0.6
2004	30.0	3 806.0	0.8
2005	65.0	7 163.0	0.9
2006	82.5	6 359.4	1.3
2007	63.0	10 311.0	0.6

• 数据来源:联合国贸发会议:历年《世界投资报告》。

(三)并购行业多元化的扩张阶段

自2008年始中国企业海外并购进入快速扩张阶段。2008年全球金融危机爆发后,欧美不少行业受到冲击,行业内一些领先企业估值下降,为中国企业海外并购带来了机遇,国内不少企业纷纷进行跨国收购公司。2008年中国跨国并购数量出现爆发式增长,由2007年的61例上升至2008年的162例,2018年中国企业共实施对外投资并购项目433起,比上年增加2起,涉及63个国家和地区,虽然实际交易总额较上年有所下降,但剔除上年特大项目因素,规模基本持平。从中国企业跨国并购额占世界并购额的比重来看(见表3-7),中国企业并购规模迅速扩大,中国企业跨国并购额占世界并购额的比重一度高达20%以上,中国已成为跨国并购市场的重要买家。

表 3-7 2008—2018 年中国企业跨国并购额占世界并购额的比重(单位:亿美元)

年份	中国企业跨国并购额	世界跨国并购额	占比(%)
2008	302.0	6 732.14	4.5
2009	192.0	2 876.17	6.7
2010	297.0	3 470.94	8.6
2011	272.0	5 534.42	4.9
2012	434.0	3 282.24	13.2
2013	529.0	2 625.17	20.2
2014	569.0	4 281.26	13.3
2015	544.4	7 351.26	7.4
2016	1 072.0	8 686.47	12.3
2017	1 196.2	6 939.62	17.2
2018	742.3	8 157.26	9.1

• 数据来源:联合国贸发会议:《2019年世界投资报告》。

从行业分布来看,跨国并购的行业分布十分多元化(表 3-8)。2018 年中国企业对外投资并购涉及制造业、信息传输/软件和信息技术服务业、交通运输/仓储和邮政业、电力/热力/燃气及水的生产和供应业等 18 个行业大类。从并购金额上看,制造业为 329.1 亿美元,占比 44.3%,位居首位,涉及 162 个项目;采矿业涉及并购项目有 27 项,总金额为 91.8 亿美元,占比 12.4%,居第二位;电力/热力/燃气及水生产和供应业涉及 26 项,总金额为 83.9 亿美元,占比 11.3%。2018 年跨国并购在中国对外直接投资中的地位和作用更加凸显,支持结构调整和转型升级的领域成为热点。一批有代表性的并购项目对推动中国相关产业转型升级、全球价值链布局起到积极促进作用。

表 3-8 2018 年中国对外投资并购行业构成

行业类别	数量(起)	金额(亿美元)	金额占比(%)
制造业	162	329.1	44.3
采矿业	27	91.8	12.4
电力/热力/燃气及水生产和供应业	26	83.9	11.3
交通运输/仓储和邮政业	11	83.0	11.2
水利/环境和公共设施管理业	5	37.8	5.1
金融业	8	28.3	3.8

(续表)

行业类别	数量(起)	金额(亿美元)	金额占比(%)
租赁和商务服务业	26	15.9	2.1
科学研究和技术服务业	46	15.5	2.1
农/林/牧/渔业	18	14.8	2.0
批发和零售业	35	13.9	1.9
信息传输、软件和信息技术服务业	38	12.0	1.6
房地产业	3	3.5	0.5
卫生和社会工作	3	3.5	0.5
教育	7	3.2	0.4
居民服务/修理和其他服务业	3	3.2	0.4
建筑业	9	1.3	0.2
文化/体育和娱乐业	5	1.2	0.2
住宿和餐饮业	1	0.6	—
合计	433	742.3	100.0

• 资料来源：中国商务部：《2018年度中国对外直接投资统计公报》，2019年。

纵观中国企业跨国并购历史，从起步阶段的少量并购，到发展阶段并购规模逐步扩大，到扩张阶段并购规模快速扩张，中国企业跨国并购主体逐步多元化，并购区域更加广泛，并购涉及行业也从最初只涉及贸易和资源开采到几乎涉及国民经济的所有行业，在全球产业中有影响力的跨国并购事件越来越多，对国内产业发展的作用也越来越大。可以说，国内相关产业竞争力的提升促进了中国企业跨国并购的发展，反之，跨国并购对国内相关产业的积极作用正在凸显。

二、跨国并购促进中国产业升级的典型案例

（一）中海油：跨国并购助力国内能源供给

随着中国经济的快速增长，国内石油供需矛盾日益突出。根据英国石油公司《世界能源统计年鉴2016》提供的数据，中国已连续15年成为全球最大的能源增长市场，在化石能源中，消费增长最快的是石油。而中国石油资源相对匮乏，需要大量进口，从1993年成为石油进口国以来，中国石油对外依存度逐年提高，1993年中国石油对外依存度仅为6%，2015年首次突破60%，2018年攀升至69.8%。因此中国具有推动石油企业走出去的强大内在动力。自1993年，中石油成功中标泰国邦亚区块项目首次获得海外油田开采权益后，国内石油公司进军海外市场的大幕也随之开启，开始了"海外找油"的步伐。

1992年中国海洋石油总公司(以下简称"中海油")提出五大发展战略,其中第一条就是向海外发展。1994年1月中海油以1600万美元购买了美国阿科公司在印度尼西亚马六甲区块32.58%的权益,开启了跨国并购。1995年3月马六甲区块生产的20多万桶原油第一次销往国内,这是中国第一船销往国内的份额油。①从1994年签署第一个海外合作项目开始,二十多年来,中海油海外投资越来越多,规模不断扩大,特别是进入21世纪以来,跨国并购金额迅速增长(表3-9)。事实上,除中海油外,包括中石油、中石化在内的中国石油公司都是跨国并购领域活跃者。据美国《石油情报周刊》统计,在2008年石油价格大幅下跌后的2009至2013年的五年间,中石油、中海油和中石化三家中国石油央企在国际市场上异军突起,总共完成了1 097亿美元的资产并购,扣除同期卖出的56亿美元上游资产,油气资产并购净投资(资产收购减去资产出售)为1 041亿美元,远高于同期美国三大跨国石油公司埃克森美孚、雪佛龙和康菲油气资产收购净投资90亿美元,以及欧洲四大跨国公司壳牌、BP、道达尔和埃尼同期收购投资400亿美元。

表3-9 中海油典型跨国并购案例

时间	典型案例
2013年3月	斥资约42亿美元收购了意大利石油集团埃尼运营的东非天然气区块20%的权益
2012年7月	以151亿美元收购加拿大能源企业尼克森(Nexen)流通中的全部普通股
2012年2月	以14.67亿美元收购英国图洛石油公司在乌干达1、2和3A勘探区各三分之一的权益
2012年2月	以5.7亿美元收购切萨皮克公司丹佛—朱尔斯堡盆地及粉河盆地油气项目共33.3%的权益交易
2011年7月	以21亿美元收购加拿大油砂生产商OPTI,再度进入北美资源丰富的油砂领域
2010年10月	以10.8亿美元购入切萨皮克公司鹰滩页岩油气项目共33.3%的权益,成功进入美国能源市场
2010年3月	以31亿美元入股阿根廷Bridas Corporation,获50%权益。将间接持有阿根廷第二大油气勘探与生产商Pan American Energy(PAE)约20%股权
2008年9月	以171亿元人民币成功收购挪威海上钻井公司Awilco
2006年1月	以22.68亿美元收购尼日利亚130号海上石油开采许可证(OML130)45%的工作权益
2005年4月	收购加拿大MEG能源公司16.69%权益,进入油砂领域
2002年	收购西班牙瑞普索公司在印度尼西亚资产的五大油田部分权益
2002年	收购澳大利亚西北礁层天然气项目(NWS天然气项目)的部分上游产品及储量权益、BP印度尼西亚东固液化天然气项目的部分股权

• 资料来源:根据中海油官网公开资料整理。

① 资料见中海油官方网站:http://www.cnooc.com.cn/art/2013/12/20/art_191_736151.html。

从国家战略导向来看,通过对外投资获取份额油、提升国际石油市场定价的话语权,从而确保国内能源稳定供应和能源安全是中国石油行业对外投资的重要目标之一。份额油是指通过参股、投资、技术服务参与国外石油资源开发,根据分成合同稳定获取的分成油。[①]以中海油为例,中海油自实施"走出去"战略开展国际化经营以来,经过多年努力,海外业务规模和实力不断增强,在全球油气市场发挥着越来越重要的作用。截至2016年已在海外设立了13家控股子公司,业务涉及20多个国家,年末海外资产占比38.8%,基本完成海外市场布局,通过跨国并购,中海油获得的海外油气资源逐年增加,资源的补给效应初步显现(表3-10)。需要说明的是份额油的意义不在于立即运回国内供应本国,更重要的是从长期来看,中国石油公司通过跨国并购,"走出去"经营海外油气项目能增强掌控油气资源的主动性,有助于培养中国石油公司的国际竞争力和中国在国际石油市场的话语权,稳定国内资源供应。

表3-10 2010—2016年中海油海外油气资源获取

年份	原油总产量（万吨）	国内原油产量（万吨）	海外原油产量（万吨）	天然气总产量（亿立方米）	国内天然气产量（亿立方米）	海外天然气产量（亿立方米）
2016	7 697	4 555	3 142	245	129.3	115.7
2015	7 970	4 773	3 197	250	143	107
2014	6 868	3 964	2 904	219	124	95
2013	6 684	3 938	2 746	196	107	89
2012	5 186	3 857	1 329	164	113	51
2011	3 516	2 976	540	121	72	49
2010	3 585	3 055	530	109	66	43

• 资料来源:中海油集团公司历年年报。

（二）徐工集团:获取先进技术,促进产品升级

徐工集团是中国工程机械行业的排头兵。中国工程机械企业经过多年的发展,已经成为世界上最大的工程机械的交易市场,但以中低端产品为主,与跨国巨头的技术差距较大,且行业面临产能过剩,价格战挤压了企业利润空间,因此亟须突破"大而不强"的发展困境。近年来,国内工程机械龙头企业对外投资步伐加快,并购了一些发达国家具有知名品牌和核心技术

[①] 温国辉、苏亦煌、王学军:《中国在非洲国家利益的拓展及其国际效应》,《中共浙江省委党校学报》2011年第3期。

的企业,其中徐工集团的跨国并购具有典型性。自 2010 年开始,徐工集团加快了在欧洲的投资与发展,先后实施了系列跨国并购(见表 3-11),而总投资 5 000 万美元的徐工欧洲研究中心与被并购企业在研发及运营上形成强有力的战略协同,重点攻克液压阀、泵、马达和控制系统等核心元件关键技术,助推徐工产品升级。作为行业龙头企业,徐工通过跨国并购行业领域知名国际企业获取先进技术,提升企业研发能力,高效推动了国际化和自主创新战略的实施,占领产业技术高地,对实现中国工程机械制造企业从组装到制造再到研发的转变起到了关键作用。

表 3-11 徐工集团主要跨国并购事件及其意义

时间	被并购方	并购方特点	并购事件的意义
2012	德国施维英公司	世界顶级混凝土机械设备生产商	通过双方的强强联合与优势互补,徐工集团全球混凝土机械业务得到大幅提升,进一步巩固了行业的领导地位。有助于推进施维英公司在德国、美国、奥地利、印度等 5 国制造基地与徐工新建基地的全球化协同,提升徐工基地国际化实力和水平
2011	德国 FT 公司	液压零部件知名制造企业,主要从事液压集成阀块、小型液压泵站和非标液压系统的设计和技术服务	是徐工布局全球,突破高端核心零部件制造瓶颈的关键之举
2010	荷兰 AMAC 公司	世界上最早的四个设计并生产负载敏感比例阀的厂家之一,也是荷兰唯一集设计与生产于一身的液压比例方向控制阀的企业	进一步增强液压零部件制造实力

• 资料来源:根据徐工集团官方网站资料整理。

跨国并购提升了徐工集团整体技术水平,促进了产品升级。目前徐工集团已建立以徐工研究院为中心,辐射欧洲、美国、巴西等全球研发体系,成功研发了全球最大的 4 000 吨级履带式起重机、2 000 吨级全地面起重机、400 吨矿用挖掘机和卡车、百米级亚洲最高的高空消防车、第四代智能路面施工设备等一系列代表中国乃至全球先进水平的产品,累计拥有授权专利 7 137 件,其中发明专利 1 756 件,PCT 国际专利 56 件,产品销售网络覆盖 183 个国家及地区,年出口突破 16 亿美元,除了在新兴与发展中国家拥有较高的市场占有率,对包括美国、日本和加拿大等在内的发达国家市场的拓展布局也在不断加快,目前已实现小批量主机的突破性进入,改变了过去在国际市场上徐工集团主要是出口中低端产品,没有技术实力在中高端市场与发达国家跨国公司如卡特彼勒等竞争的状态,开始在中高端市场与跨国巨头同台竞技,推动了中国工程机械产业的发展。

(三)万向集团:并购知名供应商,带动国内生产与出口

万向集团创立于1969年,是中国汽车零部件制造代表企业之一。万向集团是中国企业通过跨国并购快速成功地实现国际化发展的典型案例。自2000年开始,万向集团在美国市场实施了系列跨国并购,迅速打开了局面(表3-12)。万向在跨国并购扩张中形成的独特的"反向OEM模式",即国内企业通过跨国并购带动国内生产与出口,扩大产业发展的外部市场空间,这种模式大致分三步:第一步收购国外知名品牌汽配供应商;第二步把相关产品生产转移到国内;第三步利用被并购企业的知名品牌返销国际市场,扩大销售。万向这种模式成功地将国内产业的低成本和大规模生产能力与被并购企业的销售渠道和品牌资源相结合,使得万向能以较低的生产成本和较高的价格打进发达国家市场,从而获得高额的利润,带动国内产业生产,扩大出口,增强市场竞争力。收购美国舍勒公司是典型反向OEM模式。舍勒公司是美国汽车市场上三大万向节零部件生产供应商之一,在万向节领域的专利数量名列美国之首,收购舍勒公司的最直接效果是,万向将舍勒公司产品的生产搬到国内,在美国市场销售仍冠以舍勒品牌,实现了国内低成本生产,国外高价格销售,万向集团在美国市场每年至少增加500万美元的销售额,此次收购还使万向取代舍勒成为全球万向节专利最多的企业,助力万向产品快速融入了美国市场。2000年以来,万向在美国汽车配件行业进行了多次收购,所并购企业多为美国汽车零部件和整车制造企业的主要

表3-12 万向在美国汽配行业的跨国并购

时 间	跨国并购事件	被并购企业市场地位
2000年4月	收购美国舍勒公司的专用设备、品牌、技术专利及全球市场网络,从事万向节的营销业务	美国汽车市场上三大万向节零部件生产供应商之一
2000年10月	收购美国LT公司35%的股权,从事汽车轮毂的制造与营销业务	供应美国汽车轮毂单元最大的制造装配商之一
2001年8月	收购美国上市公司UAI,获取21%的股份,从事汽车制动器的制造与营销业务	美国制动系列产品的维修市场的领导者,客户几乎囊括美国各大汽车零部件连锁店及采购集团
2003年9月	收购美国洛克福特公司33.5%的股权,主要从事汽车传动零部件的制造与营销业务	主要生产汽车零部件中的翼形万向节传动轴
2005年	收购美国PS公司60%的股权,主要从事汽车零部件的制造与营销业务	福特公司核心供应商之一,同时也是通用汽车、克莱斯勒等公司的一级供应商
2007年7月	收购美国AI公司30%的股权,从事模块装配及物流管理业务	客户包括了福特、通用等汽车制造商

• 资料来源:万向集团网络、公开媒体报道。

供应商,通过系列并购,直接带动了万向集团国内产能的扩张,出口规模的扩大和出口结构的改善,不仅万向自身获得巨大发展,同时也促进了国内汽配产业的发展。

(四)如意集团:并购国际知名品牌,进军产业链高端

山东如意科技集团有限公司成立于 2001 年,是全球知名的创新型技术纺织企业。早期如意集团以棉纺、毛纺、服装制造贴牌加工等业务为主,在纺织服装产业链中居于价值链的低端环节,由于国内人工、原料等各方面成本上涨,如意集团的利润不断压缩,如意集团决心自建品牌实现转型,但最终以失败告终。如意集团便将注意力转移到纺织服装行业的利润集中点——服装制造领域的下游,并通过在发达国家的系列跨国并购开启了向下游延伸的策略(表 3-13),目的是打入服装品牌高端市场,进军产业链高端。频繁收购之前,如意集团原本只有贴牌业务,曾是阿玛尼等奢侈品牌的生产商,毛利率仅有 5%—10%,经过系列跨国并购和品牌运作,如意集团目前拥有全球规模最大的毛纺、棉纺直至服装品牌的完整纺织服装产业链,拥有 13 个品牌服装企业、13 个高端制造工业园、30 多个国际知名纺织服装品牌,在巴黎、米兰、伦敦、东京四大国际时尚之都,如意均设立了国际领先的设计研发平台,旗下企业已遍及日本、英国、澳大利亚、德国、新西兰、意大利、印度等国家,2015—2016 年,其综合竞争力居中国纺织服装 500 强第一位。分析如意集团跨国并购案例可知,收购外国品牌是如意集团从产业链上游走到下游的现实需求,这能使其切入价值链的高增值环节,提高其在国际分工中的地位。目前如意集团正从纺织服装制造企业向全产业链国际时尚集团转型,其发展模式就是通过大范围、大规模的并购国际知名品牌,快速向产业链高端延伸,同时通过学习国际品牌在设计、技术、品牌方面的能力与经验,为发展自主品牌积淀经验和能力,实现转型升级。

表 3-13 如意集团跨国并购

时 间	跨国并购事件
2017 年	1.17 亿美元收购英国百年品牌 Aquascutum
2016 年	13 亿欧元收购法国时尚集团 SMCP 集团,获得三大新兴的轻奢品牌 Sandro、Maje 和 ClaudiePietro
2014 年	收购德国 Peine Gruppe 公司,该公司专业从事男装生产,旗下拥有 Barutti 和 Masterhand 品牌
2013 年	入股苏格兰粗花呢生产企业 Carloway Mill
2010 年	以 4 400 万美元的价格,收购了日本知名的服装企业 Renown 公司 41.53% 的股份,成为第一大股东,该公司运营着日本及欧洲的包括 D'URBAN、Anya Hindmarch、Simple Life 等 30 多个著名服装品牌

• 资料来源:如意集团网站。

（五）美的集团：并购关联技术企业，提升生产效率

从微观视角看，由技术进步引发的企业生产率增长是产业升级的重要动因。杨德彬通过对 2005—2008 年 193 家有跨国并购行为的中国工业企业数据的实证检验表明跨国并购显著提升了工业企业生产率，而且这种提升作用随着时间的推移越来越明显。[1]特别是在技术寻求型跨国并购实践中，中国企业对东道国目标企业的先进技术、研发资源等生产要素进行整合与吸收，并对国内母公司进行转移，可促进企业生产效率的提升。美的集团是一家以家电制造业为主的大型综合性企业集团，库卡集团是全球领先的机器人及自动化生产设备和解决方案的供应商。在国内劳动力成本上升，家电制造领域竞争日趋激烈背景下，美的提出了"智慧家居＋智能制造"的战略，具体到机器人方面，美的希望通过此次跨国并购全面能够提升公司智能制造水平，同时以工业机器人带动伺服电机等核心部件、系统集成业务的快速发展，实现"智能制造＋工业机器人"的模式。2016 年美的集团收购德国库卡，获得了相关专利的使用权，加快了转型升级步伐。至今，美的集团在自动化生产线上已使用 1 000 多台库卡专利机器人，大大提升了生产效率，原来一条遥控器装配线上手工装配加检测需要 7 人，每小时制造 300 个；机器人上岗后，工人减少到 2 人，产量达到每小时 350 个，制造成本下降了 20%，[2]生产效率明显提升。

（六）腾讯集团：全球化布局，全产业链发展

在中国三大互联网企业中，腾讯是最早布局海外市场的企业，其跨国并购主要集中在游戏、社交和电商三大领域，不断向产业链的上下游延伸，实现全产业链的发展，进一步巩固了其在国内乃至全球互联网产业领域的领先地位。

腾讯的系列跨国并购案呈现以下特征：首先，从并购目标企业所在区域来看，范围非常广，包括美国、意大利、芬兰、俄罗斯、新加坡、越南、韩国、日本等全球主要互联网用户活跃的国家，目标企业横跨亚欧美三大洲十多个国家与地区，体现了腾讯全球化发展的战略意图；其次，从并购业务来看，2016 年以前，腾讯海外投资主要集中在游戏领域，进入 2016 年，腾讯海外

---

[1] 杨德彬：《跨国并购提高了中国企业生产率吗——基于工业企业数据的经验分析》，《国际贸易问题》2016 年第 4 期。
[2] 国家知识产权局：《海外并购，知识产权不容忽视》，http://www.sipo.gov.cn/mtsd/201707/t20170707_1312462.html.

并购除游戏外,还向社交、电商等领域拓展,目的是在海外快速复制国内成功商业模式,如 2012 年收购韩国 Kakao Talk 13.8% 股权,Kakao Talk 是类似于 QQ、微信的聊天软件,在亚洲市场尤其是韩国比较受欢迎,同样 2016 年腾讯和富士康携手以 1.75 亿美元投资印度即时通信应用 Hike Messenger,该应用目前用户数已超过 1 亿人;再次,从并购战略来看,腾讯主要实施全产业链式的并购。这种全产业链投资特征在游戏领域呈现得最为明显。腾讯并购既有技术底层公司、游戏开发和运营公司,又有游戏渠道等游戏辅助公司,如 2012 年腾讯收购的新加坡 Level up 公司掌握了巴西、菲律宾及美国部分游戏分发渠道;2013 年参股的动视暴雪为美国著名的游戏开发商、出版发行商和经销商;2016 年收购知名手游 Clash of Clans 的开发商芬兰 Supercell 84% 的股份等。经过在游戏产业领域的系列并购,腾讯已形成用户平台、游戏研发、游戏发行和运营所有环节的闭环,实现全产业链布局,奠定了腾讯在全球游戏产业中的地位。

表 3-14　近年来腾讯主要跨国并购事件

时　间	并购事件	并购具体业务情况
2017 年	收购英国 Milky Tea 和 Frontier	进军英国游戏产业
2016 年 8 月	腾讯和电讯盈科共同投资的 STX Entertainment 宣布收购沉浸式内容制作商和分销商 Surreal	正式进军 VR 领域
2016 年 8 月	腾讯和富士康逾 1.75 亿美元投资印度消息应用 Hike Messenger	为印度即时通信应用,目前用户数已超过 1 亿人
2016 年 6 月	以 86 亿美元收购芬兰移动游戏开发商 Supercell 约 84.3% 股权	为近年全球手机游戏行业最大金额的并购。收购完成后,按收入衡量腾讯公司已经成为全球最大的游戏发行商,超过了艺电和动视暴雪等更具知名度的美国公司
2015 年 12 月	收购 Riot Games 剩余股份	Riot Games 成为腾讯 100% 子公司
2015 年 8 月	5 000 万美元投资加拿大初创企业 Kik	加拿大移动消息应用
2014 年 12 月	日本游戏公司 Aiming	日本老牌游戏开发商 Aiming
2014 年 3 月	5 亿美元购买 CJ Games 28% 的股份,成为 CJ Games 的第三大股东	CJ Games 是韩国手游市场明星公司
2013 年 10 月	约 2 亿美元收购美国"阅后即焚"照片分享应用 Snapchat	此应用在美国年轻人中火爆,用户增长快
2013 年 7 月	以 14 亿美元获得动视暴雪 6% 的股份	美国著名的游戏开发商、出版发行商和经销商
2013 年 6 月	以 1 亿美元闪购网站 Fab	意在做设计领域的亚马逊

(续表)

时 间	并购事件	并购具体业务情况
2012年7月	3.3亿美元收购游戏开发商 Epi Games 40%股权	为全球知名的网游公司，腾讯有望获得全平台引擎研发能力，提升腾讯游戏研发水平
2012年3月	收购 ZAM	欧洲著名游戏资讯和工具网站
2012年2月	2.15亿美元收购韩国 Kakao Talk 13.8%股权	为手机聊天软件，在亚洲市场尤其是韩国比较受欢迎
2012年2月	斥资2.31亿美元收购美国游戏开发商 Riot Games	Riot Games 代表作为《英雄联盟》
2012年1月	以2 695万美元收购 Level up 公司49%的股份	Level up 是一家新加坡游戏公司，掌握了巴西、菲律宾及美国部分游戏分发渠道
2010年	以3亿美元入股俄罗斯 Mail.ru 获得了该公司10.3%股权	该公司为俄罗斯最大的社交网站
2008年	收购越南游戏公司 VinaGame 约20.2%的股份	越南当地最大游戏运营商，并开发出一款类似微信的通讯应用 Zalo。腾讯于2009年增至22.34%股权

• 资料来源：作者整理。

以上案例中的企业既有国有企业，也有民营企业，企业所处行业领域既有传统产业，也有新兴产业，不同案例中跨国并购对产业升级的作用各有侧重，具有代表性。产业升级离不开技术、品牌等高级生产要素以及消费市场的支撑，从微观来说，产业升级表现为企业产品技术含量与质量提升，生产效率改进，企业因拥有高级生产要素而获取更高的利润，企业在产业价值链中的地位提升等。作为行业龙头企业和领先企业，案例中企业的跨国并购活动不仅在以上诸方面促进了自身的发展，而且对促进中国产业进步有积极意义。

三、跨国并购在新兴经济体产业升级中的积极效应

（一）市场拓展效应

产业结构的进步离不开消费市场的支撑。跨国并购是拓展我国产业发展外部市场空间的重要方式。跨国并购的市场拓展效应主要是通过外贸渠道，带来出口规模扩大和出口结构改善，促进贸易结构升级，从而优化中国的产业结构，促进产业升级，主要体现在两个方面：一是规避贸易壁垒，扩大出口规模。20世纪80年代日本和欧美在汽车、半导体等领域发生贸易摩擦，日本应对的成功经验即是在当地投资设厂，就地销售，巩固和扩大了其

国际市场份额。在全球化浪潮中，新兴经济体通过引进外资承接国际产业转移，制造业积累了大量的产能，这些产能在满足国内市场需求的同时，大量供应国际市场。但在目前全球经济增长乏力，外需不振的背景下，这些企业频频遭遇贸易壁垒，通过跨国并购可绕开贸易壁垒，扩大对东道国的出口。如海尔集团在印度收购了一家产能35万台的冰箱厂，通过这次收购，产品成本中降低了关税一环，一台冰箱可节约成本30%，又缩短交货期，巩固和扩大了印度市场；①二是借助东道国销售渠道和品牌促进出口结构改善。以绕过贸易壁垒为特征的市场寻求型跨国并购仍带有被动防御的特征，但随着竞争力的提升，我国一些企业积极并购东道国品牌和销售渠道等，开发新的市场，从而提升了企业产品形象，促进了相关产业的优化发展。如杭州市力高股份有限公司通过收购比利时海格林箱包，获得了海格林在欧美发达国家的十多家品牌销售机构，成功实现了杭州力高的年出口从5 000万美元到2亿美元的跨越。目前，杭州力高已经成为年生产3 000万只箱包的国际箱包巨头。

（二）高级要素获取效应

在企业跨国并购活动中，资产寻求型跨国并购的作用尤为重要，可以获得国内产业发展所需高级生产要素的所有权。资产寻求型跨国并购指由企业获得有价值的资产的意图所驱动的跨国并购活动，这些有价值的资产在东道国可获得，而国内无法获得或只能以不利条件获得，也称为战略资产寻求型跨国并购。战略资产指难以模仿、稀缺的、供专用的专业资源与能力，通常是一国产业结构进步所需的高级生产要素，主要包括先进技术、品牌、销售渠道、市场知识等。从要素流动理论来看，"在绿地投资形式下，生产要素的国际空间位置发生转移，而产权没有变化，仍为投资国企业所拥有；在并购投资形式下，虽然生产要素的国际空间位置没有变化，但产权发生了变化"。②要素跨国界、跨区域的合作生产是经济全球化的重要特征，在这种以全球生产网络为载体的要素合作体系中，一国是否拥有高级生产要素决定了该国相关产业乃至国民经济在全球经济中的地位，因而跨国并购的战略重点和重要意义在于通过跨国并购，企业能获得母国所稀缺的高级生产要素，提升全球产业链分工地位。跨国并购的国家战略意义正在于此，即服务

---

① 海尔集团官网：www.haier.net。
② 张幼文：《开放型发展新时代：双向投资布局中的战略协同》，《探索与争鸣》2017年第7期。

于全球价值链分工地位提升与国内产业升级是其本质要求。在实践中,企业跨国并购所获得的高级生产要素与企业国内优势相结合,或者是国内低成本制造优势与国外技术、销售渠道、品牌相结合,或者是国内市场优势与国外技术优势结合,或者是国内商业模式创新与国外市场渠道相结合等,这些并购有利于提升新兴经济体相关产业在全球价值链分工中地位,对国家产业结构进步意义重大。2008 年塔塔汽车公司(印度塔塔集团下属公司)以 23 亿美元买下通用全球豪华汽车品牌"捷豹"和"路虎"即典型例子。其实印度汽车工业已具有相当的规模,早从 20 世纪 60 年代起印度汽车就已出口到非洲和亚洲的一些国家和地区。但与其他新兴经济体汽车产业发展面临的问题一样,技术和品牌也是印度汽车产业的软肋。塔塔汽车旗下知名车型如 INDIGO、NANO、INDICA 等几乎都是小车,这些车型除了在印度本土比较受欢迎外,在国际市场受众有限,塔塔汽车公司急于拓展国际市场,但塔塔品牌在全球的知名度和美誉度都不够,也缺少销售渠道,因此塔塔汽车公司收购"捷豹"和"路虎"后可借助这些全球知名品牌的全球销售网络,快速进入全球汽车市场,它对印度汽车产业升级的价值是减少了在培育全球知名品牌上长期的巨额投入,快速拥有品牌、技术等高端要素,这对印度汽车产业发展是非常有利的。

(三) 逆向技术溢出效应

逆向技术溢出效应(reverse technology spillovers)指通过战略资产寻求型对外投资,特别是技术寻求型对外投资带来的先进技术,促进技术从东道国向母国的扩散,从而提高母国企业、产业乃至国家的全要素生产率的效应。相关实证研究也表明,发展中国家和地区通过对技术领先国家直接投资获得的逆向技术溢出对其技术进步有显著促进作用。逆向技术溢出效应是新兴经济体企业通过跨国并购推动产业升级的重要渠道。跨国并购使新兴经济体企业获得国际先进技术,提升关键产品生产能力,提高产品附加值,带动国内企业生产,构建新的产业价值链,促进国内产业升级。综合来看,这类跨国并购对母国的逆向技术溢出效应一般通过示范、竞争、合作和人才流动等四种形态的路径溢出。具体来说,在跨国并购过程中,新兴经济体企业携带国内具有流动性的生产要素(通常为资本)流向东道国,与东道国那些包括各种受人为限制的技术要素、信息资源及高素质的劳动力等在内的不可流动或流动性差的高级要素相结合,在新的环境中实现各种要素的重新组合,通过示范、竞争、合作和人才流动等途径使企业技术水平得到提高,伴随着先进技术要素从东道国反馈到国内企业,企业进入更高层次的发展环境,最终实现了逆向技术溢出,促进国内产业升级。实践中,这类跨国并购一直为新兴经济体企业所重视,投资区位主要集中在发达国家,这与发达国家相对高的技术水平有关。从投资产业来看,这类跨国并购大多集中在制造业,既涉及一般制造业,也涉及高端制造业,这类技术获取型跨国并购与国内低成本优势相结合,有助于企业整体技术水平的提升,促进产业发展。如2012年1月中国三一集团并购全球知名工程机械制造商之一德国普茨迈斯特,当年10月三一集团与普茨迈斯特的技术合作项目就在长沙启动。项目中,普茨迈斯特派出的若干名技术人员协助三一团队进行产品的工艺提升及品质改善,目的是实现三一产品的技术升级,达到德国制造标准。[1]

（四）产业转移效应

国际直接投资的产业转移效应指由于国内产品需求条件或产业资源供给的变化,引起产业在国际间的转移活动。产业转移以企业为主导,通过生产要素的流动实现产业跨国界的转移。由于不同国家和地区之间存在产业技术水平的差异,因此产业在国际范围内可通过对外直接投资实现投资国与承接国之间的梯度转移,实现跨国界的生产要素配置,使得投资国和生产国因产业技术进步的梯度变化而提升产业效率,推动产业升级,因此它是国家或地区产业结构调整和升级的重要途径。广义上的产业转移内容包括研发、设计、生产、销售、服务等环节发生的转移,也就是说同一产业内部的不同环节、不同层次、不同阶段的生产、销售、服务、研发等发生的转移。我国可以将国内一些技术成熟、市场需求已经饱和产业的相关环节转移到其他供给不足、劳动力成本更低的国家,通过在全球布置价值链的不同环节来延长原产业的生命周期,提升产业竞争力,同时将闲置的资源转移至国内更有竞争优势的其他产业,扩大原材料、中间产品、设备及服务等出口,带动相关产业的发展,使产业结构不断升级优化。近年来,随着经济快速增长,中国沿海经济发达地区土地、劳动力等生产要素价格不断上升,我国具有传统优势的劳动密集型企业面临市场需求饱和、利润率低下的困境。可考虑结合"一带一路"国际化合作推进的契机推动我国企业将加工制造环节向相关东道国转移,实现这类产业的国际化布局。"一带一路"沿线许多国家产业结

---

[1] 刘慧:《三一与普茨迈斯特开展技术合作 双方融合进一步深化》,《工程机械》2013年第2期。

构单一,工业化水平低,相关产业发展水平不高,通过在这些领域的跨国并购,既可以促进国内相关产业如钢铁、水泥、轻工、家电、纺织服装的跨国转移,为国内新兴产业的发展腾出空间,也有利于东道国产业升级优化,提升当地的工业化水平,最终实现互利合作,共赢发展。

(五)产业价值链跃升效应

产业价值链跃升效应指企业通过跨国并购活动引起企业在产业价值链中地位的变化。从我国企业跨国并购实践来看,其产业价值链跃升效应主要包括以下三种情形:第一,摒弃原低附加值产品生产,进入高附加值产品生产领域。当前新兴经济体传统优势产业普遍面临劳动力成本增加、国内市场需求饱和、外部需求萎缩等压力,借助跨国并购可将国内制造优势和国外技术、品牌和渠道相结合,推动企业快速向价值链高端跃升,提升新兴经济体相关产业在国际分工中的地位。如中国宁波均胜集团成立之初仅是一家生产后视镜等汽车配件的工厂,向大众供的货主要是洗涤器、连接管、内饰功能件等低附加值产品。自 2011 年开始,均胜电子先后并购德国普瑞、IMA、Quin 和美国 TS、EVANA 等汽配行业国际领先企业,进入智能驾驶系统、汽车安全系统、新能源汽车动力管理系统以及高端汽车功能件总成等的研发与制造领域,成长为全球汽车零部件顶级供应商,实现了全球化发展和产业转型升级的目标。第二,通过跨国并购引进先进技术或品牌,提升产品技术水平,进入高端市场,如徐工集团的跨国并购案例所示。第三,通过跨国并购进入其他产业的高附加值领域。这种趋势在当前信息技术领域尤为普遍,如联想虽从制造商起步,但并未止步于硬件领域,在全球 PC 出货量减少,智能手机发展迅速的情况下,开始进军数字新媒体行业。2013 年联想以 2.31 亿欧元收购德国 Medion 公司,成功获得该公司运营虚拟网络业务并向消费者提供移动互联网终端和虚拟数据业务方面的经验,为自身布局移动互联网提供了有益支持。

随着新兴经济体对外开放和产业结构转型升级进入关键时期,新兴经济体要求企业积极走出去,在全球范围内配置资源,提升核心竞争力。上述案例的分析显示,实践中跨国并购对新兴经济体产业进步确实起到了促进作用。跨国并购的产业价值链跃升效应对新兴经济体产业升级有特殊意义。在当前发达经济体主导的全球产业分工格局中,如果完全依靠新兴经济体企业自主研发,必将是漫长的追赶过程,而跨国并购通过并购国外相关行业领域的先进企业,新兴经济体企业能够直接获取目标企业的专利技术、品牌、生产与研发能力等,快速地实现产业价值链的跃升,促进国内产业升级,改善和提升新兴经济体国际产业分工地位,可以说它可突破常规发展的捷径。以中国为例的实证研究显示,"与绿地投资相比,海外并购无论在近期还是远期,都对中国产业结构优化的贡献更高"。[①]历史上,美国、日本和韩国等国家在追赶发展过程中也青睐用跨国并购方式实现技术上的快速突破,这些都值得借鉴。相信随着各经济体相关政策进一步落实到位以及企业跨国经营能力的提升,跨国并购未来将在新兴经济体产业升级过程中发挥更大的作用。

第四节　关于互动关系的进一步思考

在从投资动因、投资区域和投资方式三个角度分别考察新兴经济体对外直接投资与母国产业升级互动的机理后,本研究甄别出现阶段对新兴经济体产业升级的三个关键因素——生产要素、国际市场和资本积累,构建了一个有关新兴经济体对外直接投资与母国产业升级互动的综合模型(图3-1)。

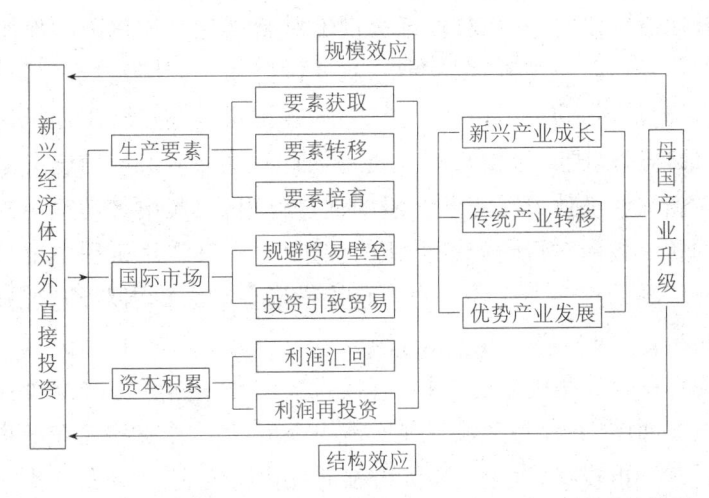

图3-1　新兴经济体对外直接投资与母国产业升级互动关系的综合模型

从生产要素角度来说,新兴经济体对外直接投资对母国产业升级会产生要素转移、要素获取或要素培育效应。要素转移指新兴经济体通过直接将国内已经失去或正在失去竞争优势的边际产业向境外转移,国内边际产

---

① 陆长平:《对外投资模式、国别与中国产业结构优化》,《国际贸易》2016年第7期。

业的生产要素会被释放出来,一些进入其他生产效率更高的产业或更有发展前景的产业,另一些会转移至境外寻求更高的投资收益。要素获取包括直接获取和间接获取。直接获取指通过跨国并购等方式直接获得国内产业升级所需的生产要素,如矿产资源、技术、品牌、销售渠道、管理技能等。间接获取指以企业为载体,经由投资母国企业与东道国利益相关方,如在投资设立的企业、当地竞争对手、当地供应商、消费者等互动而产生的溢出效应,如逆向技术溢出、企业所获得的市场知识等,这些溢出效应通常可以向国内反馈,形成国内外产业链条的互动,提升产业技术水平,提升企业竞争优势,促进母国产业升级。要素的间接获取还存在另外一种形式,虽然新兴经济体母国企业没有获得东道国生产要素的所有权,但是本国资本实现跨国界流动后与当地流动性小的生产要素(如劳动力和土地)相结合,通过资源的跨国界配置,国外生产要素参与本国产业发展中来。要素培育指新兴经济体在跨国经营中,逐渐培育出品牌等高端要素。对外直接投资主要是从要素获取、要素转移和要素培育这个三个途径作用于母国产业发展,产生产业升级效应。

  从国际市场角度来说,对外直接投资对新兴经济体母国的作用机理主要有两个途径:其一,规避贸易壁垒,巩固国际市场;其二投资引致贸易,通过对外直接投资带动母国中间产品、管理咨询、技术服务、工程机械咨询等的出口,即通过跨国直接投资产生贸易创造效应。从市场角度考察对外直接投资对新兴经济体母国产业升级的促进作用,其实质是考察对外直接投资产生的贸易效应对母国产业升级的促进作用,其作用机理主要是通过贸易规模和贸易结构两个途径。对外直接投资会扩大母国对外贸易规模,改善贸易结构,进而有利国内产业升级。

  从资本积累的角度来说,对外直接投资的作用途径之一是企业可以将投资利润汇回国内,获得产业发展所需的资本;另一个途径是企业也可以将投资利润进行再投资,进一步做大做强海外投资企业,未来获得更多投资收益,这从长远来看,对母国产业发展也是有利的。

  不管从要素角度还是市场角度,抑或是从资本角度,新兴经济体对外直接投资带动国内产业升级最终要落实在传统产业转型、优势产业发展、新兴产业成长这三个方面。而母国产业升级无疑会产生新兴经济体对外直接投资规模扩大和投资结构改善的作用,最终形成对外直接投资与母国产业升级的良性互动关系。

上述互动过程的描述无疑是值得期待的。需要注意的是,在具体实践中,可以说能够影响对外直接投资的因素和那些能够影响到母国产业升级的因素最终都会影响到这种互动关系。在开放条件下,宏观国别因素(经济规模、开放度等)和制度因素(母国和东道国政府政策导向等)、中观产业因素(产业成熟度、产业集群等)和微观企业因素(新兴经济体企业在全球生产网络中的地位、新兴跨国公司的战略意图等)都会对互动关系本身产生作用,从而使这种互动效应发生偏离或者放大,我们需要了解现实中这种互动关系的具体情况。因此,对新兴经济体对外直接投资与母国产业升级的互动关系进行实证检验是自然会引出的研究主题。

第四章
主要新兴经济体对外直接投资与母国产业升级互动的实证检验

第一节 中国对外直接投资与国内产业升级的互动

一、中国对外直接投资的发展历程及产业分布特征

作为对外开放政策的一部分,对外直接投资自改革开放开始就受到重视,1979年11月中国首家对外投资合资企业京和股份有限公司在日本东京设立,以此为起点,中国对外投资经历了投资规模不断扩大、投资区域分布日趋广泛、投资产业分布逐渐合理的发展历程。特别是进入21世纪后,随着中国经济实力的增加,无论是在投资总量,还是在增长速度及投资结构方面,中国对外直接投资的发展都迈上了新台阶。根据中国对外直接投资规模的发展及产业分布特征的变化,并结合国内外重大经济背景,如我国1985年颁布《关于在国外开设非贸易型合资经营企业的审批程序和管理办法》,1992年召开了中共十四大进行社会主义市场经济改革,2001年加入世界贸易组织,2007年美国次贷危机爆发引发全球金融与经济危机等,本研究将中国对外直接投资的发展历程大体归纳为以下几个主要阶段。

(一)投资行业受限的起步阶段(1979—1984年)

在对外投资的起步阶段,我国少数国有外经贸企业为了促进外贸发展和对外经济交流,开始在境外设立企业,这些企业的主要目的是为出口创汇服务,因此投资企业主要是国有外贸公司,主要投向中国香港地区和中国澳门地区,对东南亚一些国家也有少量投资。从投资行业分布来看,由于外汇储备很少,这阶段政府对对外投资的管制还是比较严格的,因此企业投资主要集中在贸易、工程承包等领域,这些领域也是这阶段我国相对有优势的领域。总体来看,受当时国内经济条件和政策所限,这一时期我国对外投资的单向投资规模和总投资规模都比较小,海外境外投资企业比较少,属于中国对外投资的试水阶段(表4-1)。

表 4-1　1979—1984 年中国非贸易性对外直接投资情况

年　份	1979	1980	1981	1982	1983	1984	合计
举办境外投资企业数(家)	4	13	13	13	33	37	113
中方直接投资额(百万美元)	0.53	31.87	2.6	2	13	100	150

•资料来源:《中国对外贸易统计年鉴》,中国展望出版社,1987年。

(二)投资行业范围扩大的发展阶段(1985—1991年)

1985—1987年,我国对外直接投资出现了第一次小高潮,随着相关政策的进一步调整和规范,我国对外直接投资从此进入稳步推进阶段。1991年我国当年对外投资流量达到9.1亿美元,历史上年度对外投资流量首次接近10亿美元,截至1991年底,我国对外直接投资存量总额达到53.7亿美元,累计设立的境外非贸易性投资企业达895家(表4-2)。一些大中型生产性企业和综合金融企业开始进行对外投资,相比上一阶段,投资领域有所扩展,向资源开采、制造加工、交通运输等多个行业延伸,投资区域不再仅限于周边发展中国家和地区,开始向部分发达国家投资,但投资规模仍然较小,对外投资主要还是投向发达国家为主。

表 4-2　1985—1991 年中国非贸易性境外企业数及投资额情况

年　份	1985	1986	1987	1988	1989	1990	1991	合计
举办境外投资企业数(家)	76	88	108	141	119	156	207	895
中方直接投资额(百万美元)	47	33	410	75	236	77	367	1 245

•资料来源:根据《2001年中国对外经济贸易年鉴》相关数据整理。

(三)投资行业向特定领域集中的调整阶段(1992—2000年)

伴随着中国经济的快速发展和对外开放的不断扩大,1992—2000年是我国"走出去"战略不断酝酿和最终明确的阶段。该阶段我国对外投资规模有较大增长,1992年对外投资流量猛增至40亿美元,1993年同样维持了较高投资规模,为40亿美元,1993年存量规模首次突破百亿美元大关,达到137.7亿美元。1992—2000年年平均对外投资流量为24.9亿美元。截至2000年中国对外投资存量为277.7亿美元,存量规模在稳步扩张。比对数据我们也可以发现,自1994年开始,我国对外投资年度流量突然大幅下降,虽然1996年开始略有升势,但在1999年开始再次出现调整,2000年更是下降到不足10亿美元的流量水平。这一阶段中国对外投资的调整和波动与当时国内外的经济环境相关。从1993年开始,考虑到境外投资效益不甚理想,我国政府出台了包括加强外汇管理、加强项目审批等在内的系列政策措施,对我国企业境外投资项目进行清理整顿,经过此轮政策调整后,我国企业对外投资更趋理性。从外部市场环境看,1997年东南亚金融危机的爆发是导致我国对外投资在90年代中期略呈升势后,流量规模急剧萎缩的直接原因,因为当时我国对外投资区域分布仍以亚洲特别是东南亚地区为主,这些东道国受金融危机影响较大,经济出现严重下滑,消费市场受到冲击,打击了我国企业对上述地区投资的积极性。

这一时期,由于政府政策的鼓励,我国企业开展了不少加工贸易和资源开采方面的投资,这类投资对于带动国内出口,供应国内能源需求等方面取得了一定的成效。与此同时,对外投资主体进多元化趋势明显,以万向集团为代表的一批经营良好的民营企业开始加入国外投资力量之中。从产业分布特征来看,生产领域投资比重逐步增加,截至2000年年底,有40%左右的对外直接投资属于生产性领域,这在一定程度上提升了我国在国际分工中的地位。

表4-3　1992—2000年中国非贸易性对外直接投资情况

年份	1992	1993	1994	1995	1996	1997	1998	1999	2000
年末企业数(家)	1 363	1 657	1 763	1 882	1 985	2 130	2 396	2 616	2 859
年末累积中方投资额(亿美元)	15.91	16.87	17.85	18.58	21.52	23.25	25.84	31.74	37.25

• 资料来源:1994—2002年《中国对外经济贸易年鉴》,中国商务出版社,2002年10月。

(四)投资行业多元化的推进阶段(2001—2009年)

2001年中国加入世贸组织,我国对外开放进入新阶段。这一阶段中国对外直接投资进一步加速发展,对外投资多样化趋势明显。从投资规模来看,2001年中国境外投资额达到一个历史峰值,究其原因,不难发现当时的宏观经济环境和政策导向推动了中国对外直接投资的加速发展。2001年的对外直接投资流量为69亿美元,较上年增长了近6倍。2002年和2003年世界经济衰退,国内遭遇SARS,双重不利因素的夹击使中国对外投资额有所下降,其余年份,总体上中国对外投资保持了强劲增长势头(表4-4)。2007年美国次贷危机发生后,危机不断向全世界其他地区扩散,受世界经济和2008年金融危机的影响,国际直接投资流动减缓,全球2009年对外直接投资较上年下降了43%,同年中国对外直接投资较上年增速也大幅下滑。尽管如此,从总量上看,中国对外直接投资仍保持高位,2009年对外直接投资流量为565.3亿美元,非金融类投资占84.5%,截至2009年底,对外直接投资存量达 2 457.6 亿美元,其中非金融类投资占 81.3%。2007 年对外投资存量突破千亿美元,达到 1 179.1 亿美元。

表 4-4 2001—2009 年中国对外直接投资情况

年份	2001	2002	2003	2004	2005	2006	2007	2008	2009
年度流量(亿美元)	68.8	27	28.5	55.0	122.6	176.3	265.1	559.1	565.3
年增长率(%)	590	−60.9	5.6	93	122.9	43.8	50.3	110.9	1.1

• 资料来源:中国商务部:历年《中国对外直接投资统计公报》。

这一阶段我国对外投资规模的扩张有其经济环境和政策背景。2002 年中共十六大进一步明确和强调"走出去"战略的总体发展思路,我国对外开放进入"引进来"与"走出去"协调发展的阶段。为推进"走出去"战略的发展,我国政府相关部门亦出台系列政策推进对外投资便利化。从资金实力来看,中国外汇储备在 2002 年后迅速增加,外汇储备比较充裕,政府逐步放松了对资本项下外汇流动的控制。特别 2005 年汇率改革以来,人民币逐步稳定升值,一定程度上有利于中国企业降低对外投资成本。同时,受国际生产周期影响,中国油气、钢铁、铜、铝等能源和基础性原材料国际市场价格全面上涨,特别是石油价格居高不下,给国内造成较大冲击。为了确保能源与原材料供应安全,我国积极促进相关企业走出去,开展资源获取型对外投资活动,资源开发类对外投资的快速增加成为推动我国对外投资规模快速扩张的重要因素。

这一阶段我国对外投资区域除了传统目的地外,对发达国家和亚洲之外的发展中国家的投资都快速增加,投资行业分布更广泛,多元化态势明显,这标志着中国对外直接投资迈入全新阶段。从 2009 年中国对外投资存量的行业分布情况来看,位居首位的是制造业,其次是批发和零售业、租赁和商务服务业、建筑业和采矿业等,这 5 个行业投资存量占比高达 78.3%,接近八成。

表 4-5 截至 2009 年中国对外直接投资存量的行业分布

行业	比重(%)
制造业	30.2
批发和零售业	21.9
租赁和商务服务业	13.1
建筑业	6.8
采矿业	6.3

(续表)

行　　业	比重(%)
农、林、牧、渔	5.0
交通运输、仓储与邮政	4.0
科学研究、技术服务和地质勘探	2.9
居民服务和其他服务业	2.7
信息传输、计算机软件服务	2.1
房地产业	1.2
金融业	1.1
电力、煤气及水的生产与供应	0.7
其他行业	2.0
合　　计	100.0

•资料来源:中国商务部:《2009年度中国对外直接投资统计公报》,2009年7月。

(五)投资行业分布广泛的扩张阶段(2010年至今)

从2010年开始,中国对外直接投资继续上升,年度流量规模稳步增加,中国的对外投资大国地位逐步确立。2013年中国对外投资年度流量首次突破千亿美元大关,达到1 078.4亿美元。2015年中国对外直接投资流出量为1 456.7亿美元,同比增长18.3%,高于全球6.5%的增幅。2015年,中国对外直接投资和中国实际使用外资金额分别为1 456.7亿美元和1 356亿美元,对外直接投资自改革开放以来首次超过同期吸引外资水平,较同年吸引外资高出100.7亿美元,实现直接投资项下资本净输出,中国开始正式进入资本净输出国行列。2016年中国对外直接投资为1 830亿美元,成为全球第二大对外投资国,比吸引外资多36%。2016年,中国对外直接投资流量为1 961.5亿美元,同比增长34.7%,其中,对外金融类直接投资流量149.2亿美元,同比下降38.5%,对外非金融类直接投资1 812.3亿美元,同比增长49.3%。截至2016年底,对外直接投资存量达13 573.9亿美元。中国约2.44万家企业在全球190个国家和地区共设立境外投资企业3.72万家,年末境外企业资产总额达到5万亿美元。由联合国贸发会议(UNCTAD)发布的《2017世界投资报告》显示,2016年全球对外直接投资流量为1.45万亿美元,2016年末存量26.16万亿美元。假如以此为基数计算,2016年全球对外投资流量、存量的13.5%和5.2%由中国对外直接投资贡献,流量规模仅次于美国(2 990亿美元),与上年一样仍位居世界第2位,但所占比例较上年提升3.6个百分点,存量由2015年的第8位跃至第6位,占比提升0.8个百分点。至此,中国吸收外资与对外直接投资并举的双向投资格局正式形成。

表4-6　2010—2016年中国对外直接投资情况

年　　份	2010	2011	2012	2013	2014	2015	2016
年度流量(亿美元)	699.1	746.5	842.2	901.7	1 231.2	1 456.7	1 831.0
年增长率(%)	23.7	6.8	12.8	7.1	14.2	18.3	25.7

• 资料来源:中国商务部:历年《中国对外直接投资统计公报》。

从行业分布来看,2016年中国对外直接投资涵盖了国民经济的18个行业大类。(见表4-7)其中流量上百亿美元的涉及六个领域,租赁和商务服务业保持第一位,制造业首次上升至第二,对服务业的投资超过制造业。流向租赁和商务服务业的投资657.8亿美元,继上年小幅下降后实现81.4%的高速增长,占当年流量总额的33.5%。投资主要分布在英属维尔京群岛、开曼群岛、荷兰、卢森堡等以及中国香港地区国家/地区。制造业投资290.5亿美元,同比增长45.3%,占当年流量总额的14.8%。2016年中国对外直接投资主要领域中,除金融业流量下降外,受国际大宗商品价格低迷的影响,流向采矿业的投资仅为19.3亿美元,同比下降82.8%,从而创下2005年以来中国企业对该领域投资的新低;交通运输/仓储和邮政业16.8亿美元,同比下降38.4%;水利/环境和公共设施管理业8.4亿美元,同比下降38.1%。

表4-7　2016年中国对外投资流量行业构成

行业类别	流量(亿美元)	同比(%)	比重(%)
合　计	1 961.5	34.7	100.0
租赁和商务服务业	657.8	81.4	33.5
制造业	290.5	45.3	14.8
批发和零售业	208.9	8.7	10.7
信息传输、软件和信息技术服务业	186.7	173.6	9.5
房地产业	152.5	95.8	7.8
金融业	149.2	−38.5	7.6
居民服务/修理和其他服务业	54.2	239.1	2.8
建筑业	43.9	17.6	2.2
科学研究和技术服务业	42.4	26.7	2.2
文化/体育和娱乐业	38.7	121.4	2.0

(续表)

行业类别	流量(亿美元)	同比(%)	比重(%)
电力/热力/燃气及水生产和供应业	35.4	65.6	1.8
农/林/牧/渔业	32.9	27.8	1.7
采矿业	19.3	−82.8	1.0
交通运输/仓储和邮政业	16.8	−38.4	0.9
住宿和餐饮业	16.2	124.8	0.8
水利/环境和公共设施管理	8.4	−38.1	0.4
卫生和社会工作	4.9	480.9	0.2
教育	2.8	356.8	0.1

• 资料来源:中国商务部:《2016年度中国对外直接投资统计公报》,2017年。

从制造业的具体流向来看,主要流向汽车制造业、计算机/通信及其他电子设备制造业、专用设备制造业、医药制造业、化学原料和化学制品制造业、橡胶和塑料制品业、纺织业、铁路/船舶/航空航天和其他运输设备制造业、皮革/毛皮/羽毛及其制品和制鞋业、食品制造业等。[1]其中流向装备制造业的投资142.5亿美元,同比增长41.4%,占制造业投资的49.1%(表4-8)。

表4-8 2016年中国对外制造业投资主要流向

制造业类别	流量(亿美元)	占制造业比重(%)
汽车	47.78	16.45
计算机/通信和其他电子设备	39.28	13.52
专用设备	27.3	9.40
化学原料和化学制品	22.37	7.70
其他制造业	18.25	6.28
其他	17.92	6.17
医药	15.86	5.46
橡胶和塑料制品	12.54	4.32
纺织业	12.4	4.27
家具制造业	12.17	4.19
皮革/毛皮羽毛及其制品和制鞋	10.19	3.51
铁路/船舶/航空航天和其他运输设备	8.62	2.97
食品	8.1	2.79
电器机械和器材	6.91	2.38
金属制品	6.62	2.28

[1] 郑钢:《中国境外投资动因、效应及对策研究》,兰州大学博士论文,2008年。

(续表)

制造业类别	流量(亿美元)	占制造业比重(%)
非金属矿物制品	5.87	2.02
有色金属冶炼和压延加工业	5.59	1.92
通用设备制造	4.43	1.52
黑色金属冶炼和压延加工业	4.29	1.48
纺织服装和/服饰	4.03	1.39
总　　计	290.52	100.00

• 资料来源:中国商务部:《2016年度中国对外直接投资统计公报》,2017年。

二、中国对外直接投资与国内产业升级互动的实证分析

根据前文分析,尽管对外直接投资对促进产业结构升级、优化结构调整有积极作用的论述具有一定的理论依据,但直接对外投资是一个受包括政治、文化、经济等多方因素影响的行为,在实践中表现也比较复杂,加之产业结构升级亦比较复杂,诸多已有的实证经验并未得出完全一致性的结论。对外直接投资究竟与国内产业结构关系如何,二者存在怎么样的互动,国内产业结构的调整是对外直接投资的因还是果等问题有进一步探讨的必要。本章在前人研究基础上,从我国目前的发展阶段出发,选取与我国当前发展大体相当的样本时间,实证分析对外直接投资与国内产业升级的互动关系。

(一) 计量方法、变量说明及数据来源

本部分旨在考察中国背景下对外直接投资和母国产业结构相互之间互动关系,即要说明是中国对外直接投资变化导致了我国产业结构调整,还是我国产业结构调整导致中国对外直接投资变化,也要考察我国对外直接投资对中国产业结构的影响程度。鉴于以上两个研究目标,本部分使用因果性检验方法和最小回归方法。

在变量的选择中,最核心工作首先是确定产业结构升级的衡量指标,其次是对外直接投资的指标。产业结构升级从某种程度上可理解为产业朝着优化发展的方向转变的基本态势,根据相关学者的研究,经济增长和产业结构升级之间遵循一定的对应关系,一定的产业结构特点反推出经济系统运行的程度,而产业结构向高级阶段发展的重要表现是第三产业在国民经济中地位越来越重要,而第一产业比重则越来越小。为了衡量产业结构优化发展的程度,可以借鉴本领域学者的通用做法,构造产业结构综合指数,来

间接反映产业结构变化情况。基于上述背景知识和对产业结构动态发展的认知,可以根据已有的客观统计指标来构造能相对衡量产业结构变化的产业结构指数,以便能促进对对外直接投资对产业结构调整作用的实证探究。这里用一个简单的综合加权指数法,用第一、二、三产业比重,附以权重,设计出产业结构指标 indstr。具体构造方法为:

indstr＝B1×1＋B2×2＋B3×3,Bi(i＝1、2、3)为各产业增加值占总产值的比重,因为 Bi 在 0～1 之间,故有 1≤indstr≤3。如果 indstr＝1 或比较接近于 1,可以认为 indstr 指标反映出该国产业结构层次比较低,经济社会是以农为主的农耕社会,经济水平相对很低,如果 indstr＝3 或越接近于 3,可以认为 indstr 指标反映出该国产业结构属于服务业占主导的产业结构,说明经济发展整体水平处在较高层次,第三产业在国民经济中占主导地位,经济水平较高;如果 indstr＝2 或接近于 2,产业结构高度就处在前二者之间。[①]该构造思路主要是第三产业在本国国民经济中的占比,突出服务业与经济发展水平的关联性而设计。

数据来源方面,为保持数据来源的一致性,中国及下文要分析的其他各新兴经济体经济数据三次产业数据来自世界银行数据库,进而测算得出产业结构指标 indstr,中国及下文要分析的各新兴经济体其他经济数据来自联合国贸发会议数据库。图 4-1 报告了我国自 1982 年到 2016 年测算的产业结构指数,结果显示,在选定的时间系列里我国产业结构得到了明显改善。

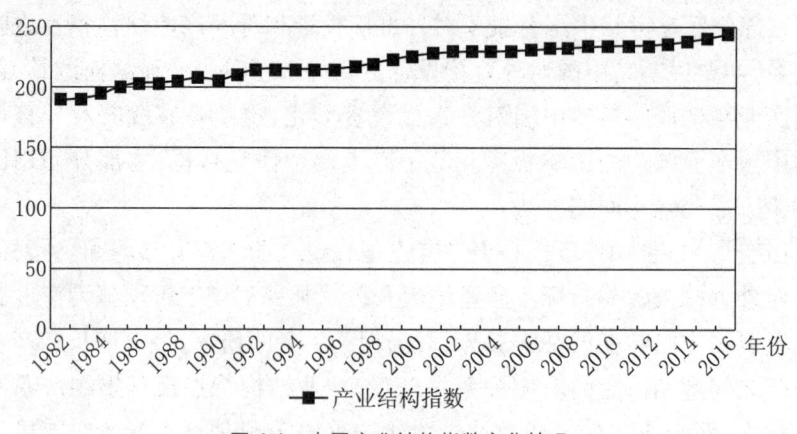

图 4-1 中国产业结构指数变化情况

[①] 陈建奇:《对外直接投资推动产业结构升级:赶超经济体的经验》,《当代经济科学》,2014 年第 11 期。

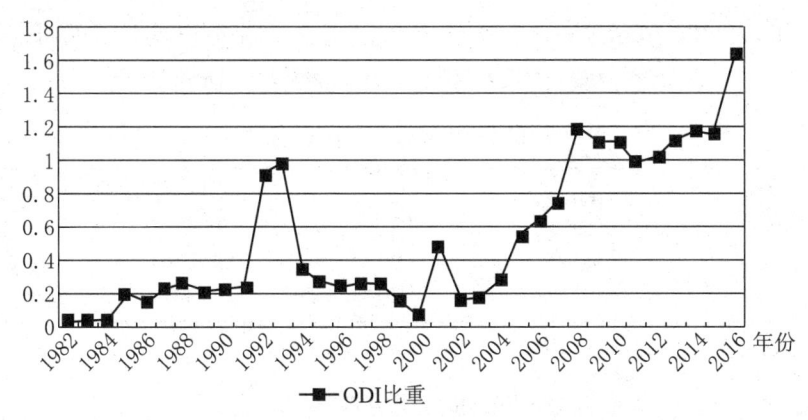

图 4-2 中国对外直接投资占 GDP 比重变化情况(单位:%)

从图 4-2 中可以看出,中国对外投资占比虽然局部有不小的震荡,但总体上逐年增加趋势明显,结合产业结构指数稳定增加的趋势比较明显,二者都有向上发展趋势说明变量之间还是具有某种程度的共同增长趋势,初步说明变量间具有一定的相关性。

(二)单位根检验及协整关系检验

Granger 因果检验法既可以说明两个变量之间关联程度的大小,又利于解释两者双向性的互动关联结构。因果检验法要求检验的时间序列数据是平稳。因此,在因果分析前,首先需检验时间序列数据的平稳性,判断其是否为平稳序列,因为序列的不平稳性是造成虚假因果关系的最重要的因素之一。这里采用 ADF 单位根检验法,用 AIC 准则进行滞后期的选择,其检验结果见表 4-9。结果表明,变量 PODI 和 indstr 在 5% 的显著性水平上均不能拒绝存在单位根的假设,这表明它们的水平序列是非平稳的,具有单位根。而一阶差分后各变量在 5% 的显著性水平上都拒绝了存在单位根的假设,这表明它们是一阶差分平稳的,即 1 阶单整,说明 PODI 和 indstr 都是一阶单整,记为 I(1)。于是,可以进一步检验它们之间的协整关系。

表 4-9 序列平稳性 ADF 检验结果

变量	(c, t)	ADF 检验统计值	ADF 临界值 1%	ADF 临界值 5%	ADF 临界值 10%	整数单阶
PODI	(1, 1)	−0.745 464	−3.639 407	−2.951 125	−2.614 300	I(0)
ΔPODI	(1, 1)	−5.707 788	−3.646 342	−2.954 021	−2.615 817	I(1)
indstr	(1, 1)	−1.842 178	−3.639 407	−2.951 125	−2.614 300	I(0)
Δindstr	(1, 1)	−4.337 302	−3.653 730	−2.957 110	−2.617 434	I(1)

由于 PODI 和 indstr 都是 I(1),说明两者之间存在协整关系的可能性。通过 Eviews 做协整检验,结果如下表 4-10,说明存在协整关系。

表 4-10 PODI 和 indstr 协整检验结果

假设协整数量	特征值	迹统计量	5%临界值	概率
无	0.491 276	25.128 60	18.397 71	0.004 9
至少 1	0.082 059	2.825 549	3.841 466	0.092 8

· 跟踪检验表明 0.05 水平上有 1 个协整方程。

无限制协整秩检验(最大特征值)

假设协整数量	特征值	最大特征值统计值	5%临界值	概率
无	0.491 276	22.303 05	17.147 69	0.008 1
至少 1	0.082 059	2.825 549	3.841 466	0.092 8

· 最大特征值检验表明 0.05 水平上有 1 个协整方程。

我们用方程(4-1)来表示其协整关系。

$$\text{indstr} = c + \beta \text{PODI} + \varepsilon \tag{4-1}$$

利用 Eviews7.2 软件包对方程(4-1)进行参数估计,其结果如表 6-10 所示。

由表 6-9 的数据,可以得出方程(4-2),该方程描述了变量之间的长期稳定关系。

$$\text{indstr} = 207.10 + 24.572 \text{PODI} + \mu t \tag{4-2}$$

这说明 indstr 和 PODI 之间协整关系成立:PODI 与产业结构指数之间存在长期稳定关系,即协整关系,且方程(4-2)是这种长期关系的定量表示。

由方程(4-2)可知,中国对外投资从长期来看对中国产业结构调整与升级有促进作用,对外投资每增长 1 个百分点,可以带动产业结构同方向增长约 24.58 个百分点。但由于 DW 值小于 2,表明残差可能存在自相关,直接回归时方程(4-2)的 DW 值很低,表明残差可能存在自相关,需要对方程(4-2)做进一步的修正和检验。表 4-11 给出了校正后的回归结果。校正后 DW 值为 1.785,较校正前有显著的改善,表明自相关性得到了较大的校正。回归显示,在 1982—2016 年间,我国对外投资对产业结构调整有一定的影响,二者呈现出正相关关系,这与理论上产业结构效应相吻合。模型拟合较好,各系数均通过了5%的显著性检验。F统计显著。残差自相关校正后的回归方程具体数据如方程4-3所示。

$$indstr=210.239+23.785PODI+[MA(1)=0.636,MA(2)=0.373] \quad (4-3)$$

各系数都在1%的水平上显著。

（三）Granger 因果检验

尽管根据以上检验结果,中国对外投资与产业结构调整、产业结构指数之间存在协整,有长期均衡关系。但由于时间序列同步变化等原因,有可能存在伪回归现象。本章用 Granger 因果检验来进一步分析中国对外投资和产业结构指数之间的格兰杰因果关系。

利用 Eviews7.2 软件包对方程进行 Granger 因果检验的结果如表 4-11。

表 4-11　PODI 与 indstr 之间的因果关系检验结果

零假设	观测值	F-统计量	概率
PODI 不是 INDSTR 的格兰杰原因	32	0.511 33	0.678 1
INDSTR 不是 PODI 的格兰杰原因		2.495 09	0.048 1

从 Granger 因果检验结果来看,"对外投资不是引起产业结构变化的原因"的原假设不能被拒绝,说明中国对外投资对产业结构的影响显著。反之,"产业结构变化不是引起对外投资变化的原因"的零假设也被拒绝,说明中国产业结构增长对对外投资的影响较显著。由此,可以认为两变量之间存在因果关系。

（四）实证结果

由以上分析及检验结果可知,尽管 PODI、indstr 两个变量存在单位根,属于非平稳时间序列,但二者的一阶差分是平稳的,都是1阶单整I(1), PODI、indstr 两个变量之间存在协整关系,二者具有 Granger 关系。协整分析表明中国 ODI 与产业结构升级之间存在长期均衡关系。从方程(4-2)的协整回归结果可知,ODI 每变动一个百分点,会带动 23.785 个百分点的同方向产业结构指数变动。已有的研究加上本文的实证表明,中国的 ODI 与产业结构存在一定的互动关系。

第二节 其他主要新兴经济体对外直接投资发展历程与特征

一、印度

以20世纪90年代经济自由化、市场化改革为标志事件,印度对外直接投资与母国产业升级互动的实践可分为两个阶段。这两个阶段中印度对外投资发展的侧重点不同,与国内产业升级的互动也呈现不同的特征。

(一) 20世纪90年代以前

印度对外直接投资始于20世纪60年代。1962年,印度Jay工程公司投资50万卢比在斯里兰卡兴建了一家缝纫机和电扇装配厂,这是印度独立后第一家对外投资的企业,由此拉开了印度对外投资发展的序幕。1947年独立后至20世纪80年代是印度工业发展时期。自独立以来,印度长期实行计划经济模式,由国家经济计划委员会负责制定经济政策,推行以政府直接干预为主的产业发展机制,为尽快实现工业化,把印度建设成为工业强国,从1966年的"二五"计划开始,印度把重工业和基础工业作为优先发展重点,而且为保证经济上的独立,印度独立后长期实行进口替代的发展战略,限制进口、鼓励出口,对国内市场实行严格的保护。与国内产业结构调整与发展重点一致,印度政府一方面严格控制外资在国民经济中的渗透,另一方面则辅以相关政策,鼓励本国企业结合国内产业发展的需要,以适用性技术参与国际竞争,其目的是鼓励本国企业开拓国际市场,扩大出口。这样的政策导向也致使印度成为当时发展中国家对外投资发展较快的国家。20世纪70年代,印度的对外直接投资规模一度高达7 000多万美元,获得了长足的发展,投资规模甚至超过国内引进外资规模,这种情况在当时的发展中国家是比较少见的。

从投资动机来看,20世纪六七十年代为数不少的发展中国家为了保护国内民族工业,纷纷采取进口替代的工业政策,通过限制工业制成品的进口来促进本国工业化,因此印度企业出口遭遇的壁垒较多,印度企业为维护出口市场,选择对外投资设厂的方式开拓国际市场,因此从投资区位看,这一阶段印度对外投资的地理分布主要以周边发展中国家和地区为主,如斯里兰卡、尼泊尔、孟加拉国、马来西亚和印度尼西亚等,其对外投资更多是国际市场环境引致的投资,国内产业发展对对外投资的支持作用不大。另外,印度在中东地区以及非洲的肯尼亚、尼日利亚和毛里求斯等也有一定的投资,主要原因是上述地区有不少印度裔商人而产生了经济联系。此外,在美国、澳大利亚等发达国家也有少量投资。

从投资方式上看,印度对外投资企业主要以合资企业为主,也鲜见采用并购方式,主要原因在于按当时印度的对外投资管理政策,印度政府并不鼓励本国企业在国外办独资企业,特别是在制造业领域。鉴于外汇资源的缺乏,印度政府通常要求本国企业以实物形式进行对外投资,并且规定为境外合资项目投入的机器、设备等必须是印度的国产货,并给予减税和出口补贴的激励,减税和补贴范围扩张到对外投资企业的出口设备和元部件,最高限额达到离岸价格出口额的 10%。同时免税范围拓展到因提供在国外投资中技术服务(管理、营销服务不在此例)获得的技术使用费和专利费收入,投资额中专有技术股的红利也享受免税待遇。一系列的政策体现了政府期待对外投资拉动出口的意图。以合资为主的投资方式也可以降低对外投资风险,这说明印度政府对印度企业对外投资的谨慎的管理原则,体现了印度政府在对外投资与国内产业升级互动过程更多地引入了政府干预,目的是引导对外投资更好地为国内产业升级服务。但鉴于总体投资规模小,此阶段印度对外直接投资与国内产业发展之间的联系并不紧密,对外投资对国内产业升级的作用主要体现在带动相关产品出口方面,[1]印度对外投资对国内产业升级的促进作用非常有限。

从对外投资行业分布的情况看,印度企业的对外直接投资主要集中在制造业,占八成以上,主要投向印度相对于其他发展中国家有一定优势的棉纺和针织、制糖、食品、化工、造纸和制革等领域,投资项目主要集中于技术已经比较成熟或已经标准化的行业。说明此阶段印度对外投资的产业技术优势主要是针对发展中国家的适用性技术,对外投资与国内产业升级的互动具有单向性,即更多是产业发展促进企业进行对外投资,还没有形成良性互动关系。此阶段,印度在政治方面的独立自然而然地要求国家尽快经济独立,但国内市场机制不完善,市场经济不发达,产业发展面临各种资源约束,因此与其他发展中国家一样,印度在产业结构调整与优化发展的过程中政府干预的色彩比较浓厚,自然体现在对外投资与国内产业升级的互动过

---

[1] 如1978年印度向各海外子公司出口的中间产品总领达到了42 500万卢比(合5 300万美元),而这些中间产品在正常贸易的条件下是无法出口的。此外,外汇储备增加了,减轻了印度由于石油进口而造成的外汇压力。

程中政府也会有较多的干预,其对外投资的发展也可看作国内产业发展的有机组成部分,其目的都是围绕国内工业化发展的总体战略而展开,因而印度对外投资对国内产业发展的促进作用主要体现在拓展产业发展的外部市场空间,获得国内产业发展所需的自然资源(如在非洲矿产领域的一些投资),获得对外投资的利润作为资本反哺国内产业发展等。①

表4-12　印度对外直接投资行业情况(截至1983年)

行　业	印方投资额(百万卢比)	占总投资的比重(%)
A:制造业	994	81.4
1. 工程/钢铁/汽车	251	20.6
2. 纺织品	202	16.5
3. 化工/制药	231	18.9
4. 石油	86	7.0
5. 纸/纸浆	143	11.7
6. 玻璃/玻璃制品	35	2.9
7. 食品加工	8	0.7
8. 水泥/皮革/橡胶制品	38	3.1
B:非制造业	227	18.6
总计	1 221	100.0

・资料来源:印度商工部,www.commerce.gov.in。

(二) 20世纪90年代以后

1991年拉奥政府推动市场化改革,随着改革力度加大,市场机制开始发挥作用,印度经济得到快速发展,产业结构的调整从以重工业为主导的发展模式逐步转变为更加强调农业、以农业原料为主的轻工业、电子工业、IT产业、现代服务业的发展,特别是在传统服务业发展的基础上,以信息、商务等现代服务业为主的第三产业飞速发展,促进传统服务业正在向现代服务业转换。在印度产业升级的进程中,对外直接投资与国内产业升级的互动特征更明显。

在对外投资管理方面,1992—1993年度拉奥政府规定无需批准的对外投资现金额为200万美元,在90年代末人民党政府政策提高到400万美

---

① 到1980年初,印度的海外投资总额达到8亿卢比(合1亿美元),汇回的利润收益高达9 700万卢比,由海外直接投资所带动的出口贸易的增加达到6 200万卢比。

元,随着对外直接投资数量增加,这些措施仍不能满足印度企业对外投资需求。2002年印度《外汇管理法》生效后,印度储备银行对境外投资限制进一步减少,标准进一步放宽,允许印度公司对外股份投资和设立独资分公司的资本上限达1亿美元。除银行和地产外,允许其他行业企业进行跨行业投资,各种政策的综合作用,印度对外投资获得显著发展,特别是进入21世纪后规模快速扩张。2003年印度储备银行宣布简化海外投资手续,并大幅度放宽对外投资限额,最高投资额甚至可达到公司上一财政年度的纯利润水平,显示了印度政府强力推动印度企业国际投资的决心。印度储备银行在当年还宣布放宽本国企业在国际金融市场进行商业借贷的限制,这一政策其义在为本国企业投资国外设立合资或独资公司以及进行跨国并购等提供资金支持。这对于具备海外投资能力的印度企业,特别是大企业而言,无疑是很大的政策驱动。这一系列放松对外投资管制的政策极大地促进了印度对外投资规模的扩张,1992年印度对外直接投资额为仅为2 400万美元,2016年对外投资流量达到51.2亿美元,截至2016年底对外投资存量达到1 441.34亿美元。

印度投资目的地主要是美国,其次是俄罗斯。从投资行业来看,印度对外直接投资以软件信息技术服务、制药以及资源开采等为主,在石油和天然气等资源领域,投资主体主要是国有企业,其他行业主要以私人企业为主,特别是信息技术服务为主的服务业发展与对外投资发展形成了良性互动,这也是印度独特的方面。印度IT产业的发展改善了印度服务业的内部结构,为其国内三次产业比例的协调发展打下了坚实的基础,软件和信息服务业也因此成为印度经济中最有活力的成分,也成为印度对外投资的优势产业部门。进入21世纪以后,印度在信息服务和软件服务业上的竞争优势进一步提升,以Infosys等为代表的信息技术服务公司成为印度服务业对外投资发展的重要力量。从投资区域来看,20世纪90年代以前,印度服务业投资主要投向泰国、马来西亚、斯里兰卡和新加坡等国家,90年代后,印度对欧美发达国家服务业的投资迅速增加,其在服务业领域的所有权优势在不断增长,例如Infosys目前在主要发达国家和新兴经济体都有投资,业务遍及全球100多个国家和地区。目前,为了扩大国际市场,为国外客户提供更好的服务,印度信息技术服务类公司仍积极向海外扩张。这些领域对外投资的快速发展拓展了印度服务业的国际市场空间,提升了服务业研发水平,促进了国内服务业的发展,使得印度服务业成为全球服务产业中的重要竞争参与者。

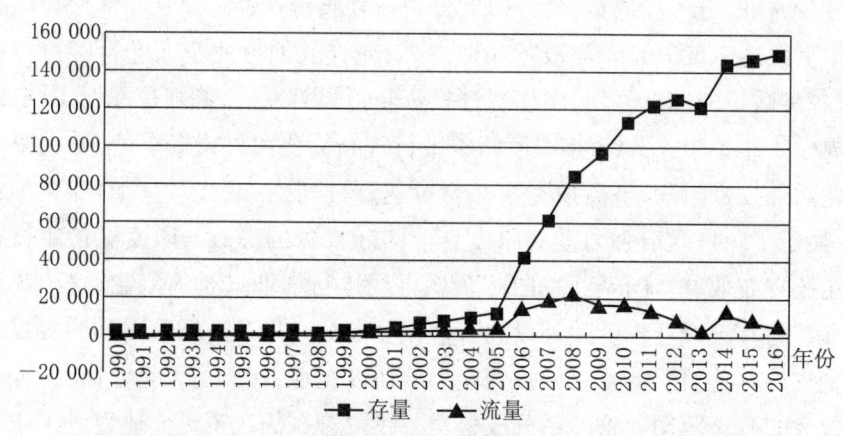

图 4-3　1990—2016 年印度对外直接投资发展趋势(单位:百万美元)

• 资料来源:联合国贸发会议网站,www.unctad.org。

二、韩国

20 世纪 60 年代以来,韩国经济发展快速。伴随着韩国经济实力的不断增强及国际收支状况的好转,韩国企业对外直接投资从无到有,数量不断增加。1968 年,韩国南方开发股份有限公司对印度尼西亚林业部门投资 300 万美元,生产胶合板原料,开创了对外直接投资的先例。[①]自此韩国对外直接投资大体分为三个阶段:

(一)20 世纪 60 年代至 80 年代的起步阶段

20 世纪六七十年代,由于外汇储备不足,韩国对外直接投资规模小,项目少,发展比较缓慢,进入 80 年代,随着外汇储备增加,以及为通过投资促进出口,韩国政府逐渐放松对于对外直接投资的监管,在审批、贷款、保险、税收、信息支持等各方面给予韩国企业对外投资以支持,韩国对外直接投资规模开始扩大。从投资主体来看,这一阶段,韩国对外投资主要以大企业为主导,包括三星等在内的大企业贡献了对外投资总额的九成以上。韩国之所以形成国民经济以及对外投资以大企业集团为主导的局面,是因为韩国政府为了快速实现工业化,发展经济,长期对大企业进行扶持,构建以大企

---

① 金明玉:《韩国对外直接投资的发展轨迹及其绩效研究》,辽宁大学,2008 年。

业为核心的国内产业体系,发挥大企业在国内产业结构转换和经济发展过程中的带头作用,因而在规模、人力、资金、信息等各方面,大企业集团在国内外经济活动中占据多方面的优势,中小企业则以从事小规模的风险较小的劳动密集型投资为主。

从投资区域来看,这一阶段韩国对外直接投资主要集中在以美国为主的北美地区,其次是东南亚地区。80年代后期,由于韩美贸易摩擦的升级,本国货币升值,国内生产要素成本上升等原因,韩国企业生产效益下降,商品出口竞争力降低。为了有效回避贸易保护壁垒并带动出口,获得国内资本与技术密集型产业发展所需要的先进技术,80年代韩国对美国投资增加。韩国同时期在东南亚的投资占比也比较高。韩国在这一区域的投资主要出于两个目的,一是获得当地丰富的自然资源,二是由于这一地区不少区域享受美国的最惠国待遇,对该地区的投资可以在利用东道国低廉的劳动力资源的同时,经第三国进入美国市场,绕过美国的贸易壁垒,巩固美国市场,因而东南亚地区是该阶段韩国直接投资重点区域。

从韩国企业对外直接投资的产业范围与流向来看,其受到政府政策的影响显著,这与韩国经济发展中政府干预力度比较大,一直由政府产业政策主导国内产业升级有关。与日本类似,韩国地域狭小,不少经济与产业发展的关键资源稀缺,为突破资源供给不足的局面,从20世纪70年代中期开始,韩国政府鼓励本国企业大量投资煤炭、石油、林业和矿业,对外直接投资规模逐步扩大,资源获取型的投资占到韩国对外投资的一半以上。韩国对外投资的这种产业分布格局一直持续到80年代中后期。20世纪80年代末,随着世界贸易保护主义重新抬头,韩国一些知名企业如三星、大宇等均面临贸易保护主义限制,韩国政府为绕过贸易壁垒,开始鼓励企业对北美和欧洲进行投资,投资行业主要集中于劳动密集型产业和机械行业,以及为贸易服务的商业企业,其对外直接投资活动主要目的是为了巩固和扩大海外市场。韩国绕开贸易壁垒型对外投资发生在80年代中后期,由于韩国电子、家电产品国际竞争力强,大量出口,不少东道国设置贸易壁垒,韩国企业开始在相关东道国投资设厂,如三星在葡萄牙和英国投资生产收音机、微波炉,[1]这些投资与欧美贸易壁垒有直接关系。此举帮助韩国企业绕开了贸易壁垒,巩固了市场。

---

[1] 江东:《对外直接投资与母国产业升级:机理分析与实证研究》,浙江大学博士论文,2010年。

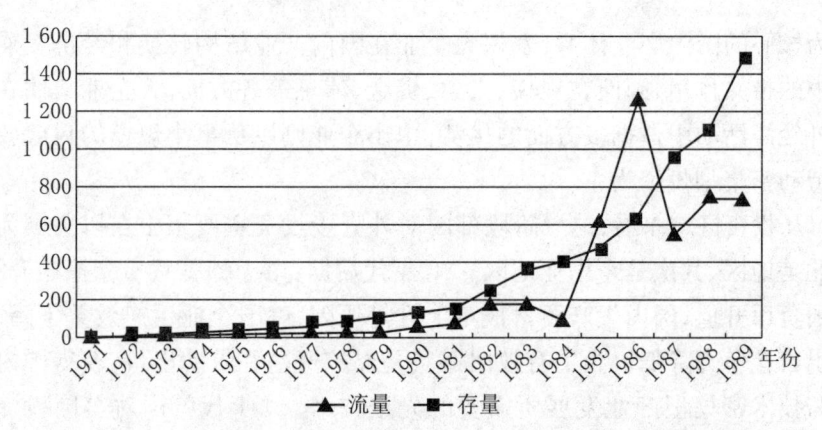

图 4-4 1971—1989 年韩国对外直接投资发展趋势(单位:百万美元)

• 资料来源:联合国贸发会议网站,www.unctad.org。

(二) 20 世纪 90 年代到 21 世纪初期的增长阶段

经过前一阶段的发展,对外直接投资对获取国外资源、开拓出口市场和规避贸易壁垒的积极作用为韩国所重视,因此对对外投资的管制逐步放松。此举进一步促进了对外投资的发展,直至 1997 年亚洲金融危机的发生。金融危机发生后,为稳定国内经济发展,韩国采取了一定的管制措施限制资本外流,因此 1997 年、1998 年和 1999 年这三年韩国对外直接投资均有所下降。截至 1999 年底,韩国对外直接投资村里规模接近 200 亿美元,为 190.9 亿美元(见图 4-5)。

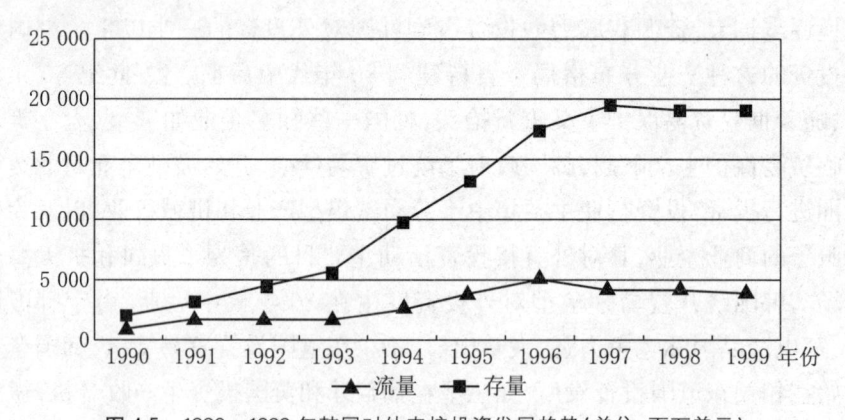

图 4-5 1990—1999 年韩国对外直接投资发展趋势(单位:百万美元)

• 资料来源:联合国贸发会议网站,www.unctad.org。

从投资主体来看,90 年代后,韩国政府意识到了中小企业的重要性,改变了以往过度扶持大企业集团的做法,对于中小企业海外投资同样给予支持与鼓励,相关扶持政策开始惠及国内中小企业,促进了中小企业对外投资发展,其对外投资额占总投资额的比重增加到20%左右,促进了韩国对外投资主体多元化发展,尽管如此,大企业作为对外投资主体的格局依然未变。

20世纪90年代以来,中国、越南等东亚地区国家的经济快速发展,形成了世界范围内最大的市场,对韩国企业有强大的市场吸引力。韩国政府积极鼓励韩国企业选择国内发展较为成熟的产业作为对外直接投资的主体领域,加大在上述地区的投资比重,[①]目的是利用韩国在若干制造业领域的成熟技术优势开发发展中国家市场。1968—1990年,韩国对外直接投资总额达29.21亿美元,其中亚洲为10.71亿美元,占总额的36.7%,对亚洲的投资主要集中在中国、印度尼西亚、印度、越南、泰国等地。[②]与此同时,为避免对外投资的急剧增长对国内产业带来不利的影响,韩国政府从1995年起对海外投资采取了一定抑制政策,规定海外投资的本国资本比率必需在10%以上。1996年韩国通商产业部为了防止本国产业空心化,进一步加强对海外投资项目审批,逐步加强了对海外投资的限制。因此总体上这一阶段韩国对外直接投资规模稳步发展(表4-13)。

表4-13 1995—1998年韩国对外直接投资的区域分布 (单位:百万美元)

年份	1995	1996	1997	1998
亚洲地区	1 649.6	1 620.4	1 492.5	1 547.5
中国	821.8	823.7	627.4	629.8
越南	177.9	97.4	109.2	48.6
印度尼西亚	200.4	153.6	177.4	74.7
泰国	21.7	241.9	186.2	92.9
印度	13.8	150.3	105.2	113.1
北美地区	546.1	1 682.9	564.6	909.7
美国	534.5	1 564.2	554.2	874.0
中南美地区	119.6	256.2	257.8	205.2
欧洲	645.0	658.3	436.2	1020.1
中东	31.6	26.5	68.7	6.2
非洲	41.0	11.5	109.1	84.4
大洋洲	35.2	64.9	82.1	114.4

• 资料来源:韩国进出口银行,https://www.koreaexim.go.kr。

---

① 江东:《对外直接投资与母国产业升级:机理分析与实证研究》,浙江大学博士论文,2010年。
② 金草绿:《韩国对外直接投资动机及对出口影响的实证研究》,山东大学,2014年。

从投资动机来看,此阶段韩国对外投资的动机更加多元化,除了传统的投资动机外,通过对外投资转移国内失去优势的产业,吸收国外先进技术开始变得重要。从投资产业分布来看,这一阶段韩国对外投资一个显著特点是制造业投资所占比重增加,这一转变的主要原因:一方面是韩国将国内生产成本日渐高企的劳动密集型制造业向海外转移,另一方面是在制造业领域对美日欧发达地区的技术寻求型投资增加。韩国推行"科技立国"经济发展战略是推动外投资产业结构的变化的深刻原因,它反映了韩国希望国内产业结构向高技术化发展的战略意图。韩国选择国内发展较为成熟的制造业作为对外直接投资的主体,利用成熟的小规模适用技术开拓市场,这样一方面可将这些即将衰退的边际产业转移到国外,获得相较于国内更高的投资收益,可为国内产业升级提供资金支持;另一方面借助传统边际产业市场出清的时间组织国内技术含量更高的产业有序发展,顺利完成产业结构转换,后期投资发达国家,经由技术学习与合作研发,抢占新兴战略产业发展空间,有效地避免产业空心化问题。[1]进入21世纪以来,在努力巩固制造业领域优势的同时,韩国重点发展文化产业等服务业,力推信息产业与其他产业融合,酝酿新一轮产业升级,从而带动整体经济发展。

(三)2000年以后的扩张阶段

进入21世纪后,韩国对外投资摆脱了亚洲金融危机的影响,开始进入快速扩张阶段。随着周边国家的经济迅速崛起,韩国部分跨国公司逐渐丧失了原有在技术、营销渠道等方面的优势。在此背景下,韩国企业更加重视提高自主研发创新能力以及品牌价值建设,诸多跨国企业试图通过对外直接投资形成局部垄断优势。同时,韩国政府适时提出科技立国的战略,颁布《2025年构想》纲领性文件,表明韩国科技立国的决心。该构想文件提出"鼓励与支持韩国企业到世界经济发展较为发达的国家和地区建立研发组织,学习世界先进科学技术,并逐渐转移至国内应用于生产"等具体措施。在韩国政府的大力鼓励之下,韩国企业的对外直接投资质量也显著改善,投资金额也有了迅猛提升。基于这一战略导向,韩国对欧美发达国家的投资快速增加,对以美国为代表的北美地区的投资超过了亚洲地区。在对亚洲地区的投资中,韩国对中国直接投资额从2007年的57亿美元降至2016年的33亿美元,2013年为52亿美元,2014年骤减到32亿美元,2015年为30

---

[1] 于世海:《中国对外直接投资与产业升级互动机制研究》,武汉理工大学博士论文,2014年。

亿美元,2016年为33亿美元。

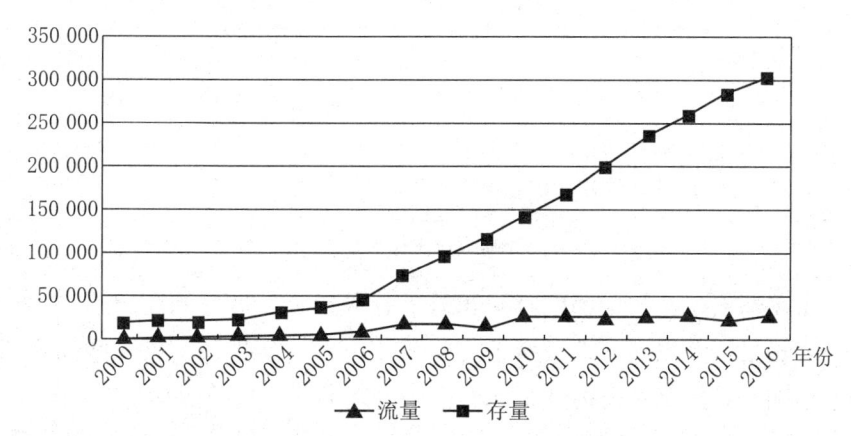

图 4-6　2000—2016年韩国对外直接投资发展趋势(单位:百万美元)

· 资料来源:联合国贸发会议网站,www.unctad.org。

表 4-14　2016—2017年按区域分列的韩国对外直接投资　(单位:十亿美元)

年　份	2016	2017	变化(%)
北　美	14.80	15.77	6.6
亚　洲	11.02	12.28	11.4
拉丁美洲	6.05	7.00	15.8
欧　洲	4.40	6.85	55.6
中　东	1.09	0.65	-40.1

· 资料来源:韩国进出口银行,https://www.koreaexim.go.kr。

表 4-15　2016—2017年按国家分列的韩国对外直接投资　(单位:十亿美元)

年　份	2016	2017	变化(%)
美　国	13.56	15.29	12.8
开曼群岛	4.46	4.98	11.6
中　国	3.37	2.97	-11.9
越　南	2.37	1.95	-17.5

· 资料来源:韩国进出口银行,https://www.koreaexim.go.kr。

从投资产业分布来看,进入21世纪之后,韩国对外投资的方向又转向第三产业,并奉行多元化的投资战略,其中以金融与保险、批发零售为主的服务业超过制造业,成为韩国对外投资的主要行业,改变了原来对外投资多集中于制造业的格局。

表 4-16　2016—2017 年韩国对外直接投资主要产业分布　（单位：十亿美元）

年　份	2016	2017	变化(%)
金融与保险	8.61	12.70	47.5
批发零售	5.80	9.56	64.9
制造业	8.12	7.84	−3.4
房地产租赁	6.62	3.76	−43.3
出版与通讯	1.34	2.31	72.3

• 资料来源：韩国进出口银行，https://www.koreaexim.go.kr。

　　比较韩国产业结构调整时间和对外直接投资发展时间可以看出，韩国对外直接投资对国内产业升级的促进作用存在一定的滞后性。事实上，借助发达国家经济高速发展所带来的强劲外部需求，从 20 世纪 50 年代到 80 年代，韩国进行了大规模的产业结构调整，完成了从以轻工、纺织、制鞋等劳动密集型产品为主的出口导向产业到建立以资本和技术密集型为主的汽车、电子产品和半导体等为主的进口替代产业的调整过程，但直到 20 世纪 80 年代后，对外投资才有大规模发展。进入 20 世纪 90 年代，韩国政府开始着手再度进行新一轮的产业结构调整，着力提升第三产业的比重，韩国对外直接投资的迅速扩大和产业结构调整的推进表现一定的同步性。

三、巴西

　　巴西对外直接投资起步较早，但早期对外直接投资规模很小，直到 20 世纪 70 年代中期才有突破性发展，1971 年巴西对外直接投资仅为 100 万美元，1974 年猛增至至 5 300 万美元，1975 年首次超过亿美元，达到 1.08 亿美元，截至 1980 年其对外直接投资存量达到 385.45 亿美元。20 世纪 80 年代初期部分发展中国家债务危机爆发，其中以巴西等为代表的拉丁美洲受影响最大，巴西对外直接投资从 1983 年的 18.83 亿美元下降到 1984 年 4 200 万美元，下降幅度高达 97.7%，巴西对外投资发展面临第一个大的转折，直到 1986 年才开始恢复增长，这种增长趋势基本维持到 1995 年。1996 年，巴西对外投资历史上首次出现负数，为−4.69 亿美元，随后恢复增长，直至 2001 年对外投资增长再次出现负数。2002 年恢复增长，增长势头一直持续至 2008 年全球金融与经济危机爆发。近年来，由于国内政治危机等原因，巴西经济陷入衰退，对外直接投资规模急剧萎缩，从 2012 年起，连续 5 年巴西年度对外直接投资流量变为负数，来自巴西的投资从 2015 年的 30.92

亿美元跌至 2016 年的－124.34 亿美元,由于反向投资债务流动,对外直接投资呈现负数,主要原因在于 Petrobras 公司通过其在荷兰的全资子公司在国际借贷金融资本市场上筹集了 100 亿美元投向国内母公司所致。此外,巴西跨国公司在年内跨国并购造成的外国资产净撤资的增加也阻碍了 2016 年对外直接投资的扩张。总体上来看,巴西对外直接投资规模比较小,从 1970 年至 2016 年年平均对外直接投资流量不足 20 亿美元,截至 2016 年对外直接投资存量规模为 1 724.41 亿美元。

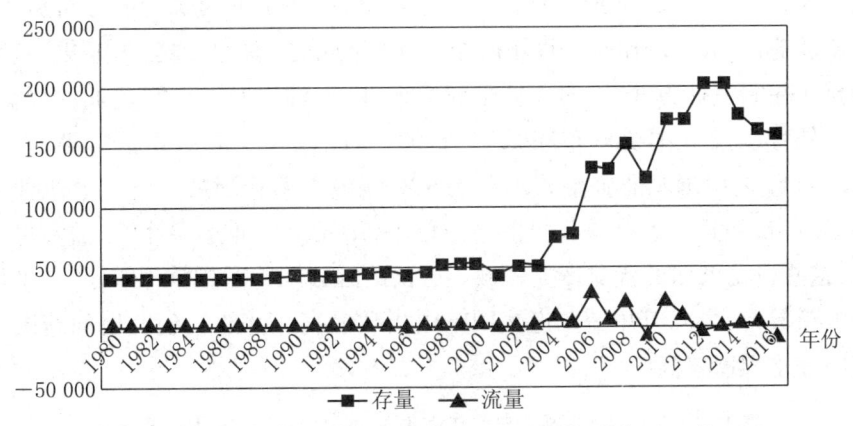

图 4-7　1980—2016 年巴西对外直接投资发展趋势(单位:百万美元)

• 资料来源:联合国贸发会议网站,www.unctad.org。

巴西对外直接投资发展缓慢的主要原因是经济增长缓慢所致,虽然在 20 世纪 60 年代末期和 70 年代早期,巴西曾出现过经济"增长奇迹",90 年代经济改革也曾促进经济增长,但 1982 年拉美国家发生债务危机,巴西是比较严重的国家,1999 年巴西又发生货币危机,对国内经济产生严重影响,由于这两次大的危机的影响,20 世纪 80 年代和 90 年代巴西陷入经济衰退。自 2014 年开始,巴西经济又陷入滞涨,制约了对外直接投资的扩张。此外,近年来巴西对外直接投资遭遇的困境也与巴西跨国公司对外投资大幅减少有关。2016 年拉丁美洲跨国公司的对外投资出现了明显下降,因为他们的外国分支机构将重要的资金流返还给了他们的母国。该地区的对外直接投资惊人地下降了 98%,仅为 75 100 万美元。公司内部贷款(其他资本)流动的波动严重影响了资金外流,随着发展,流入量进一步下降。紧张的资产负债表和国内经济收缩促使该地区许多 MNEs 通过加速其外国附属公司偿还未偿还债务或减少其企业集团内部债务融资的供应来巩固资本。

其他资本流动也受到债务工具反向投资大幅增加的影响,因为外国分支机构将企业债务市场筹集的资金转回拉美的母国。

巴西产业结构与发达经济体类似,以服务业为主。2016年服务业增加值占GDP的比重高达73.3%,巴西经济增长比较依赖私人消费,但人均GDP远低于发达经济体的水平,这是巴西经济波动大,无法维持长期稳定增长的原因,它直接导致巴西对外直接投资呈现总体规模小,波动幅度大的特点。巴西制造业在GDP所占比重比较低,2016年工业增加值占GDP的比重仅为21.4%,产业结构存在去工业化倾向,2008年全球金融危机后,巴西制造业占GDP的比重一度下降至2010年底的13.5%,"去工业化"趋势明显。在制造业方面,巴西主要依赖采矿业、石油以及一般制造业,因此巴西对外直接投资主要分布在采矿、石油、食品以及一般商业服务等领域。2015年发展中国家非金融跨国公司100强中巴西跨国公司有6家企业上榜(表4-17),这6家跨国公司主要分布在采矿业、石油、食品生产、航空等领域,这些也是巴西的优势产业领域。巴西跨国公司跨国指数总体较高,平均跨国指数为42.4,其中盖尔道集团跨国指数最高,为59.4,说明巴西跨国公司国际化程度较高。

表4-17 2015年发展中国家非金融跨国公司100强中的巴西跨国公司

公司	按资产排名	所属行业	资产(百万美元) 海外资产	资产(百万美元) 总资产	销售额(百万美元) 海外销售额	销售额(百万美元) 总销售额	雇员人数(人) 海外雇员	雇员人数(人) 总雇员	跨国指数(%)
巴西淡水河谷公司	7	采矿业	35 338	87 251	21 688	25 605	15 268	74 098	48.6
巴西JBS公司	44	食品生产	13 787	30 932	34 613	48 790	109 727	238 020	53.9
巴西盖尔道集团	52	金属及金属制品	11 941	17 699	8 849	13 052	15 054	35 145	59.4
巴西石油公司	69	石油	9 899	227 284	12 865	96 325	6 856	78 472	8.8
巴西航空公司	57	航空	5 497	11 506	4 777	6 080	4 841	23 050	49.1
巴西食品公司	97	食品	4 954	10 198	4 839	9 642	5 245	96 000	34.7

• 资料来源:联合国贸发会议网站,www.unctad.org。

巴西对外直接投资区域分布有两个特点。首先,巴西对外投资主要集中在拉美地区,特别是对智利、委内瑞拉、阿根廷的投资所占的比例之和高达六成以上。这一现状符合传统发展中国家对外直接投资理论的描述,即发展中国家对外投资起步阶段倾向于在周边文化传统类似的国家和地区开展投资。当然,巴西在拉美地区的投资也是因为巴西是拉美地区经济最发达的国家,投资于该地区其他发展中国家可以更好地利用巴西企业的优势,因此巴西对外投资总体上是资产运用型投资。其次,目前巴西对亚洲新兴经济体,特别是中国的投资增加较快。主要原因有两个方面,一是包括中国在内的亚洲新兴市场是消费增长最快的市场,自然吸引了巴西企业的目光,另一方面,巴西的目的是通过与中国的国际产能合作,推动国内制造业的发展,扭转国内"去工业化"的趋势。

近年来,拉美跨国并购活动比较疲弱,该地区跨国公司的净购买价值暴跌86%,至7亿美元,与2012年高峰时期的310亿美元相比,这一数字可谓天壤之别。再投资收益也显著减少了39%,反映了拉美地区投资的利润较低,特别是在采掘部门。从2014年开始,巴西跨国并购急剧减少,从2014年到2016年,已经连续三年出现负数,跨国并购额分别为-29.73亿美元、-22.12亿美元和-60.56亿美元,其主要原因是巴西跨国公司通过跨国并购方式减少了对外投资,及跨国并购购买额少于跨国并购销售额。从经营绩效来看(表4-18),通过2017年世界500强巴西上榜跨国公司营业收入和利润情况可以看出,巴西跨国公司总体经营绩效有一定竞争力。

表4-18 2017年世界500强巴西上榜跨国公司

排名	企业	所属行业	营业收入(百万美元)	利润(百万美元)	员工数(人)	平均营业收入(万美元)	平均利润(万美元)
75	巴西国家石油公司	炼油	81 405	-4 838	68 829	118.27	-7.03
113	伊塔乌联合银行控股公司	商业银行	66 876.3	6 666.4	94 779	70.56	7.03
151	巴西银行	商业银行	58 093.4	2 013.8	100 622	57.73	2.00
154	巴西布拉德斯科银行	商业银行	57 442.7	5 127.9	94 541	60.76	5.42
191	巴西JBS公司	食品生产	48 825.3	107.7	237 061	20.60	0.05
370	巴西淡水河谷公司	采矿、原油生产	29 363.0	3 982.	73 062	40.19	5.45
487	Ultrapar控股公司	能源	22 166.8	447.5	15 173	146.09	2.95

• 资料来源:世界500强网站,www.fortunechina.com。

四、南非

在新兴经济体中,南非是对外直接投资起步较早且发展较快的国家。早在20世纪70年代,南非对外直接投资已达7.14亿美元,年平均对外直接投资额高达7 000多万美元,截至1979年南非对外直接投资存量高达

47.87亿美元。由于种族隔离制度带来的影响，南非国内政局和经济发展波动较大，南非对外投资波动也非常大。进入20世纪80年代初期，南非对外投资发展势头戛然而止，1982年呈现负增长，随后重拾升势，经过1983年和1984年两年的高速增长后，由于当时国际社会对南非的制裁，南非对外投资急速减少，这种大幅度波动发展的状态直至1997年南非永久废除种族隔离制度，自此南非对外直接投资步入稳步发展轨道，对外投资规模不断扩大。1998年至2016年南非年平均对外直接投资额度为690.86亿美元，对外直接投资存量从1997年的192.71亿美元增加至2016年的1 728.27亿美元，规模增加近8倍。随后的发展大致可以划分为三个阶段：第一个阶段是1997年至2002年，废除种族隔离制度后对外投资的高增长因21世纪初期美国互联网泡沫经济破灭，2001年和2002年连续两年南非对外投资出现负增长。第二个阶段是2003年至2011年，其间增长势头因2008年国际金融危机影响而中断。南非2008年经济增速放缓，对外直接投资随之大幅度下滑，主要原因在于国内母公司遭遇资金危机，海外企业不得不大量调回资金所致。第三个阶段从2012年开始，南非对外直接投资开始恢复增长。但近年来，受全球经济增长缓慢尤其是欧债危机拖累，南非矿业和交通运输业等支柱产业受到较大冲击，经济低迷，2015年对外直接投资从2014年的642.02亿美元急剧下降至270.89亿美元，年度流量规模下降了57.8%，2016年对外直接投资流量仍维持在272.72亿美元的水平。

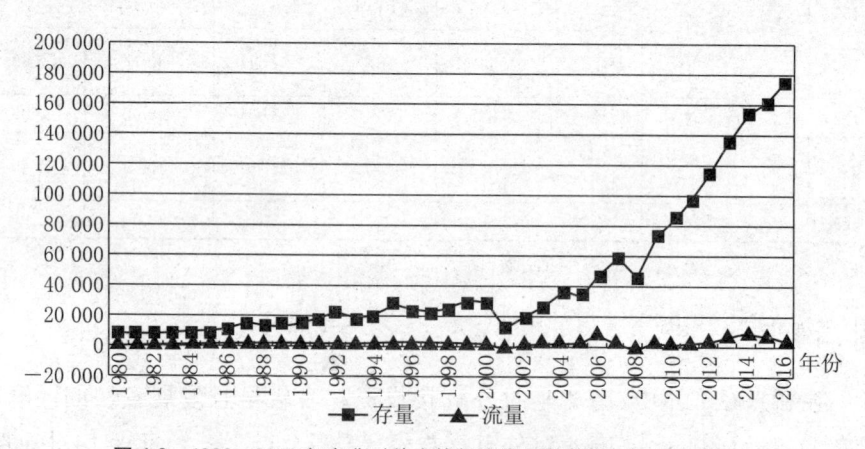

图4-8　1980—2016年南非对外直接投资发展趋势（单位：百万美元）

• 资料来源：联合国贸发会议网站，www.unctad.org。

南非是非洲经济最发达的新兴经济体,国内产业结构以服务业为主,2016年三大产业增加值占当年GDP的比重分别为农业2.5%、工业28.9%、服务业68.6%。制造业、建筑业、能源业和矿业是南非工业四大部门。2016年南非制造业增加值3 836亿兰特,占当年GDP总额的12.5%。制造业门类相对齐全。近年来,纺织与服装等传统行业逐渐萎缩,汽车制造等产业发展较快。此外,矿业也是南非国民经济的重要支柱产业之一。2016年,矿业增加值2 253亿兰特,占GDP的7.3%。南非采矿业历史悠久,采矿技术较为先进,是其经济支柱之一。南非对外直接投资产业分布特征体现了南非国内的产业结构特征。南非的对外直接投资中,目前采矿业占了16%,它是自然资源非常丰富的国家,国内供给相对充足,南非企业主要是利用南非在采矿业领域的领先技术在国外开拓市场。此外,南非在一般制造业领域的投资占19%,主要是非耐用消费品领域投资;服务业占了28%,以金融、信息、传媒为主。[①]为改变经济增长过度依赖原材料和初级产品出口的现状,祖马政府上台后,加大政府对经济的干预力度,政府以宏观调控为主要手段,加快推进经济社会转型,重点发展高附加值制造业,以及劳动密集型产业带动就业和出口。南非政府正在重点实施"工业政策行动计划"和"基础设施发展计划",加快铁路、公路、水电、物流等基础设施建设,提升制造业竞争力。同时积极推动经济特区和工业园区发展。南非系列措施如果取得成效的话,有望在未来促进南非制造业对外直接投资的发展。

表4-19 近年来跨国并购占南非对外直接投资的比重

年 份	2012	2013	2014	2015	2016
跨国并购额(百万美元)	825	2 368	1 895	559	512.7
对外直接投资流量(百万美元)	2 987.59	6 648.95	7 669.43	5 743.60	3 382.08
跨国并购所占比重(%)	27.61	35.61	24.71	9.73	15.16

• 资料来源:作者根据UNCTAD《2017世界直接投资报告》数据计算。

从投资区域分布特征来看,南非对外直接投资主要流向以英国为主的欧美国家,英国、荷兰和美国等欧美国家同时也是南非最大投资来源地,体现了南非历史传统上和欧美发达国家的经济联系比较紧密。近年来其对中国、印度等新兴经济体和非洲其他国家的投资不断增加。南非对新兴经济

---

① 杜兆永:《金砖国家对外直接投资的比较研究》,南京理工大学,2013年。

体的投资体现了南非在采矿业、金融、基础设施领域的优势。从投资方式来看,近年来跨国并购在南非对外直接投资中所占比重下降,目前南非对外投资主要是绿地投资的方式,主要原因在于南非对外投资规模仍然较小,企业资本势力不足。

五、马来西亚

马来西亚企业的对外投资始于 20 世纪 70 年代马来西亚国营企业对英国跨国公司的收购。早期马来西亚经济以农业为主,依赖石油、天然橡胶、锡、棕榈油、木材等初级产品的生产和出口,早期对外投资也主要以初级产品生产为主。马来西亚从 60 年代后半期开始实行工业化政策,政府实行了第一个五年计划(1966—1970 年)和第二个五年计划(1971—1975 年),目的是推动国内经济由依赖初级产品转向重视制造业发展的政策。这两个五年计划实施后,马来西亚制造业得以发展,农业在国内生产总值中所占的比重有所降低。具体而言,60 年代初期,马来西亚橡胶、食品等部门所占的比重较高,到了 60 年代后半期,金属、纺织和食品等工业部门所占的比重提高了。70 年代以后,除上述产业外,马来西亚的电机、精密机器等增长较快,其中纺织业是马来西亚重要的出口工业。电子机器工业部门的发展主要是依靠电子部件装配工业的发展。自 1973 年前后开始,日本、美国、德意志联邦共和国的资本相继进入马来西亚,在短时间内电子工业便发展成为出口产业,成为对外投资的主体。精密机器工业同样也是依靠外资发展起来的面向出口的工业部门。这说明马来西亚面向出口的轻工业部门有了一定发展优势,但由于国内市场狭小,与重化工业有关的配套产业发展缓慢,马来西亚的重化学工业部门始终得不到发展。在工业化进程的推动下,七八十年代,马来西亚对外直接投资增长迅速,年平均对外投资流量为 2.37 亿美元,其中 1982 年投资额最高达到 2.93 亿美元。随着制造业的发展,国内产业结构得以改善,对外投资产业结构得到优化,对外投资中制造业、金融和贸易所占比重显著上升,1980—1990 年马来西亚对外直接投资存量中制造业占 32%,房地产业占 31%,金融业占 23%,其后是贸易,[①]贸易方面的投资大多是国内企业辅助出口业务而设立的,投资方式以合资为主,跨国并购方式较少使用,投资主要目的地为东南亚地区,集中在新加坡、泰国,以及中

---

① 王勤:《马来西亚对外直接投资的兴起》,《国际经济合作》,1992 年第 7 期。

国香港地区等。对发达国家的投资主要集中在原宗主国英国。80年代马来西亚对外直接投资的主要推动因素有两个方面：一是随着经济发展，国内面临劳动力成本上升与劳动力缺乏的双重压力，政府推行的出口导向战略虽然有助于本国企业开拓国际市场，但也不可避免受到其他国家贸易壁垒的阻碍，特别是东南亚地区不少国家产业结构相似，因此马来西亚企业面临来自本区域其他国家企业的激烈竞争，出口对国内经济增长的拉动有限，这迫使国内企业逐步转向海外投资，以森那美为代表的马来西亚大企业集团跨国积极向外扩张。第二个推动因素源自政府对对外投资的大力支持，当时马来西亚政府在税收、投资监管等各方面对企业国外投资设厂予以支持，尤其支持本国优势产业领域的企业开展对外投资活动。

进入90年代后，马来西亚对外投资增速有所下降。在东南亚金融危机之前，政府对对外投资仍持支持的态度，重视马来西亚企业的国际化发展。受东南亚金融危机的影响，1998年马来西亚对外直接投资从1997年的26.75亿美元下降到1998年的8.63亿美元，下降了67.7%，但1999年很快恢复增长，当年对外直接投资流量达到14.22亿美元，此后基本维持增长态势。2009年受国际金融危机的影响，对外投资略有下滑，但2010年即重拾升势，对外直接投资的历史最高值为2014年的163.69亿美元，截至2016年对外直接投资存量规模为1 269.37亿美元。

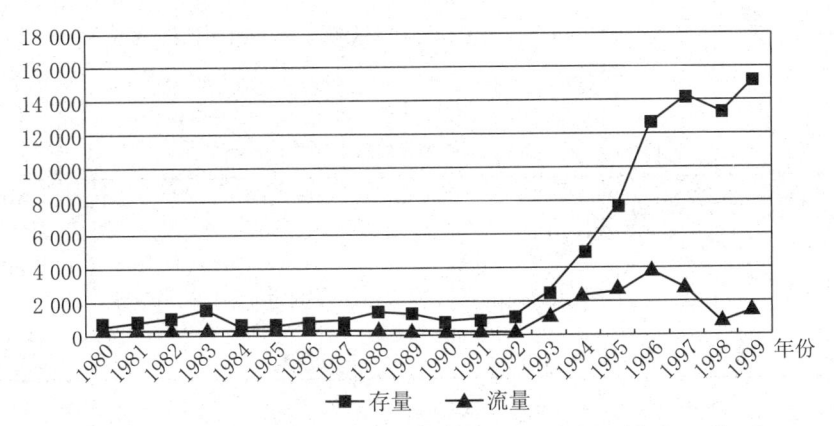

图4-9 1980—1999年马来西亚对外直接投资发展趋势(单位：百万美元)

• 资料来源：联合国贸发会议网站，www.unctad.org。

进入21世纪以后，马来西亚着力进行产业结构转型升级。一方面发展信息通讯、电子仪器等高技术制造业，另一方面发展旅游业等，目的是促进经济结构从传统的出口导向模式向知识经济转化,增强发展潜力。近年来,马来西亚海外投资以制造业和资源型产品开采加工为主,服务业对外投资也得到一定发展,对外投资行业主要涉及电子电器、化工、机械机电、橡胶及木材加工、食品加工以及原油开采和油棕树种植经营等领域,服务业则以酒店、商业零售为主。跨国并购方式受到马来西亚企业的重视,2010—2016年,马来西亚跨国并购额占对外直接投资额的比重年平均值为26.35%,2012年由于马来西亚跨国公司大规模并购的推动,当年跨国并购占对外直接投资的比重高达53.11%。

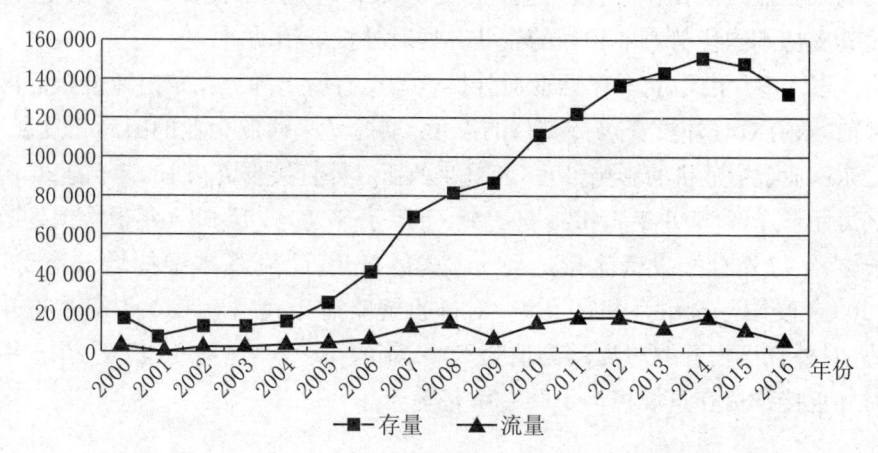

图4-10 2000—2016年马来西亚对外直接投资发展趋势(单位:百万美元)

• 资料来源:联合国贸发会议网站,www.unctad.org。

表4-20 2010—2016年马来西亚跨国并购所占比重

年份	2010	2011	2012	2013	2014	2015	2016
跨国并购额(百万美元)	2 372	3 380	9 105	2 322	1 048	3 904	1 635
对外直接投资流量(百万美元)	13 399.08	15 248.91	17 143.10	14 107.17	16 369.07	9 899.42	5 601.26
跨国并购所占比重(%)	17.70	22.17	53.11	16.46	6.40	39.44	29.19

• 资料来源:UNCTAD《2017世界直接投资报告》。

马来西亚跨国公司是该国对外直接投资的主体。与其他资源丰富的经济体如俄罗斯、巴西、南非相比,马来西亚跨国公司行业分布更加广泛,既有来自第二产业领域的采矿、采掘和石油、建筑等,也有来自服务业领域的酒店与餐饮、电信、批发等,因此马来西亚对外直接投资行业分布更加多元化。

可以看出，马来西亚跨国公司跨国指数普遍较高，这与马来西亚国内市场较小，这些企业更注重跨国经营有关。

表4-21 2015年发展中国家非金融跨国公司100强中的马来西亚跨国公司

公司	按资产排名	所属行业	资产（百万美元）海外资产	资产（百万美元）总资产	销售额（百万美元）海外销售额	销售额（百万美元）总销售额	雇员人数（人）海外雇员	雇员人数（人）总雇员	跨国指数（%）
马来西亚国家石油公司	5	采矿、采掘和石油	47 912	139 868	46 459	63 322	10 630	53 149	42.5
云顶集团	35	酒店与餐饮	17 055	20 734	2 890	4 628	40 300	62 000	69.9
YTL公司	41	建筑	14 412	17 691	3 333	4 849	8 627	11 000	76.2
亚通公司	60	电信	10 613	13 011	3 264	5 084	21 050	25 000	76.7
森那美	73	批发	8 819	16 508	8 587	12 655	27 627	108 630	48.9

• 资料来源：联合国贸发会议网站，www.unctad.org。

六、泰国

泰国的对外直接投资始于20世纪70年代。在起步阶段，泰国的对外直接投资发展非常缓慢，1983—1986年连续4年每年对外投资流量只有1万美元，1987年首次达到1亿美元，但随后投资流量大幅下降，这种状况一直持续到90年代，截至1989年，泰国对外直接投资规模存量仅为2.58亿美元。这一阶段，泰国对外直接投资发展缓慢的原因主要有两个：一是这一阶段泰国国内经济发展水平不高，人均GDP较低，根据邓宁的投资发展周期理论，一国只有在以人均GDP衡量的国民经济发展到一定阶段才会有大规模的对外直接投资活动，因此这一阶段泰国对外投资受国内经济水平制约无法大规模发展。第二个原因是为将有限的资本用于国内建设，泰国政府对国内企业对外投资的管制比较严格，限制对外投资。进入90年代，泰国对外直接投资发展总体比较平稳，主要原因在于经过80年代经济的快速增长，泰国企业的国际化步伐加快，年度平均对外直接投资流量为4.08亿美元，1999年存量规模达到30.12亿美元，与80年代相比，有大幅度扩张。但在此期间，受东南亚金融危机的影响，90年代末期对外直接投资规模减小，增速下降，这种趋势一直持续到2000年，当年泰国对外直接投资流量出现负值。2002年泰国经济基本恢复增长，从2003年开始，泰国对外直接投资也开始恢复增长。这段时期，泰国对外投资以东南亚地区为主，大多流向邻近的国家和地区，投资多以初级产品加工、资源开采为主。

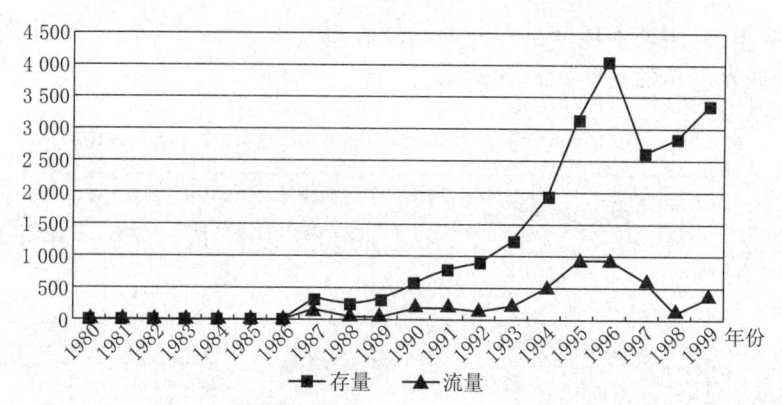

图 4-11 1980—1999年泰国对外直接投资发展趋势(单位:百万美元)

• 资料来源:联合国贸发会议网站,www.unctad.org。

进入21世纪以来,经历了21世纪初期的波动后,自2005年开始,泰国对外直接投资开始快速增长。2007年泰国央行对外资流动放松管控后,对外直接投资规模快速扩大,2007年首次突破20亿美元大关,达到21.08亿美元,2008年受金融危机的影响略有下降,但2009年继续大幅度增长。为了缓解本币升值压力,泰国政府鼓励企业进行跨国投资,对企业对外直接投资活动给予支持。2010年泰国央行进一步放宽境外投资限制,泰国对外投资出现了井喷式增长,2012年首次突破百亿美元大关,达到104.97亿美元。2014年开始,受全球经济疲软、政策不确定性和地缘政治风险等影响,全球直接投资出现下降趋势,在这种背景下,泰国对外直接投资也连续两年出现下降,2016年泰国对外直接投资重回百亿美元规模,达到132.29亿美元,对外直接投资存量规模达到856.36亿美元。

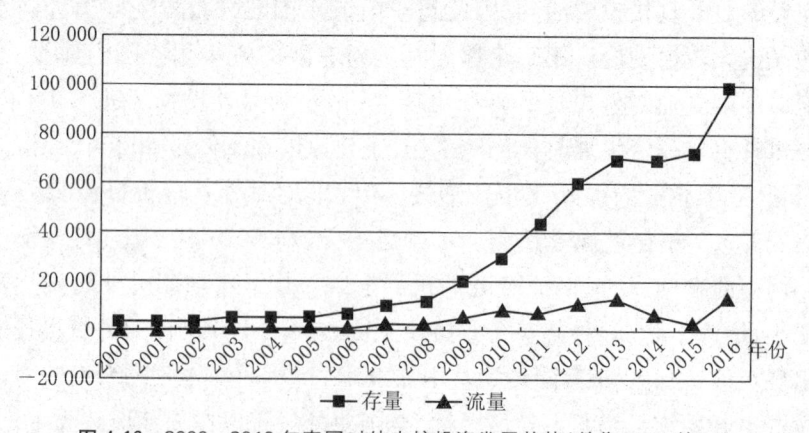

图 4-12 2000—2016年泰国对外直接投资发展趋势(单位:百万美元)

• 资料来源:联合国贸发会议网站,www.unctad.org。

从对外直接投资的区域分布情况来看,目前,东南亚是泰国对外直接投资的重点区域,其中大部分投资集中在东盟国家,其次是日本、中国香港地区和印度。根据泰国央行提供的数据,2017年泰国对东盟十国投资流量为1 270.96亿美元,占当年总投资额的29.84%。其中对新加坡投资为421.35,占当年对东盟十国投资量的32.97%;对越南投资次之,为196.35亿美元,占比15.35%;对缅甸投资164.56亿美元,占比12.90%;对印度尼西亚投资147.81亿美元,占比11.61%;对马来西亚投资142.91亿美元,占比11.21%;对老挝投资128.82亿美元,占比10.11%;上述六国的投资占泰国当年对东盟投资总量的94.15%。对文莱投资最少,仅为0.16亿美元。中国香港地区是泰国在亚洲的第二个重要投资地区,2017年投资额为503.13亿美元,占泰国当年投资流量的11.82%。对发达经济体的投资中,投资额最大的是美国,为263.153亿美元,占当年投资流量的6.18%,其次是英国,为157.87亿美元,占比3.71%,随后是日本,投资142.48亿美元,占比3.35%。此外,对开曼群岛的投资为382.18亿美元,占当年对外投资的比重为8.97%,主要以金融投资为主。

从对外直接投资的行业分布来看,泰国对外直接投资主要集中在采矿业、制造业、金融与保险行业。2017年,这三个行业的对外投资流量总计为552.06亿美元,占泰国当年对外投资的比重为81.76%,其中金融与保险业为对外投资第一大行业,为270.43亿美元,占比40.05%,其次为采矿业,对外投资为182.79亿美元,占比27.07%。泰国属于矿产资源比较丰富的经济体,主要矿产资源有钾盐、天然气、石油、褐煤、油页岩、锡、锌、铅、钨、铁等,其中钾盐储量居世界第一,锡储蓄量占世界总储量的12%,其他如天然气、石油和煤的储量都比较大,国内采矿业的发展是泰国在相关领域直接投资得以发展的基础。制造业对外投资98.84亿美元,占比4.64%。制造业中对其他非金属矿物制品的制造领域的投资为40.51亿美元,占制造业对外投资的41%,机动车制造领域投资为36.80亿美元,占制造业投资的比重为37.24%。电子设备制造是制造业投资的另一个重要领域,2017年泰国对该领域的投资为9.30亿美元,占制造业投资的比重为9.41%。20世纪80年代,泰国制造业尤其是电子工业、汽车及汽车零配件、加工食品和化工产品等行业发展迅速,产业结构变化明显,这也是泰国制造业对外投资得以较快增长的原因。

从投资方式来看,跨国并购在对外直接投资中所占的比重并不稳定,近几年,占比最高的年份为2013年,当年跨国并购额占对外直接投资流量的比重为82.22%,2016年则下降至33.74%,主要原因在于泰国跨国并购主要由国内若干大企业主导,跨国并购与企业经营战略不无关系,并不会有持续稳定的规模,因此泰国对外投资跨国并购所占比重容易波动,也因此可以推断,泰国企业对外直接投资仍以传统的绿地投资方式为主。

表 4-22 2010—2016年泰国跨国并购所占比重

年　份	2010	2011	2012	2013	2014	2015	2016
跨国并购额(亿美元)	28.10	45.69	56.59	96.02	−14.98	12.14	44.63
对外直接投资流量(百万美元)	79.40	60.72	104.97	116.79	55.75	16.87	132.29
跨国并购所占比重(%)	35.39	75.24	53.91	82.22	−26.87	71.95	33.74

• 资料来源:UNCTAD《2017世界直接投资报告》。

2015年发展中国家非金融跨国公司100强中,泰国仅有一家企业上榜,即泰国万浦集团公司。该公司是世界煤炭能源著名企业,在煤炭和电力行业都拥有丰富的经验。万浦公司在中国也有投资,万浦投资(中国)有限公司总部设在北京,经营着中国北方的两座井工煤矿以及三家热电联产电厂。2003年万浦集团开始涉足中国煤炭行业,从事煤炭开采的投资与开发。万浦中国目前通过母公司万浦集团持有山西高河能源有限公司(高河煤矿)45%的股份和鹤壁中泰矿业有限公司(鹤壁煤矿)40%的股份。2006年初,万浦投资(中国)有限公司正式进军中国电力市场,目前在中国北方拥有并运营三家热电联产电厂,分别位于河北省的正定县、滦南县及山东省的邹平县。此外,自2016年以来,万浦中国通过在山东省投资四个光伏发电项目和在浙江省投资一个光伏发电项目,将业务扩展到新能源领域。

第三节　其他主要新兴经济体对外直接投资与母国产业升级互动的实证检验

一、计量方法、变量说明及数据来源

包括中国、印度、马来西亚、南非、韩国、泰国、巴西等新兴经济体各国家/地区第一产业、第二产业及第三产业的增加值数据以及国内生产总值的数据来源于世界银行统计数据库,对外直接投资流量与存量的数据同样来源于联合国贸易与发展会议数据库。样本取样时间范围为1980—2016年

总共 37 年,各个指标的数值为当年的数据,使用数据类型为年度时间序列数据,本部分研究的新兴经济体包括中国、印度、马来西亚、南非、韩国、泰国、巴西等国。

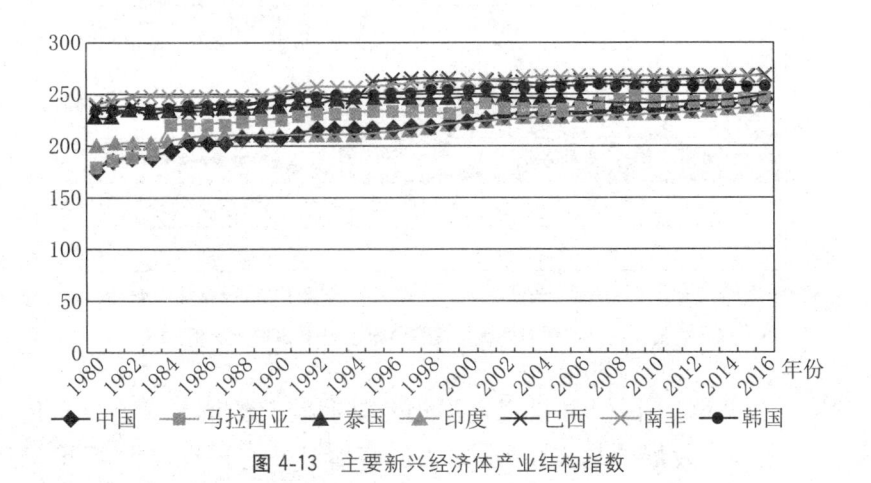

图 4-13 主要新兴经济体产业结构指数

实证研究首先要构造变量。产业结构指标同样需要产业结构指数方法构造,具体过程请参照本章第二节内容。从图 4-13 可以看出,从 1980 年至 2016 年,样本中 6 个新兴经济体产业结构都得到了改善。为区分方便,产业结构指数如前文一样命名为 indstr、对外直接投资占 GDP 比重为 PODI。在保持指标名称与国别结合原则下,各国的相应指标分别为韩国(kindstr, KPODI)、南非(sindstr, SPODI)、马来西亚(mindstr, MPODI)、泰国(tindstr, TPODI)、巴西(bindstr, BPODI)、印度(inindstr, IPODI),显而易见,各国产业结构指数分别为 kindstr、sindstr、mindstr、tindstr、bindstr、inindstr。如图 4-14 所示。

由图 4-14 可看出,中国所占比例缓慢上升,表现比较平稳,原因在于尽管中国对外直接投资规模扩张很快,是新兴经济体中对外直接投资规模最大的国家,但与此同时,中国的 GDP 规模扩张也快,目前中国 GDP 居世界第二位,因此表现出的特点就是中国对外投资占 GDP 的比例偏低。中国的对外投资流量与 GDP 比率长期低于世界平均水平,也低于新兴经济体平均水平。2012 年我国对外直接投资存量与 GDP 比重依然只有 6%,但近年来这一比例上升较快。2016 年,中国对外直接投资存量占 GDP 的 11.4%,而世界、发达经济体、新兴与发展中经济体的比率分别为 34.6%、44.8%、

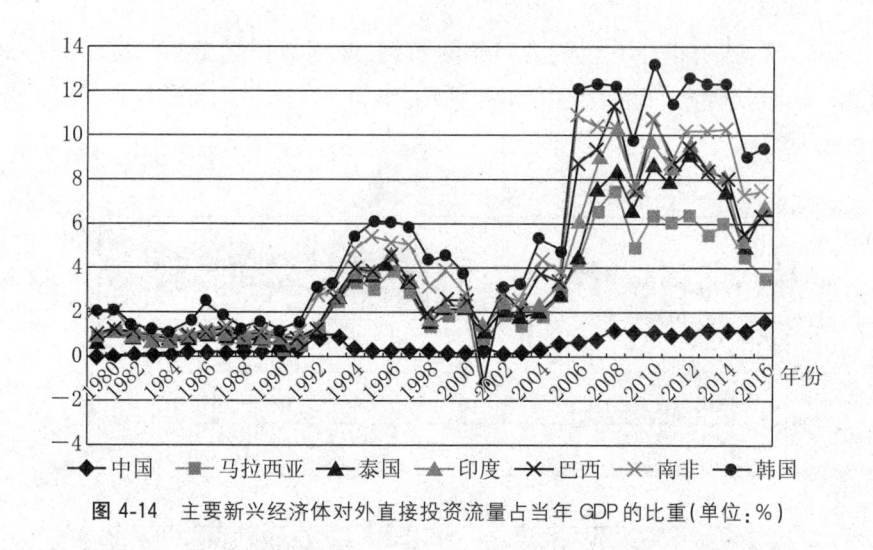

图 4-14 主要新兴经济体对外直接投资流量占当年 GDP 的比重(单位:%)

19.8%。这表明,中国对外投资发展仍然具有较大的增长潜力。总体上看,在对外投资发展的起步阶段,新兴经济体对外直接投资占 GDP 的比重比较低,且数据波动不大,说明此阶段新兴经济体对外直接投资主要处在低水平的发展阶段。从 1990 年左右开始,新兴经济体这一比例都得到了明显提升,原因在于经济全球化推动,这种增长趋势直至 21 世纪早期。从 2002 年开始,这一比例又开始大幅度提升,但除中国外,其他经济体波动都比较大,主要原因是世界经济的波动以及新兴经济体国内经济发展波动所致。

二、平稳性检验及协整性分析

进行 Granger 因果分析之前首先需要检验变量的平稳性,采用检验方法对主要新兴经济体各国和地区的相关变量,分别进行平稳性检验。从表中看出,新兴经济体各国/地区的所有考察变量的原始数据 t 检验值的绝对值都小于标准值,可以说所有变量基本都是非平稳的,借助 Eviews 软件处理,经过一次差分后,新兴经济体各国/地区的所有考察变量检验值的绝对值都分别大于标准值,表明所有变量经过一次差分后都成为平稳序列。

经检验发现,各新兴经济体的相关变量的一阶差分的 ADF 检验值小于 5% 显著性水平的临界值,这表明接受零假设,说明变量的一阶差分都是平稳的时间序列。由此可见,所有变量都含有一个单位根,即服从 I(1) 过程。

表 4-23　对外直接投资与产业结构变量的平稳性检验结果

变量	ADF(0)	临界值	结论	ADF(1)	临界值	结论
kpodi	−1.105 24	−2.945 84	不平稳	−6.058 797	−2.948 404	kpodir∼I(1)
kindstr	−2.739 019	−2.945 84	不平稳	−4.740 01	−2.948 404	kindstr∼I(1)
sindstr	−2.668 791	−2.945 84	不平稳	−4.303 331	−2.948 404	sindstr∼I(1)
spodi	−3.749 239	−2.945 84	平稳	−6.854 32	−2.948 404	spodir∼I(1)
mpodi	−1.838 164	−2.945 84	不平稳	−6.045 63	−2.948 404	mpodir∼I(1)
mindstr	−3.686 652	−2.945 84	平稳	−6.360 151	−2.948 404	mindstr∼I(1)
inindstr	−0.607 168	−2.945 84	不平稳	−3.881 699	−2.948 404	inindstr∼I(1)
ipodi	−1.735 056	−2.945 84	不平稳	−6.171 509	−2.948 404	ipodi∼I(1)
bindstr	−1.095 31	−2.945 84	不平稳	−5.463 91	−2.948 404	bindstr∼I(1)
bpodi	−1.960 31	−2.945 84	不平稳	−16.107 4	−2.948 404	bpodi∼I(1)
tindstr	−2.491 35	−2.945 84	不平稳	−6.464 18	−2.948 404	tindstr∼I(1)
tpodi	−0.529 25	−2.945 84	不平稳	−4.027 99	−2.948 404	tpodi∼I(1)

• 说明：I(0)表示不存在单位根。I(1)代表变量含有一个单位根。ADF(Augmented Dickey-Fuller test)为常用单位根检验办法之一。

三、格兰杰(Granger)因果检验

由于韩国、印度、泰国等国产业结构与对外直接投资之间存在着协整关系，新兴经济体各国对外投资与产业结构调整之间存在长期均衡关系，二者之间协整关系显著，但这一分析结果有可能存在伪回归现象，为此，本章用 Granger 因果检验来进一步分析中国对外投资和产业结构变动之间的因果关系。本章采用时间序列数据中 Granger 因果检验来检验新兴经济体各国地区对外直接投资与母国产业结构之间的因果关系。Granger 因果检验实际上是一个自回归模型，由于取对数的两个变量为不平稳序列，所以在建立模型时必须对两变量进行差分处理，再根据 AIC 原则确定变量的滞后期数，此处分别取 1 期滞后项。Granger 因果检验的回归模型为：$\Delta PODI = \beta 1 PODIt-1 + \beta 2 \Delta indstrt-i + \varepsilon$。利用 Eviews7.2 软件包对方程进行 Granger 因果检验的结果如表 4-24 所示

检验结果显示各国实践中，新兴经济体对外直接投资与母国产业升级之间基本都存在一定程度的互动关系，但对不同新兴经济体而言，对外直接投资与产业升级之间的因果关系没有统一的结论。实证结果显示主要存在两种情况，一种是两者之间存在相互影响的积极关系，本研究称之为积极互动，它是一种良性的互动关系，如样本中中国和韩国的情况就是如此；

表 4-24　对外直接投资与产业结构的格兰杰因果检验结果

国家	因果关系	F 统计量	结论	因果关系	F 统计量	结论
印度	IPODI 不是 IINDSTR 格兰杰原因	3.124	拒绝	ININDSTR 不是 IPODI 格兰杰原因	0.124	接受
南非	SPODI 不是 INDSTR 格兰杰原因	3.227	拒绝	SINDSTR 不是 SPODI 格兰杰原因	0.768 3	接受
韩国	KPODI 不是 KNDSTR 格兰杰原因	4.234	拒绝	KINDSTR 不是 KPODI 格兰杰原因	3.001	拒绝
马来西亚	MPODI 不是 INDSTR 格兰杰原因	1.245	接受	MINDSTR 不是 MPODI 格兰杰原因	3.003	拒绝
泰国	TPODI 不是 TINDSTR 格兰杰原因	1.345	接受	TINDSTR 不是 TPODI 格兰杰原因	3.127	拒绝
巴西	BPODI 不是 BINDSTR 格兰杰原因	1.452	接受	BINDSTR 不是 BPODI 格兰杰原因	3.328	拒绝

另一种是消极互动，样本中其他国家大多为这种情况。就本研究观察的样本来说，显然多数新兴经济体对外直接投资与母国产业升级还处在消极互动关系中，少部分新兴经济体二者之间已经开始形成良性的积极互动关系，这种结果可能的原因在于主要有三个方面。首先，由于时间序列平稳性等有较高要求，所选时间段相对比较短，故在统计意义上没有充分体现出来；其次，格兰杰因果关系检验对二者互动关系仅从统计意义上给出了一种测量方法，并非唯一方法。再次，这是由所选样本中新兴经济体之间国别差异所致。由于经济规模、开放度、对外直接投资发展起点、国内市场经济制度完善程度等各种方面都存在差异，新兴经济体多样性比发达国家更加突出、国别因素、国别变量作为调节变量，它影响对外直接投资和母国产业升级之间关系的方向及强弱。巴西和南非这样的资源型新兴国家，对外直接投资更容易受到国际与国内外各种因素影响，对外投资波动大，目前两国的对外投资与产业升级均未形成良性互动的关系。对中国和韩国来说，两国在新兴经济体中属于经济发展水平较高、投资规模也较大的经济体，两国对外投资与产业升级已形成积极的互动关系。马来西亚和泰国属于开放度较高的小型新兴经济体，这两国对外直接投资对国内产业升级的促进作用均不显著，可能的原因是这两国对外资的依赖比较大，可能外资在国内产业升级方面所起的作用更大。此外，对于开放度来说，对外投资占 GDP 的比例容易提高，会显著影响本国产业结构指数变动，相反，大国的 GDP 基数比较大，对外投资比例不容易显著变化，相比小国而言，对本国产业结构的影响速度相对比较慢，这反映出新兴大国的产业升级具有一定的路径依赖，受外部变量的影响相对较小，小国更易受到外部环境的影响。

第五章
新兴跨国公司崛起及其与母国产业升级的互动

第一节 新兴跨国公司的崛起

新兴跨国公司群体性崛起是 21 世纪世界经济中的重要事件之一。从数量上来看,越来越多的新兴跨国公司进入"财富 500 强"榜单,1995 年"财富 500 强"名单中来自新兴经济体的跨国公司只有 20 家,而 2019 年《财富》"世界 500 强"中,中国上榜企业(包括中国香港和中国台湾地区企业)数量为 129 家,美国上榜企业数量为 121 家,这是自 1990 年"世界 500 强"榜单诞生以来,中国上榜企业数量首次超过美国。即使不计算中国台湾地区上榜的 10 家企业,中国上榜企业数量也高达 119 家,与美国企业上榜数量非常接近。这些数据显示,以中国为代表的来自新兴经济体的优秀企业已成为全球竞争的重要参与者,正改变着全球企业竞争格局,新兴跨国公司崛起是不争的事实。

一、新兴跨国公司的主要类型

新兴经济体跨国公司,简称新兴跨国公司(EMNCs: Emerging-market Multinational Corporations),指来自新兴经济体,进行对外直接投资,在一个或多个国家从事价值增值活动并对跨国界经营活动进行有效控制的跨国企业。英国、美国、德国和日本等发达国家跨国公司崛起的历史证明,某个经济体的崛起会催生本国或本地区一批企业的成长和壮大,最终成长为具有全球影响力的跨国公司。全球经济加速一体化背景下母国经济的增长和发展,新技术革命发展是新兴跨国公司国际扩张的坚强后盾。根据跨国公司的所有权性质和国际多样化水平,新兴跨国公司分为四类,如图 5-1 所示。利基市场创业者(niche entrepreneur)指通过专业化经营来占领特定市场的非国有新兴跨国公司,如中国中兴公司;全球抱负公司(world-stage aspirant)指产品多样化、跨国经营地理范围广泛的非国有跨国公司,如印度 Tata 等;跨国代理(Transnational agent)指那些在全球范围内投资但经营活动仍受到母国政府的指导或影响的国有企业,典型的例子如一些来自新兴经济体的国有石油公司;受托专家(commissioned specialist)指那些利用自身优势仅限于在少数国外市场进行投资的同时,还需执行母国政府委派的任务的国有公司,如巴西国营能源公司等。

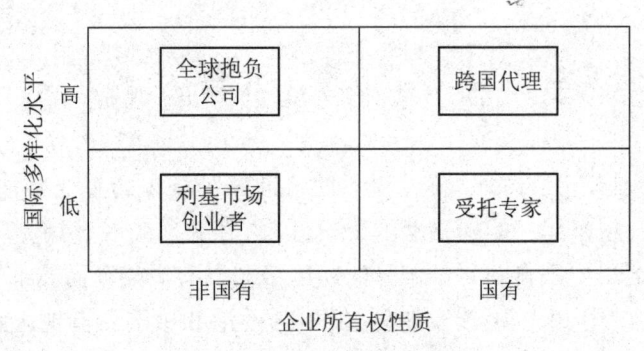

	非国有	国有
高	全球抱负公司	跨国代理
低	利基市场创业者	受托专家

（纵轴：国际多样化水平；横轴：企业所有权性质）

图 5-1　新兴跨国公司的分类

- 资料来源:Y. D. Luo & R. L. Tung, 2007: "International Expansion of Emerging Market Enterprises: A Springboard Perspective", *Journal of International Business Studies*。

二、新兴跨国公司的主要特征

新兴跨国公司的发展历史可以追溯至 20 世纪七八十年代的第三世界跨国公司,它们与当时的第三世界跨国公司相比有一些共同点,如低成本优势和国外市场知识有限等方面的劣势等,但当时大部分大型的第三世界跨国公司主要是在自然资源领域进行经营,许多企业是基于自然资源或者低成本劳动力出口方面的优势开展国际化活动,其 FDI 活动中的管理实践和技术方面的相对优势主要是适合其他发展中国家的需求,它们中很少出现市场领导者。然而,一些新兴跨国公司不断拓展经营范围,发展迅猛,培育了独特的竞争优势,有的甚至成长为市场领导者。总体上来看,尽管不同新兴跨国公司在来源国、所选择的产业、竞争优势和目标市场等方面表现出较高的异质性,但自 20 世纪 90 年代开始,对跨国经营较成功的新兴跨国公司进行总结发现,新兴跨国公司发展呈现出如下特征:

（一）来源地特征

从来源地看,新兴跨国公司主要来自亚洲,其中印度和中国表现尤为突出,具有来源地集中的特征。2006年波士顿咨询公司列出的100家新兴跨国公司中,[①]来自亚洲的中国和印度的企业数量占65%。近年来《财富》"世界500强"榜单中新兴跨国公司也主要以中国、韩国和印度为主,如2019年中国上榜企业为129家,韩国16家,印度为7家,巴西8家,俄罗斯4家,墨西哥4家,沙特阿拉伯2家,委内瑞拉1家,上榜企业主要来自亚洲地区。

(二)行业分布特征

从行业分布来看,目前新兴跨国公司主要集中在第二产业,其次为第一产业,服务业领域相对较少。其中第二产业主要包括工业产品(包括钢铁、建筑工程产品等)和耐用消费品(如家电)等领域,第一产业以资源与能源开采为主,总体上传统产业领域的新兴跨国公司多,而电讯、金融服务、信息技术服务等高端服务业领域的新兴跨国公司较少。除了金融业外,新兴跨国公司大量分布在能源、炼油和采矿、房地产、建筑工程等。与此同时,在信息技术、互联网服务等新兴产业领域,已涌现出华为、联想、三星、Infosys等知名跨国公司,而随着阿里巴巴、腾讯和京东集团上榜,全球6家互联网服务业大公司中国和美国各占一半。

(三)对外直接投资特征

首先,从投资目的地来看,新兴跨国公司对外直接投资大部分仍偏好于在本区域内投资,主要集中在其他新兴经济体和发展中国家,但进入21世纪后开始向全球扩张,特别是对发达经济体的投资增速较大。

其次,从投资动因来看,发展所有权优势的资产寻求动因是新兴跨国公司FDI的重要动因,这一动因会驱使新兴跨国公司在发达国家通过跨国并购来获得技术、品牌、国际销售渠道等战略资产,这一特点在进入21世纪后尤为明显。不少新兴跨国公司实践表明,所有权优势并非跨国公司形成的先决条件,而有可能是其形成后进行FDI所要实现的战略目标。

再次,从所有权优势表现来看,新兴经济体跨国公司通常缺少发达国家跨国公司所拥有的高端专有技术、专利组合、品牌等或其他优势资源,因此,它们不得不在其他方面开发新优势,其中网络联系和资本支持(主要来自政府直接和间接支持)等是新兴跨国公司所有权优势的独特表现。网络关系是新兴经济体与发展中国家,特别是亚洲新兴跨国公司竞争优势重要来源的观

---

① BCG Report, 2006: "The New Global Challengers: How 100 Top Companies from Rapidly Developing Economies are Changing the World", *Boston Consulting Group Research*.

点被普遍接受。资本支持是新兴跨国公司所有权优势的另一个重要表现,在新兴经济体内,这类资本支持通常来自实施有计划地追赶战略的政府部门。

最后,从所有权优势的层面来看,由于大多数新兴经济体国内经济制度处于转轨或完善中,因此新兴跨国公司母国政府通常对企业国际化活动有相对多的干预,这导致新兴跨国公司的所有权优势与发达国家跨国公司的所有权优势有明显区别:发达国家跨国公司所有权优势主要体现在企业层面,而新兴跨国公司的所有权优势既包括企业层面,也包括国家层面。

(四)演化特征

新兴跨国公司在成长历程、发展演化路径及速度方面有不同于传统跨国公司的特点。有学者指出,有证据显示与成熟的发达国家跨国公司的演化历程相比,新兴跨国公司演化出现加速国际化(accelerated internationalization)的特征,通常它们通过阶段跨越(Stage jump)、阶段重复(Stage repeat)、阶段反转(Stage reverse)、阶段压缩(Stage compression)等战略实现加速国际化。①这是因为在全球化背景下,由于国内市场制度改革和向国外开放市场所带来的竞争压力,"后来者"要遵循"先行者"的渐进式的阶段发展模式是不可能的。然而随着全球市场的日趋一体化、一些战略管理模式趋同,新的组织形态出现,如战略联盟和外部网络等获得投资界和产业资本的普遍认同,在此背景下,新兴跨国公司可以借助于这些条件获得以前所缺乏的金融资本、高级职业经理人、国际营销渠道等重要资源,从而实现以前难以获得的稀缺资源。过去稀缺的资源和一些独特做法成为跨国公司普遍做法,这为加速国际化提供了更多便利条件。另外,政府部门出于追赶的需要对国有新兴跨国公司的支持也为其加速国际化创造了条件。

新兴经济体跨国公司加速国际化的演化特征得到了相关研究的证实。如有学者对来自中国、墨西哥和土耳其的三家白色家电产业领域的跨国公司的实证研究证实:这些来自新兴经济体的跨国公司非简单重复传统跨国公司的阶段发展路径,而是将全球化竞争视作提升企业能力的机遇,通过对后来者优势的杠杆化利用、与市场领导者建立战略合作关系等方式加速国际化,成长为跨国公司。②通过比较中国海尔和日本松下的成长历程,研究

---

① Child, J. & Rodrigues, S.B., 2005: "The Internationalization of Chinese Firms: a Case for Theoretical Extension?", *Management and Organization Review*.
② Bonaglia, F., Goldstein, A., & Mathews, J.A., 2007: "Accelerated Internationalization by Emerging Markets' Multinationals: The Case of White Goods Sector", *Journal of World Business*.

发现这两家跨国公司在不同国际化阶段所花时间不同(见图 5-2),相对于传统跨国公司,新兴经济体跨国公司发展确实呈现出加速国际化的特征。

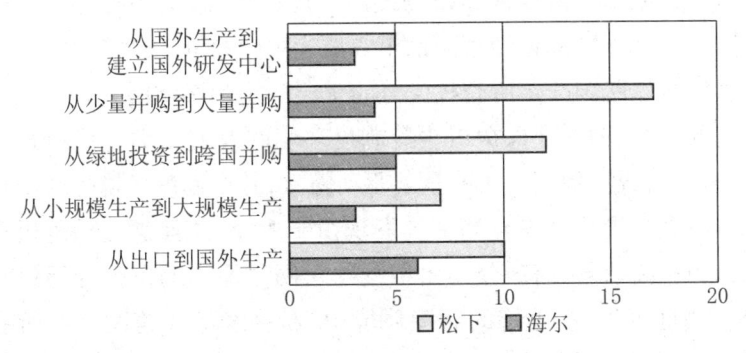

图 5-2 中国海尔和日本松下跨国化历程的比较

- 资料来源:Yang, X. Yi Jiang, Rongping Kang & Yinbin Ke., 2009: "A Comparative Analysis of the Internationalization of Chinese and Japanese Firms", *Asia Pacefic Journal of Management*。

(五)所有权优势特征

从所有权优势的表现来看,一般认为传统跨国公司的所有权优势来源于高端专有技术,如专利组合、专利池、商业秘密、优势品牌等知识产权优势,而新兴经济体跨国公司通常缺少这些优势能力和资源,因此,它们不得不在其他方面开发新优势,其中包括种族联系在内的网络联系和资本支持(主要来自政府)等,这是新兴经济体跨国公司所有权优势的独特表现。有学者在利用扩展的 OLI 理论对此作了解释,他们认为中国家族企业国际化活动时的所有权优势通常不是基于技术和专有知识上的,而是基于关系契约的。[①]网络关系是新兴经济体与发展中国家,特别是亚洲国家跨国公司竞争优势重要来源的观点被普遍接受。产生这种差异的主要原因是传统跨国公司通常是在相对成熟的国内市场经济环境中成长起来的,因此企业更多关注技术、营销、产品与品牌等方面的所有权优势的培育,较少重视网络关系。

资本支持是新兴经济体跨国公司区别于传统跨国公司所有权优势的另一个重要表现。在新兴经济体内,这类资本支持通常来自实施有计划地追赶战略的相关政府部门。这是由新兴经济体独特的制度环境所决定的,政

[①] A. Cuervo-Cazurra, 2007: "Sequence of Value-added Activities in the Multinationalization of Developing Country Firms", *Journal of International Management*.

府部门的特定类型的直接资助,或相关制度环境,母国政府赋予一些新兴跨国公司在一些市场行为方面更多决策权,如对外资开放市场、降低贸易壁垒、减少政策性保护、政府推动市场经济制度建立、政府为提升国家竞争力激励本国企业开展国际化经营而推出各项优惠政策等。独特的制度环境也成为新兴经济体跨国公司所有权优势的重要来源和影响因素。实证研究说明外资进入、对国内企业保护减少等制度环境的改变是促使拉美企业进行对外直接投资,成为跨国公司的重要驱动因素,其中制度环境的改变也改变了企业的所有权优势。[1]有学者研究发现由于1997年亚洲金融危机后对透明度要求的提高,泰国跨国公司由传统的对网络能力的重视变得更重视技术能力。[2]由此可见,在独特的制度环境中,新兴经济体跨国公司所有权优势的表现也会有所不同。

另外,从所有权优势的层面看,由于发达国家市场化程度相对较高,传统跨国公司母国政府的作用大多是中性的,对企业市场经济行为干预相对较少,而大多数新兴经济体国内经济制度处于转轨或完善中,市场制度不健全,政府的调控角色作用相对比较明显,再加上经济发展任务比较迫切,部分新兴经济体跨国公司母国政府通常实行有计划地追赶,通过政策和产业发展等手段对企业国际化活动有相对比较多的支持,这导致前者的所有权优势主要体现在企业层面,而后者的所有权优势不仅在企业层面,也在国家层面。在国内持续的经济自由化和制度转型过程中,新兴经济体跨国公司还通常面临各种制度空缺和限制,这是新兴经济体跨国公司可以发挥其特有优势的重要来源。

三、新兴跨国公司的发展趋势

对新兴跨国公司的发展来说,2008年是个分水岭。首先,经过2008年金融危机的重创之后,目前来看世界经济仍然难以重现危机前几年的快速增长。在此背景下,贸易与投资保护主义抬头,贸易争端甚嚣尘上,这给新兴跨国公司的发展带来较大的不确定性。其次,世界经济增速下降背景下,各类跨国公司对世界市场的争夺日趋激烈,新兴跨国公司不仅要与发达国

---

[1] A. Cuervo-Cazurra, 2007: "Sequence of Value-added Activities in the Multinationalization of Developing Country Firms", *Journal of International Management*.

[2] Pananond, P., 2007: "The Changing Dynamics of Thai Multinationals after the Asian Economic Crisis", *Journal of International Management*.

家跨国公司竞争,同时要与其他新兴跨国公司竞争,竞争的范围不再局限于发达国家市场,而且对作为世界经济复苏和增长亮点的新兴市场的争夺将趋白热化。新兴市场国内竞争国际化已经是不争事实。作为"新来者"(Newcomer),新兴跨国公司能否在后危机时代的竞争中胜出,实现可持续发展,也面临巨大挑战。再次,危机后酝酿的新技术革命给新兴跨国公司创造了发展机遇,但新兴跨国公司是否有能力在新技术和新产业领域提前布局与占领先机也存在不确定性。世界经济、政策与技术环境等诸多不确定性使得评估新兴跨国公司发展趋势存在一定的困难。尽管如此,结合世界经济的发展前景以及新兴跨国公司的发展历程,仍可对新兴跨国公司未来发展趋势作出以下初步判断:

(一)其对外直接投资将逐步恢复并增长,从而巩固母国国际直接投资来源国的地位

根据邓宁的对外投资发展周期理论,一国或地区对外直接投资与其经济发展水平存在着极为密切的关系。当前新兴经济体仍是维持全球经济增长的重要力量,这将驱动新兴跨国公司对外直接投资的增长,新兴经济体是未来全球国际直接投资增长的动力来源之一,而随着危机期间经过战略调整后跨国经营意识和竞争力的提高,新兴跨国公司对外投资区域将更加多元化,不再仅限于对周边国家或者本区域内投资。从投资目的地来看,既包括向发达国家的投资,也包括新兴经济体与发展中国家,出于自身成长的需要,新兴跨国公司对发达国家的投资中以获取品牌、技术、国际销售渠道等资产的跨国并购仍将成为重要的投资增长来源,而由于国内经济增长所带来的成本上升等因素的驱动,一些新兴跨国公司会将部分传统产业的加工环节向其他更低成本新兴经济体和发展中国家转移,从而促进南南投资的发展,这些因素都有助于巩固新兴经济体作为国际直接投资重要来源国的地位。

(二)有成为世界一流跨国公司的潜力

英国、美国、德国和日本等发达国家跨国公司崛起的历史证明,某个经济体的崛起会催生本国或本地区一批企业的成长和壮大,最终成长为具有全球影响力的跨国公司。新兴经济体已进入快速发展的轨道,尽管世界宏观经济环境和趋势会影响其发展的速度,但并不改变新兴经济体已经崛起的事实,母国经济的增长和发展将成为新兴跨国公司国际扩张的坚强后盾。从来源地来看,尽管目前大部分新兴跨国公司主要来自"金砖四国",但近年

来,新兴经济体增长出现普遍化趋势明显,这些新兴经济体也孕育了不少有竞争力的跨国公司,如中国一些新兴跨国公司在国际市场上竞争优势明显。预计未来新兴跨国公司的地理分布会更广泛,这使得新兴跨国公司开始作为一个整体而崛起,特别是随着一些新兴跨国公司全球领先策略的成功实施,这些企业也存在成为世界一流跨国公司的潜力。

与此同时,在未来相当长的一段时间内,总体上新兴跨国公司与发达国家跨国公司之间的差距仍然比较大,主要原因在于目前新兴跨国公司整体技术和产业竞争优势仍较低,而组织能力提升、克服技术上的劣势、改变产业竞争地位非一日之功。从大多数具有全球影响力的各类跨国公司榜单可以看出,发达国家跨国公司较多分布在制药、计算机及办公设备、医疗保健、航天、网络通信、证券、软件数据服务等高技术和高端服务业领域,整体技术位势和产业结构层次较高,产业门槛高,技术密集型和资本密集型特征明显。反观入围的新兴跨国公司,它们大多来自资源开发、铁路运输、工程建造、建材、贸易等传统行业,这些行业更容易受到世界经济周期的影响,产业门槛相对较低,竞争优势不易长期维持,其创新能力也尚未得到世界范围的认可。此外,尽管新兴跨国公司可通过并购缩短演化过程,但并购后的整合文化差异、产业复杂性管理等对新兴跨国公司也是不小的挑战。更需要重视的是,发达国家跨国公司经过危机后的战略收缩和战略转移等一系列战略调整,更有利未来竞争和核心能力培育,未来新兴跨国公司面临的竞争会更加激烈。

(三)新一轮技术革命带来发展机遇,但总体上新兴跨国公司难以在此轮技术革命中占领先机

根据熊彼特等学者的观点,每一次危机过后往往伴随着大范围新发明、新技术、新设备在生产领域的大规模应用,从而带动世界经济进入新一轮增长周期,现实历史经验也证明这种趋势和规律。此次经济危机之后,一些新技术变革在逐渐孕育之中,如低碳经济时代的到来使得未来世界极有可能发生一场以绿色、健康、智能和可持续为特征的技术革命和产业革命,能在这场技术革命中抓住机遇的跨国公司无疑将在未来全球竞争中取得战略先机。目前美、欧、日等主要发达经济体都积极投身这场技术革命中,大多数新兴经济体,如中国、印度、巴西、俄罗斯和墨西哥等,也重视未来产业结构调整中新能源等新兴产业的发展。

世界技术和产业革命,特别是新兴经济体在经济结构转型过程中重视

新兴战略产业的发展为新兴跨国公司带来了发展机遇,对那些已在新产业领域实施全球领先战略的新兴跨国公司来说,更是提供了巨大的发展空间。未来这类新兴跨国公司在新产业领域无疑将会有优异的表现。然而,由于受以下因素的制约,总体上新兴跨国公司难以在此轮技术革命中占领更多先机。首先,目前发达国家跨国公司仍在高端技术和高技术产业领域拥有更雄厚的竞争优势。以美国、德国和日本为代表的发达国家老牌跨国公司依旧在全球诸多创新领域保持显著的领先地位,技术创新的累积效应、先发优势和马太效应等使得新兴跨国公司在短期内难以异军突起,撼动发达国家跨国公司的领先地位并非易事。其次,新兴跨国公司在新兴产业领域的发展除面临来自发达国家跨国公司的挑战外,也将面临因产业结构调整存在一定相似性的其他新兴经济体的跨国公司的挑战,它们是否具备转挑战为机遇的能力也有待观察。再次,在危机前的世界经济格局中,大部分新兴经济体主要是出口导向为主的经济结构,所建立的优势产业主要以劳动密集型和中低端技术密集型产业为主,受国内产业基础和诸如人才储备、资本充裕度、国内就业问题等现实问题的制约,新兴跨国公司在新产业领域的发展空间有限。

(四)新兴跨国公司与发达国家跨国公司将呈现更大的相似性,但也将保留其一定的独特性

新兴经济体跨国公司的兴起得益于经济全球化背景下,投资与贸易自由化的发展、新兴经济体经济实力的巨大提升和对外直接投资快速增长。这种经济的高速增长和有利于企业全球化成长的制度涌现是世界经济发展历史上少有的,它是新兴经济体跨国公司得以在短时期内涌现的重要前提。从国内制度背景看,新兴跨国公司所表现出的独特性主要由新兴经济体独特的制度环境所决定的,如对外资开放市场、降低贸易壁垒、所受到的政策性保护减少、政府推动市场经济转轨、政府为提升国家竞争力激励本国企业开展国际化经营,国内市场的历练与竞争经验积累等。然而,这两类公司实力的差距也是客观存在的,新兴跨国公司要追赶上发达国家跨国公司也需要假以时日。因此新兴跨国公司一段时间内将保持一定的独特性,但随着新兴跨国公司的壮大和成熟,这两类跨国公司也会呈现更多的相似性、趋同性。

以上分析说明,在全球化与网络化背景下,由于所处的经济与制度环境的不同,以及资源禀赋和文化的不同,与发达国家跨国公司相比,新兴跨国

公司表现出一定的独特性。作为新兴跨国公司,无论是在对外直接投资与演化实践方面,还是总体理论研究方面,来自新兴经济体的跨国公司与传统跨国公司都表现出一定的差异。造成这些差异的原因主要有两个:(1)发展背景的不同。与传统跨国公司兴起的20世纪上半期相比,20世纪90年代以来,国际投资与贸易自由化等方面的政策环境和技术环境发生了深刻的变化,伴随着经济全球化的深化,国际知识产权制度的一体化趋势,这些变化为新兴经济体跨国公司创造了"全球化通道",降低了国外市场进入壁垒,如新兴经济体跨国公司可以通过日趋一体化的全球市场、战略联盟和外部网络来获得所缺乏的金融资本、高级职业经理人、专利等特有知识产权、国际营销渠道等重要资源,从而为获得超常规发展提供条件。因此,在这种发展背景下,新兴经济体跨国公司在发展的早期阶段就可采取成熟跨国公司的战略,如在企业成长的更早阶段就开始进行对外投资,甚至出现天生跨国公司,即公司创业早期就着眼于全球市场,而不是等在母国发展到一定阶段后,企业规模和市场经验方面积累到一定程度再逐渐走出国门,新兴跨国公司越来越重视在发达国家开展资产寻求型对外投资,获得自身缺乏并在国内市场难以获得的重要资源,加速国际化,从而在相对较短的时间内成长为跨国公司。(2)理论研究视角的不同。传统跨国公司理论重点是研究来自发达国家的大型跨国公司,是对"先行者"(early-movers)的研究。从这个视角出发,来自新兴经济体的跨国公司通常被视作"迟来者"(latecomers),迟来者虽然没有长期经验的积累,但迟来者可以发挥"迟来者优势",即作为迟来者新兴经济体跨国公司为获得先进技术、品牌和市场销售渠道,通过建立合资企业和并购等方式直接在发达国家投资等事实挑战了传统理论的核心原则:企业只有拥有特定优势才能进行跨国化扩张。正是基于对迟来者在全球竞争中的追赶战略(catch-up strategy)、迟来者优势的具体表现进行分析与考察推动了对新兴经济体跨国公司的理论研究及其创新。

  对于新兴经济体跨国公司与传统跨国公司的差异的发展趋势,目前学界有两种观点。第一种观点强调了差异的客观性,其关注的重点是:这两类跨国公司的区别如此之大,以至于以发达国家跨国公司为研究对象所得出的传统理论不能解释来自新兴经济体的跨国公司;第二种观点则强调差异的收敛性,其关注的重点是:这两类跨国公司的差异是由于它们处在不同的演化阶段而不是来源国不同,因此差异会随着时间的推进趋于弱化与收敛。在差异收敛的方向方面,学者们也有不同看法。一种观点认为新兴经济体跨国公司会逐步向发达国家跨国公司的运营形态收敛，这样隐含着两种类型跨国公司差异仅在表现阶段上，本质上二者是相似的观点，即传统跨国公司理论最终还是可以解释新兴经济体跨国公司的。另一些研究则认为后者最终会收敛于前者，此种观点背后隐喻二者是显著不同的，二者差异不仅仅是阶段性差异，新兴跨国公司走出了一条完全不同于老牌跨国公司道路，即认为由于全球化效应和网络资本主义趋势，包括新兴经济体跨国公司在内的非传统跨国公司代表了跨国公司未来演化的方向，传统跨国公司会向非传统跨国公司收敛，而不是相反。笔者认为，这两类跨国公司毕竟来源于不同国内制度与市场环境，总体上它们的实力差距及运行模式、结构形态、决策模式等方向的不同是客观存在的，因此这两类跨国公司将难免会保持一定程度的差异性，但毕竟各类公司均有市场能动主体的一面，虽然背景不同，可随着新兴经济体跨国公司的壮大和成熟，这两类跨国公司也会呈现更多的相似性。

第二节　新兴跨国公司的投资战略及其对母国产业发展的影响

新兴跨国公司成为理论关注的热点后，理论界对新兴跨国公司的优势来源给予了研究，有些学者从这些跨国公司成长的母国环境分析其优势来源，有些学者则侧重从新兴跨国公司的跨国经营战略进行研究。拉马穆尔蒂重点研究了近年来新兴跨国公司的主要投资战略，对来自"金砖五国"以及泰国、墨西哥和以色列等8个新兴经济体的跨国公司进行了调查和案例分析，归纳出新兴跨国公司在跨国经营战略中五种主要的投资战略，如表5-1所示：

表5-1　新兴跨国公司的投资战略

投资战略	国家特定优势	企业特定优势	目标市场
垂直一体化整合者（Natural-resource vertical integrator）	● 自然资源禀赋 ● 国内对自然资源的巨大需求	● 获得自然资源的特权 ● 进入国内市场的特权	● 对下游市场的前向一体化 ● 为获得自然资源对上游市场后向一体化
本地优化者（Local optimizer）	● 低收入消费者 ● 欠发达的"软"基础设施和"硬"基础设施	● 对进口产品和生产流程优化以适合国内市场的能力 ● 本地消费者青睐和本地嵌入	● 目标市场：其他新兴经济体

(续表)

投资战略	国家特定优势	企业特定优势	目标市场
低成本合作者 (Low-cost partner)	● 低成本劳动力 ● 熟练劳动力储备规模,包括工程师、科学家等	● 生产流程优异 ● 项目管理 ● 在新兴经济体的不利条件下成功经营的能力	● 目标市场:发达国家 ● 向发达国家对外直接投资以便进入价值链的高端 ● 向发展中国家对外直接投资实现供应区位的多样化
全球合并者 (Global consolidator)	● 规模巨大和增长迅速的国内市场 ● 对价格敏感的消费者	● 生产与项目执行优异 ● 作为后发者在规模和组织方面的优势 ● 国内市场的强大地位,强大的现金流	● 目标市场:全球 ● 向发达国家对外直接投资以获得经营绩效较差的企业
全球先行者 (Global first-Mover)	● 新产业领域规模巨大和增长迅速的需求 ● 设计、工程与生产方面的低成本国家	● 接近全球高端技术 ● 国内市场的强大地位,有可能获得政府支持	● 目标市场:全球 ● 向发达国家对外直接投资以获得关键技术或者能力,接近消费者 ● 向发展中国家对外直接投资以获得市场和/或者实现生产基地多样化

• 资料来源:Ravi Ramamurti. What Have We Learned about EMNEs[A], In Ravi Ramamurti and Jitendra Singh(eds.) *Emerging Multinationals from Emerging Markets*[M]. Cambridge UK: Cambridge University Press, 2008, Chapter 13.

这五种战略中,有些投资战略也为发达国家跨国公司所采用,如在自然资源领域的垂直一体化战略,说明新兴跨国公司作为全球竞争的"后来者",借鉴了发达国家跨国公司的成熟的投资战略,避免成长过程中多走弯路。有些战略则是新兴跨国公司独有的战略,如本地优化战略和低成本合作战略,因为这类战略依赖新兴经济体低成本要素投入和市场需求状况,这也是新兴跨国公司难以被发达国家跨国公司模仿的独特优势,这些战略有助于新兴跨国公司将国内低成本制造的优势与国际市场连接起来,带动生产和出口,为国内产业发展提供外部市场空间。可见,在参与国际化竞争时,新兴跨国采取了灵活务实的态度,他们在采用一般跨国公司常用的投资战略的同时,也结合自身的特点开发出了独特的投资战略,从而培育出独特的竞争优势,在全球竞争中谋得一席之地,甚至在个别领域与发达国家跨国公司相比也毫不逊色。

从这五种战略所涉及的产业技术水平来看,全球领先战略显然涉及的是高等的技术,否则新兴跨国公司无法获得领先地位,其他四种战略通常涉及中等成熟技术领域,而这些领域正是新兴跨国公司能将技术优势与本国低成本优势很好地结合起来,从而开发出独特竞争优势的领域。在此不难推断,与发达国家跨国公司相比,新兴跨国公司总体上仍处于全球价值链的中低端,未来弥补差距还需付出努力,发展的空间还比较大。值得一提的是全球领先战略,它为新兴跨国公司增添了一抹亮色,因此新兴跨国公司在某些领域直接挑战了西方发达国家跨国公司的长期的领先地位,成为全球竞争的重要"参与者(players)",而不再仅仅作为追随者而存在。

这五种战略对新兴经济体国内产业发展的作用侧重点有所不同。

首先,新兴跨国公司在自然资源领域的垂直一体化战略有助于提升新兴经济体在全球自然资源开采产业中的分工地位,促进本国向相关产业价值链高端环节跃升。在新兴跨国公司中,不少是来自自然资源开发领域的企业,如印度石油天然气公司、中国石油化工集团公司、巴西石油公司、中国石油天然气集团有限公司、巴西淡水河谷公司、俄罗斯卢克公司等,囿于开采技术的限制,这些企业大多在一段时间内居于全球产业价值链的中低端环节。以石油产业为例,完整的石油产业价值链包括上游的勘探和生产,中游的运输和交易以及下游的提炼和营销等环节。发达经济体石油跨国公司大多是该行业的巨无霸,其通过垂直一体化投资战略,将众多新兴经济体纳入其主导的全球跨国经营网络中。过去,由于新兴经济体跨国公司技术水平落后,资本实力不强,大多只能参与利润相对较低的中游环节以及下游的一些提炼环节。近年来,新兴跨国石油公司通过跨国并购方式向上游开采、下游的高附加值环节跃进,力图改变过去以参与低附加值环节分工为主的局面,带动国内相关产业的向资本与技术密集方向发展,有助于国内石油产业升级。为填补国内经济增长引发的能源需求增加,印度跨国公司不断开拓国际能源市场,从非洲的石油开采,到中东的油田开发,从俄罗斯和缅甸的油气开采,到美国的页岩气开采以及加拿大的油砂项目,以印度石油天然气公司为代表的印度跨国公司几乎在全球主要的资源国家进行了投资。反观那些来自资源丰富的新兴经济体的许多国有的石油公司,尽管国内基本不存在能源供给问题,但为开发出更多的资源,占据销售渠道,在全球石油快速上涨的趋势下捕捉商机,这些石油巨头们不再满足国内简单的开发与销售,纷纷开始向下游和海外分销渠道进发,目的是取得能与竞争对手分庭抗礼的优势地位。如在巴拉圭和乌拉圭,巴西石油公司收购了当地企业的燃油业务。俄罗斯天然气工业股份有限公司则投资于管道和分销项目,调整了分销渠道,收购了欧洲的能源公司,在资源开采领域推行一体化战略。

其次,新兴跨国公司的本地优化目的是在其他新兴经济体投资设厂,以适用性技术满足当地消费者市场,巩固和开拓国际市场,为国内产业发展提供消费市场支撑。如当前世界经济复苏乏力,各国企业普遍面临较大压力,而中国一些跨国公司借助"一带一路"倡议却迎来了海外发展机遇,一些企业抓住沿线国家的本地化需求,扩大了国际市场,提高了跨国程度,竞争优势得到提升。面对"一带一路"沿线国家经济发展水平参差不齐,社会文化多样的特点,新兴跨国公司在推行本土化方面做了诸多尝试。

再次,新兴跨国公司发挥了新兴经济体的低成本优势,延长了国内相关产业的生命周期。低成本优势发展空间的扩大首先得益于2008年金融危机后全球范围内支出减少的需要。金融危机发生后,随着危机导致财富效应破灭并向实体经济蔓延,世界范围内企业和消费者两大部门都不得不降低支出,特别是在发达国家跨国公司在全球范围内进行战略收缩和战略转移的背景下,新兴跨国公司基于国内低成本劳动力的低成本生产模式此时能产生较大的优势。另外,尽管危机发生后,发达经济体、新兴经济体和其他发展中国家经济增长均放缓,但并非同步降低,目前全球经济增长相当程度上是依靠新兴经济体拉动的,这也为新兴跨国公司通过低成本开拓本国国内和其他新兴经济体市场提供了机遇。以汽车行业为例,根据印度汽车制造商协会公布的数据显示,2009财年印度汽车销量比2008财年相比上涨了25%,塔塔汽车销量位居第三,上涨了26%。印度汽车销量的增长除了与印度政府推出一系列拉动国内消费及经济增长的刺激方案有关外,也与各家车企适时推出新车型,尤其是经济型的小车型车有关,如Tata汽车2009年推出以新兴市场中产阶层为目标的全球最便宜汽车Nano,其售价不足2 000美元,自2009年7月份正式投放市场以来达到了预期的销售目标。

新兴跨国公司全球合并战略主要通过跨国并购实现。2008年金融危机发生后,为抵御危机冲击或出于战略转移的需要,不少发达国家跨国公司不得不进行战略收缩,如跨国汽车巨头抛售了沃尔沃、路虎、捷豹等高端品牌,这为新兴跨国公司择机进行跨国并购提供了机遇,一些非国有新兴跨国公司表现尤为活跃。目前来看,其并购主要包括两类:(1)通过并购向产业链高端延伸。这类并购主要是为了获得发达国家跨国公司的技术、品牌、国际销售渠道和其他高端要素,借机向产业链高端延伸。新兴跨国公司通过并购方式获取高端要素并进行整合,有利于快速追赶发达国家跨国公司,从而缩短演化时间。最典型的案例是中国的吉利汽车,2009年吉利收购全球第二大自动变速器公司澳大利亚DSI公司,2010年吉利又以18亿美元收购沃尔沃100%股权,正是通过一系列跨国并购,吉利汽车由低成本优势向安全和节能优势转型,逐渐摆脱了来自新兴经济体的低端制造的形象,助推吉利汽车逐步向产业链高端延伸。(2)通过并购实现进一步提升行业地位。如作为全球排名第五的风力发电机组供应商,2008年印度Suzlon公司再次购得德国Repower公司30%的股份,从而将其持有的该公司股份提高至66%,Repower公司也是世界十大风力发电机组供应商之一。在发达国家并购行业领先企业对新兴经济体国内产业进步意义重大,原因在于通过跨国并购带来的逆向技术溢出效应有助于促进国内高技术产业的成长。所谓逆向技术溢出效应,指对外直接投资中,通过各种传导机制,实现东道国先进科学技术水平向母国的扩散,对母国的技术水平、产业结构和经济增长等产生作用。具体来说,在跨国并购过程过程中,新兴跨国公司携带国内具有流动性的生产要素(通常为资本)流向发达国家,与东道国各种技术要素、信息资源及高素质的劳动力等在内的不可流动或流动性差的高级要素相结合,在新的环境中实现各种要素的新组合,通过示范、竞争、合作和人才流动等途径使企业技术水平得到提高。伴随着先进技术要素从东道国反馈到国内企业,实现逆向技术溢出,国内产业技术水平将逐步提升,推动产业升级。

全球先行战略通常涉及技术水平较高,体现了新兴跨国公司的雄心壮志,对国内产业发展尤其重要。在此驱动下,一方面新兴跨国公司可以向发达国家进行对外直接投资,以获得关键技术或者能力,接近消费者;另一方面也可向发展中国家对外直接投资,利用自身的技术优势,开发东道国市场。从某种程度上说,这是新兴跨国公司的全球化经营战略,新兴跨国公司不再局限于其他新兴市场中,既可以在发达国家进行投资,如投向高技术产业、进行研发投资等,获得发达国家市场的技术溢出,另外,也可利用新兴经济体的低成本优势,在合适的区域进行产业价值链不同环节的配置,构建以新兴跨国公司为主导的全球生产网络,在国内产业国际化发展进程中掌握主动权,努力突破"低端锁定"。

第三节 新兴跨国公司与母国产业升级
互动的典型案例及启示

一、中国恒瑞与海正:在国际化进程中培育知识产权优势

随着"走出去"的深化,越来越多中国企业成长为跨国公司,尽管这些跨

国公司主要分布在金融、能源、采矿、工程与建筑等传统行业领域,但在信息技术、互联网服务等新兴产业领域,已涌现出华为、腾讯等知名跨国公司。早期的国际投资、跨国公司经营理论普遍认为新兴跨国公司的崛起主要得益于新兴经济体企业的低成本优势、母国政府的政策支持以及全球化带来的外部发展机遇,使得这些企业能以低成本的优势,利用外部资源,进行有限的创新,在需求条件近似的其他新兴经济体市场或者发达国家跨国公司无暇兼顾的市场缝隙谋得一席之地,[1][2][3]但实践中一些中国跨国公司注重创新,获得大量高质量专利,知识产权战略逐步完善,培育了显著的知识产权优势,与发达国家跨国公司同台竞技也不逊色,显然低成本、国内政策支持和外部资源利用不能全部解释这类跨国公司的成长与崛起。其中有一类高技术跨国公司,通过企业知识产权战略的推进,从被动适用知识产权规则,到主动培育知识产权优势,促进产业技术水平提升,提升了国际竞争力,促进了国内相关产业升级。以下以中国制药产业的两家典型企业江苏恒瑞医药股份有限公司和浙江海正药业集团作为案例进行分析:

(一)恒瑞制药的知识产权优势培育

江苏恒瑞医药股份有限公司始建于1970年,是目前国内最大的抗肿瘤药和手术用药的研发与生产基地之一,主要从事医药创新和高品质药品研发的医药集团。公司已上市创新药包括艾瑞昔布和阿帕替尼。此外,注射剂、口服制剂和吸入性麻醉剂等多个制剂在欧美日上市,实现了国产注射剂在欧美日市场的规模化销售。"截至2017年7月,公司先后申请了400余项国内发明专利,100余项PCT申请,其中获得国内发明专利授权90件,PCT授权130件"。[4]2016年5月入选"国家第一批创新企业百强工程试点企业"。其知识产权战略演进路径如下:

1. 第一阶段(1970—1992年):缺乏知识产权,立足国内有限市场

成立初期,恒瑞仅从事简单的常用医疗外用擦剂配置与销售,后生产治疗常见病的基础药品,没有自己的品牌药品,主要从事科技含量不高的医药

---

[1] Mathews, J.A., 2006: "Dragon Multinationals: New Players in 21st Century Globalization", *Asia Pacific Journal of Management*.
[2] Luo Y.D. & Tung, R.L., 2007: "International Expansion of Emerging Market Enterprises: A Springboard Perspective", *Journal of International Business Studies*.
[3] John H. Dunning, 2006: "Comment on Dragon Multinationals: New Players in 21st Century Globalization", *Asia Pacific J Manage*.
[4] 恒瑞医药公司官网:http://www.hrs.com.cn。

原料加工,成片剂销售到苏北、鲁南市场。该阶段因缺乏资金及利润率比较低,很少有投资在研发及品牌药,无相关专利技术,知识产权欠缺。

2. 第二阶段(1993—1995年):开始重视知识产权,创立品牌仿制药

此阶段恒瑞确立了"做大厂不想做的,小厂做不了的"发展策略,开启了一系列的创新行为,最终选择抗肿瘤药品为突破口,从北京某高校购买了抗肿瘤新药异环磷酰胺的专利,由于积累有限,恒瑞购买专利的资金是通过银行贷款获得的,显示了恒瑞开发知识产权的决心。购买该专利后,恒瑞随即成立了药物研究所对该生产工艺进行研究。1995年,国家药政部门批准抗肿瘤新药异环磷酰胺上市,恒瑞首次拥有了自己的品牌药,并在随后几年促进了恒瑞药业的快速增长,带动了市场销售和产品竞争力显著的提高,利润也开始增长。至此,恒瑞进一步确立了抗肿瘤药作为主攻方向,实现成功转型。

3. 第三阶段(1996—2010年):规范知识产权管理,借力国际创新资源

在系列品牌仿制药成功上市后,恒瑞开始了实质产品研发与专利行为。2000年在上海设立了药物研发中心。2005年恒瑞药业开始申请PCT专利,2006年在美国设立研发中心,开始雇用国外优秀研发团队和经过训练的国际药业研究员。2008年公司设立知识产权部门。该阶段恒瑞逐渐建立了集中管理模式的专利管理制度和流程,主要以项目负责制的模式推进日常专利管理工作,专业的专利人员负责专利检索、专利分析、专利申请等多项工作。研发、生产、销售部门则与专利相关事务部直接沟通。随着研发能力的巨大提升,恒瑞药业在这一时期获得了巨大的创新成果,逐渐明确了打造"中国人的跨国制药集团"总体发展目标。

4. 第四阶段(2011年至今):确立知识产权优势,成为全球细分市场领先者

恒瑞进一步完善了系统的创新及知识产权管理体系,研发人员管理、新技术专利跟踪机制、整体研发专利预警系统、合作网络、专利转化与应用子系统等的管理进一步规范与夯实,制定了专利全流程管理规范,形成了从研发立项到运营管理的高价值专利全流程培育机制。此阶段恒瑞围绕国际化和科技创新两大战略,瞄准全球医药科技前沿,加快高品质药品的研发与创新,同时公司加强了对国际市场的开拓,国际化进程明显加快,其知识产权战略有力支持了创新及国际化道路,逐渐成长为全球行业领先者之一。2011—2012年,恒瑞两类注射剂药分别获得美国FDA认证及欧盟EDQM

认证。2015年恒瑞将具有自主知识产权的肿瘤免疫治疗单克隆抗体国际专利许可给美国 Incyte 公司,许可费用收入达 7.95 亿美元,这实现了中国医药企业从进口发达国家专利技术到中国企业许可自己的专利技术给发达国家跨国公司的转变。2018 年 1 月,恒瑞医药两项拥有自主知识产权产品与技术分别许可给美国 Arcutis 公司和 TG Therapeutics 公司,许可费达 2.23 亿美元与 3.5 亿美元,再次凭借知识产权带来高额回报。与此同时,恒瑞的国际化取得飞跃式发展。截至 2016 年底,全球共有员工 1.2 万多人,在美国、欧洲、日本和中国多地建有研发中心或分支机构,公司每年投入销售额 10%左右的资金用于研发,国际创新网络有力支撑了公司的创新战略。

(二)海正的知识产权优势培育

浙江海正药业集团始创于 1956 年,已发展成为由原料药、制剂、生物药、创新药及商业流通等业务组成的医药产业集团,现有发明专利近 300 个,"海正""HISUN"已被认定为中国驰名商标,且海正已入选国家首批"创新型企业""国家知识产权示范企业"。其知识产权演进历程如下:

1. 第一阶段(1956—1977 年):生产药物原材料,依靠有限产品求生存

海正早期以提炼天然樟脑油为主要业务,在成立到以后的很长一段时间内,海正主要生产药物原材料,利润率比较低。该阶段制药厂很少创新,无专利及专利技术,无相关知识产权管理。

2. 第二阶段(1977—1992 年):购买外部技术,尝试进行适应性创新

1977 年,海正以当时 8 万元高价,买下上海医药工业研究院研制的克念菌素技术成果。1981 年,一位颇具有开拓精神和创业精神的年轻经理走马上任,加速了海正药业的创业与创新进程。1986 年 2 月,海正在全国招标阿霉素项目成功中标,高价购买了上海医药工业研究院的阿霉素实验室工艺成果,获得授权使用阿霉素的生产技术,用三年时间成功实现了产业化。此后,海正升级了其药物生产战略,初步尝到了专利开发与运用带来的甜头。这一阶段主要以引进外部技术,在消化吸收基础上进行适应性创新为主。

3. 第三阶段(1992—2010 年):重视知识产权管理,开始进军国际市场

在该阶段,海正创新步伐加快,陆续获准成立国家级企业技术中心、博士后工作站和浙江省抗真菌药物重点实验室等研发平台,建立了专利评价与保护平台。海正在公司总部设有知识产权部,在上海设有专门的办事机

构,总部知识产权部下专门成立了"专利事务办公室"负责专利信息检索与分析、诉讼准备、专利申请等。包含《新药研究管理办法》和《产业化技术革新奖励办法》在内的相关制度逐步构建并逐渐规范与完善,知识产权管理体系初步建成。公司成功从原材料提供商转型为药物生产商,并开始进军国际市场。1992年,海正获得第一个FDA认证,随后几年内拿到了多个国际市场的多张"通行证",大大提升了海正的主要产品的全球市场份额。

4. 第四阶段(2010年至今):构建知识产权优势,在全球市场谋得一席之地

在该阶段,海正进一步确立了"领先跟随者"的战略定位,知识产权管理制度进一步优化完善,逐步培育了知识产权常规法务管理能力、知识产权平台构建力、知识产权协同管理能力,与总体发展战略、研发策略的融合和耦合程度进一步增强,获得国家知识产权"知识产权示范企业"。随着知识产权战略的推进,海正加快了国际化步伐,2010年在美国设立全资的海正药业(美国)有限公司。为突破发达国家跨国公司对医药专利双重保护机制,海正选择避专利工艺和选择专利到期的高利润药品领域研发策略,已经累计开发实施了近20项药品的避专利工艺,从而进入高利润药品领域生产和全球销售,在全球市场谋得一席之地。目前海正已通过美国FDA、欧盟EDQM等世界不同地区官方认证的品种达到40多个,销往全球30多个国家和地区,在欧美地区拥有领先的市场份额,列入"2017年医药国际化百强企业"。

(三)新兴跨国公司劳动产业发展的历程及其特点

由以上来自中国制药产业的两个典型案例可以看出,新兴跨国公司通过培育知识产权优势,提升自身竞争力,进而带动相关产业发展的历程呈现以下特征:

1. 中国跨国公司知识产权发展起点普遍比较低

总体上来看,大部分新兴跨国公司发展早期基础比较薄弱,技术储备少,加之国内知识产权制度建设滞后等原因,知识产权积累比较少,如专利数量、专利质量方面起点低。中国多数跨国公司的情况类似,加之中国20世纪80年代才正式引进建立专利制度,受制于自身发展阶段和实力的限制,决定了相关企业知识产权的起点低,自主知识产权较少,建立的知识产权实力较弱,通常会陷入低端市场的激烈竞争,很难获得足够的利润来支撑持续的创新活动,结果往往形成低端锁定。正如有研究指出,尽管新兴经济体制造了全球大多数的电视机、手机和纺织品,但这些制造环节通常并不是附加值高的环节,因为技术、知识产权和品牌通常掌握在发达经济体公司手中。[1]据估计,只有不到1%的公司拥有其生产产品中蕴含技术的知识产权,发达国家公司往往获得绝大部分利润,[2]许多新兴跨国公司仍然缺少必要的工具向价值链的高端攀升。

2. 中国跨国知识产权战略演进面临制度与技术的双重挑战

知识产权制度的建立非一日之功,各种新兴跨国公司早期的制度中很少有完整的知识产权制度。与发达国家有200多年的专利制度史相比,中国专利制度起步比较晚,完整的知识产权体系建立过程并非一帆风顺。中国企业在此背景下起步与发展,面临的挑战不言而喻:微观层面需要严格的知识产权保护与宏观知识产权制度环境之间的矛盾凸显。同时总体上技术积累少、技术专业化程度低、培育知识产权的动力不足,知识产权人才缺乏,社会对知识产权重要性认知度有待进一步提高等现象普遍存在,这给中国企业成长为跨国公司带来了挑战。

3. "补课"与"赶超"是中国跨国公司培育知识产权优势的主要驱动力

知识产权是企业技术创新的缩影,反映了对特定技术路线与创新范式的创造成果,知识产权制度则是国际通用性制度与保护机制,反映了社会对其创新对价的方式。知识产权越来越成为市场"入门券"和必要条件。这里把中国跨国公司演进动力归为两类,一类为弥补与西方跨国公司的差距的"补课"。由于中国跨国公司知识产权起点低,其知识产权战略演进动力离不开"补课"的内在需要,如为获得国际公认的资质或认证,或为获得更多专利的FTO(Freedom To Operation)。另一类是创新收益的极大激励,如为追求技术领先,占有更大市场,在国际市场更大的影响力和话语权等开展的"赶超"。

4. 中国跨国公司知识产权优势的培育普遍经历从被动适应到主动进取的过程

为成功进入全球高品质与高技术含量产品市场,中国跨国公司知识产权管理规范化是个艰难的历程,或遭受权利人的诉讼,或经受竞争对手的围

---

[1] 埃森哲研究报告:《新兴跨国公司的崛起》,http://doc.mbalib.com/view/3271f8c49f4f895a52673fe23a11049a.html(2017年3月5日访问)。

[2] Charles Leadbeater and James Wilsdon, 2007: "South East Asian Economies Herald a New Dawn of Technological Innovationn", *TIME*, 1—17.

攻，或经历艰难的市场选择过程，或经历痛苦的转型，知识产权规范化的动力可能并非来自技术本身，并非出于公司主动前瞻性布局，大多出于被动应对的需要，如被迫购买标准许可，在国外遭遇多起知识产权诉讼，遭受美国331、337条款的审查等。这些知识产权方面的教训或国外竞争对手刻意的围追堵截促使中国跨国公司适应高标准的知识产权制度要求，在知识产权方面快速规范化，快速转型，最终成为拥有明确知识产权战略的市场成功者，其知识产权管理经历了从无到有，从简单到复杂，从不断完善、被动适应到主动进取的发展历程。[1]

5. 建立全球创新网络对中国跨国公司培育知识产权优势至关重要

与发达国家跨国公司相比，中国知识产权后发企业自身拥有的资源与在国际市场中竞争所需的高端资源间存在巨大的鸿沟。中国一些跨国公司面对制度与技术双重挑战，通过知识产权战略在国内发展和国际竞争之间建立一座桥梁。在中国跨国公司知识产权优势培育过程中，建立全球创新网络对中国跨国公司培育知识产权优势至关重要。如科技创新和国际化是恒瑞的两大战略，恒瑞通过对外投资在美国、欧洲和日本都建立了研发中心，接近创新源，以全球化视野推进创新研发，实现了中国企业从进口美国生物医药技术向出口创新技术的转变，在其知识产权战略演化过程中，从无知识产权到对知识产权敏感，再到逐渐规范，再逐步树立战略知识产权管理体系，并逐步学会构造自主创新平台，构造企业自身专利组合乃至专利池，形成知识产权优势，培育了核心竞争力，不仅使自身获得成长，而且促进了国内相关产业升级发展。

二、南非萨索尔：以技术突破带动新产业发展

萨索尔成立于1950年，以"煤制油"技术闻名世界，是南非著名的从事化工品和燃料技术研究的公司，是世界上最大的化工原料供应商之一。该公司的独特之处在于其是世界上唯一进行煤液化生产合成燃料大规模商业化生产的跨国公司，多年稳居《福布斯》"全球企业500强"和"全球化工企业50强"行列。在国内，萨索尔对南非的经济影响广泛，该公司提供了南非大约30%的燃油需求，约5%的GDP份额，雇用了约20%的员工，在南非国民经济中的地位举足轻重。目前，萨索尔在33个国家拥有员工近3万多人。

---

[1] 黄国群：《国外知识产权优势企业管理经验特点及启示》，《情报杂志》2016年第1期。

该公司现已构建了完整的专利体系,有约 210 个专利族,成功构筑了本领域的专门技术保护。

20 世纪 40 年代,南非实施种族隔离制度,国际社会对南非进行经济制裁,其中的石油禁运对南非影响非常大,为此南非国内石油供应紧张,为了从根本上缓解供给紧张的现状,南非政府决定根据本国煤炭资源比较丰富的特点,加快煤制油技术开发,以此作为石油的替代品,减少对国际社会石油供给的依赖。南非确定煤制油技术的研发方向后,于 1947 年通过《液化燃料和石油法案》,该法案明确提出大力开发煤炭液化技术,萨索尔在此背景下应运而生。1950 年,专门从事煤炭液化研究和生产的单位——萨索尔公司成立,主要致力于煤炭转换为石油的研究和生产。萨索尔早期主要致力于将外国技术移植到南非。1955 年,萨索尔公司成功利用低温费托反应技术生产出第一桶煤制柴油。1968 年,在南非提出了首件专利申请,并获得授权。5 年后萨索尔公司生产的第一批煤化油开始供应国内市场。依靠在煤化油方面的重大技术突破,南非不仅打破了国际社会的石油禁运,而且成为世界上第一个可利用煤炭液化技术大规模、商业化生产石油制品的国家。20 世纪 70 年代的世界石油危机对南非的冲击和反种族隔离运动促进了当时的执政党政府对萨索尔公司大力扶持,萨索尔规模迅速扩张,并提出了不少的专利申请,同时有若干研究报告也在南非国内以及国际上出版,奠定了萨索尔在煤化油领域的国际领先地位,也促进了国内相关化工产业的发展。

进入 20 世纪 80 年代后,当时的南非政府力推的 Mossgas 项目给了萨索尔带来了专利许可的受益,促进了其本土专利许可业务的发展。在这一时期的前半段,经济制裁给南非带来了极大冲击,由于缺乏政治合法性,萨索尔几乎被排除在全球研究网络之外,为了保持在本领域的可见性,萨索尔在该阶段公开出版物数量大增。同时为了应对 Shell、Exxon 等其他公司的专利冲击,萨索尔正式把申请特别技术专利定为目标。1997 年萨索尔正式成立知识产权部门,专门负责知识产权相关事务。此后萨索尔的专利申请量有质的飞跃,知识产权管理方面的支出得到很好控制,知识产权管理有助于提高技术交流的质量的效果也体现出来。[1]这一时期萨索尔越来越多关

---

[1] J. Collings, 2002: "Mind Over Matter: The Sasol Story, a Half Century of Technological Innovation", M. Johannesburg, SA: Sasol, 2002.

注于内部技术发展,同时也有零星国际合作,如萨索尔和美国雷神公司合作开发萨索尔的固定流态化床(SFFB)反应堆,并最终商业化开发 HTFT SAS 反应堆。进入 21 世纪后,2001 年,萨索尔确立"成为全球受尊敬企业"作为公司愿景。这一时期无论是国际化进程、研发节奏均加快,不断进行技术创新,开拓化工领域新市场。2001 年起,萨索尔开始与国内的大学以及荷兰、苏格兰的大学开展相关合作项目。随着新一代浆态床天然气制合成油(GTL)工艺开发取得进展,公司业务也朝着多元化方向发展,国际合作的步伐不断加快。另外,天然气合成油领域潜力巨大。天然气合成油制造工艺复杂,前期投资成本高,受天然气价格和原油价格影响较大。自 2013 年 11 月开始,萨索尔加拿大分公司着手推进新的国际化发展计划,欲在 2021 年前建成加拿大首个天然气合成油工厂,此举显示了萨索尔进入新业务领域的雄心。

南非萨索尔是新兴跨国公司以技术突破带动国内新产业发展的典型案例。萨索尔在成立之初即因南非政府煤化油技术的强烈需求而设立,其发展也一直得到南非政府的大力支持,当技术得以突破后,1955 年萨索尔建成了第一座煤变油工厂。70 年代石油危机后,政府投入力度更大,该公司相继建起了两座大规模工厂,南非煤变油工业得以快速发展。从萨索尔公司的发展历程可以看出,在南非政府的支持下,该公司获得重大技术突破,并依靠煤制油技术的突破引领了南非石油供应的发展,促进了相关产业发展,改善了南非因多煤少油而形成的对国际市场依赖的状况。

三、巴西航空:国际合作引领产业发展

巴西自独立以后直到 20 世纪 30 年代都是一个以种植咖啡和橡胶为主的农业经济国家。自 20 世纪 30 年代开始推行工业化后,第一产业在国民经济中的比重大幅度降低,第二产业和第三产业占比则提高到 50% 以上,这一进程催生了巴西石油、淡水河谷、国家钢铁等具有一定国际竞争力的制造企业,但这些企业主要是基于不可再生资源的开采而壮大起来的企业,国内的产业结构主要是依赖自然资源禀赋(如铁矿石、石油、蔗糖、棉花等)而建立的,经济增长主要依托采矿业和农矿产品出口,制造业对外资的依赖程度较高,因此改善第二产业内部结构,提升制造业技术水平,发展高端制造业是巴西产业升级的当务之急。巴西航空工业公司正是在这样的背景下诞生。

巴西航空是巴西的一家航空工业集团,被称为"巴西工业的王冠之宝",是新兴与发展中国家发展航空工业成功的楷模,也是新兴与发展中经济体发展高端制造业、促进产业升级的典范。该公司成立于 1969 年,总部位于巴西圣保罗州的圣若泽杜斯坎普斯,同时在中国、美国、葡萄牙、新加坡和法国设有办事机构、工业生产基地和客户服务中心,分布于全球 20 个国家,共有 1.9 万多名员工。该公司是世界四大民用飞机制造商之一,也是全球支线喷气客机的最大生产商。巴西航空的业务范围主要包括商用飞机、公务飞机、防务飞机以及航空服务等四大部分,为全球最大的 120 座级以下商用喷气飞机制造商。

巴西航空成立后,经过多年发展,在技术研发、新产品开发、国际市场拓展及产业辐射等各方面全面带动了巴西航空工业的发展。得益于早期巴西政府对航空技术的系列研发,巴西航空成立初期,即于 1973 年开发出"先锋"型飞机(Bandeirante),这种机型的主要买家是巴西军方。巴西航空在起步阶段实力仍然比较弱小,生产技术对外国公司依赖性高,仍延续了其他航空公司依赖政府支持维持的发展模式。巴西航空新产品开发真正取得突破是在 1994 年私有化之后,巴西航空的发展开始推行真正的市场化战略,公司发展的重点也从技术中心转向以市场为中心,巴西航空开始投入更多资金进行新产品开发,力图打破这种"技术依赖国外,市场依赖政府采购"局面。通过国际合作研发的方式,巴西航空研发出系列产品,逐步在全球航空市场上谋得一席之地。目前公司研制生产的商用喷气飞机主要分为 E-喷气飞机系列和 ERJ145 喷气系列等两大系列产品,其产品还包括多款公务喷气飞机以及多种用途的军用飞机。为了弥补研发产品所需资金的不足,巴西航空从创建伊始就确立了"出口导向战略",将开拓国际市场作为公司发展的重点。进入 21 世纪以前,美国是其主要的市场,进入 21 世纪后,伴随着多款有竞争力的新产品成功研发,巴西航空的国际市场范围逐步扩大,目前,公司在全球范围内一共交付了 5 000 多架飞机,业务遍及全球,成功跻身全球四大商业航空制造商系列。

分析巴西航空崛起与巴西航空工业发展的历史互动关系可以看出,二者的互动关系呈现以下四个特征:

(一)国内航空产业早期发展的技术储备是巴西航空公司崛起的基础

航空工业是衡量一个国家制造业先进水平的"制高点",是推动高科技发展和产业升级的引擎,一直为巴西政府所重视。早在1941年巴西政府就创建了航空事业部,1945年,巴西政府了专门从事应用航空科学研究与教育培训的机构CTA。20世纪的六七十年代,ITA开展了一系列的航空科研大项目,包括航空技术、微电子以及信息技术等,初步建立起了航空工业发展的科技和人才基础。1966年启动了双发涡桨飞机"先驱者号"项目,它是巴西拥有自主知识产权的首个运输机型,也是巴西航空后续发展的坚实的基础,参与该项目的科技人员也成为后来组建的巴西航空工业公司的骨干。在国内航空产业发展的早期阶段,巴西航空业技术落后,亏损严重,产业发展十分缓慢,政府主要通过政府采购的方式支持本国航空工业的发展,无法为国内航空制造商提供足够的资金投入支持,国内两家航空制造企业依靠政府采购维持生存,在民用飞机的技术研发和生产上一直停滞不前,于是巴西政府组建了巴西航空工业公司,目的是成立政府控股的国有企业,通过政府产业政策的主导将多年在航空技术方面的研发快速运用到生产实践中,形成生产能力。

(二)产业集聚效应是巴西航空带动国内产业升级的重要作用途径

航空工业的发展离不开众多的配套企业。因巴西航空强大的产业发展引领和辐射作用,该公司总部所在地已经成为一个以航空产业为主的新兴工业中心。巴西航空与相关领域的国际知名跨国公司有广泛合作,已吸引了大众、福特和通用动力公司相继在巴西航空总部所在地建立了制造基地,一大批生产组合件和电子元器件的配套企业也在此积聚,这些配套企业和供应商包括派克、索那卡等皮尔金顿宇航等国外知名供应商。巴西航空还与一些知名跨国公司在此地投资设立了合资企业,专门生产飞机零部件。在巴西航空的带领下大量飞机制造领域的企业在此投资,形成了产业集聚效应,促进了与航空相关的冶金、化工、材料、电子和机械加工等领域的技术进步,整体上提升了巴西航空产业的技术水平和制造能力。

(三)巴西政府产业政策的大力支持在巴西航空发展进程中起到重大作用

世界航空工业的发展历来由欧美发达国家主导,资本和技术壁垒都很高,作为发展中国家,巴西航空仅凭自身力量想在高资本投入、技术与知识密集度高的全球航空市场谋得一席之地是非常困难的。巴西航空成立后,政府辅之以各种产业支持政策,不仅支持本国航空产业的发展,也为巴西航空提供各种直接的支持。巴西政府非常重视自主发展巴西航空工业,从基础研究、型号开发、生产与销售以及人才培养等各方面全力支持航空工业,支持的形式也多种多样,包括政府采购、出口支持、鼓励民间资本投资、税收优惠和关税保护等,这为巴西航空的崛起创造了良好的产业发展环境。

政府对巴西航空的支持主要包括以下方面:首先,股权结构安排方面,巴西航空成立之初即为国有企业,国家占绝大部分的股份,私人只拥有不足5%的股份,即使在1994年巴西航空实行私有化后,政府只保留少数股份,但仍拥有否决权的"黄金股",这样的股权结构安排能保证相关支持政策直接惠及巴西航空的发展,也能保证巴西航空的发展符合政府航空产业发展的政策引导;其次,政府采购方面,巴西政府下属公共部门是巴西航空的得力买家,为巴西航空的发展提供国内市场需求支持;税收优惠方面,政府免除了巴西航空的许多税费,并允许巴西的企业把每年所得税的一定比例用于购买巴西航空的股票,为巴西航空的发展提供了充足的资本;在保护国内市场方面,巴西政府通过执行差别化关税支持巴西航空。20世纪60年代政府设立了高关税壁垒来保护国内的航空工业。对于需要进口的那些巴西不能生产,关键原材料和零部件等,巴西政府则免除关税,以此减轻巴西航空的税收负担,而对于国内有条件生产的设备和零部件,则通过高额关税限制进口;在开拓国际市场方面,巴西国家开发银行在巴西航空的海外销售中提供巨大的出口信贷支持。可以说巴西政府强有力的产业政策支持是巴西航空成功崛起并带动国内航空工业发展的重要因素。

(四)在细分市场上的准确定位是巴西航空得以引领巴西航空工业发展的关键因素

巴西航空成立后,为避免与波音和空客等发达国家跨国公司在大飞机领域竞争,公司将目光投向了支线客机、军用教练机等细分市场,这些市场在当时还未被开发,竞争对手比较少,集中精力在少数关键产品的研发和生产上,既能避免资本实力不足时进行大规模投入,而且可以通过在关键产品上的成功逐步打开市场,提高公司声誉和竞争力,然后以此为跳板进入中型飞机市场。事实表明,巴西航空在细分市场上的定位是非常成功的。1996年公司开发了50座的ERJ145喷气支线飞机,这款新产品性价比明显优于同一目标市场的先行者庞巴迪CRJ-200,一经问世,即在全球收获大量订单,在不到4年的时间,巴西航空即在全球销售了300架,而其竞争对手庞巴迪花费了差不多7年时间才交付了同样数量的飞机。进入90年代以后，世界航空市场出现低迷，公司的订单陡降，巴西航空遇到了前所未有的困境。为应对发展困境，公司敏锐地捕捉到国际航空运输市场对70—110座级的喷气式飞机的需求（这也是波音和空客忽略的市场），开发出E-喷气系列飞机，占领市场。借助在细分市场上的技术优势和资本积累，巴西航空迅速在大支线客机市场上站稳脚跟，在商用飞机市场中获得生存空间，随后在大支线客机竞争日趋激烈的情况下，又果断进军公务机这一在当时还未形成市场垄断的细分市场，再次获得成功。进行21世纪以后，巴西航空又将目光瞄准了包括中国在内的需求潜力大的新兴市场。2002年底，巴西航空工业公司与中国第二航空工业集团所属哈尔滨飞机股份公司共同投资，成立哈尔滨安博威飞机工业有限公司，合资公司主要生产巴西航空的经典产品ER1J45系列飞机，当年年底即组装生产了首架ERJ145，此举带动了巴西航空相关产品在中国市场的销售。正是在细分市场的准确定位帮助巴西航空巧妙地避开了同波音和空中客车的直接竞争，在高度垄断的全球航空市场找到发展的方向。

（五）国际合作是巴西航空引领巴西航空工业发展的制胜法宝

众所周知，航空产业的全球产业链比较长，各国众多企业已经在不同技术和生产环节形成了较为稳定的全球产业价值链分工体系。巴西航空接受这一现实，通过国际合作充分利用国际航空科技工业资源，寻求公司发展的突破口。其国际合作主要表现在以下几个方面：一是多途径利用国外技术。如"二战"后，德国的一批航空科技专家被招揽到巴西，这些专家将当时世界领先的德国航空科技带到了巴西；二是与发达国家相关企业结成战略联盟。1999年巴西航空同当时的法国航空航天集团结成战略联盟，向出售了20%的股份给法国航空航天集团，"以股权换技术"。2000年7月巴西航空在英国范堡罗国际航展上获得了高达42.2亿美元的支线飞机订单；三是通过国际合作研制新机。20世纪80年代末，巴西航空与阿根廷联合开发CBA-123项目，这个项目为后来取得巨大市场成功的ERJ-145功奠定了技术基础。为满足70—110座支线客机市场的需求，1999年，巴西航联合16家国际航空公司和22家主要设备供应商，投资8.5亿美元，推出了四款机型的E-喷气系列飞机，这一系列新产品帮助巴西航空很快走出了订单减少的困境；四是积极参加发达国家跨国公司的生产体系。1991年为美国波音飞机的波音777飞机生产背鳍。1995年为美国著名的直升机制造企业西科斯基公司 S-92 直升机生产包括燃油系统、起落架等在内的部件,合作生产协议总额高达 3 亿美元。通过为知名企业生产零部件,巴西航空快速提升了制造能力。

四、印度印孚瑟斯公司:与母国产业发展高度融合

印孚瑟斯技术有限公司成立于 1981 年,总部位于印度被誉为"印度硅谷"之称的班加罗尔,是印度 IT 四巨头之一,其行业地位仅次于印度最大的软件企业塔塔咨询服务公司。1987 年印孚瑟斯在美国开设了分支机构,成为公司的第一家海外公司。至今,公司的业务分布在全球 50 多个国家和地区。2016 财年,公司营业收入达 95 亿美元,利润 20 亿美元,员工数超过 19 万 4 千人。全球合作伙伴有微软、苹果、英特尔等,是全球领先的咨询、技术及软件外包服务提供者。印孚瑟斯与印度国内产业发展的互动有以下几个特征:

(一)政府产业政策的引导是印度软件产业的发展关键因素,国内软件产业发展为印孚瑟斯成长提供了坚实的基础

印度产业结构的特点是以软件等为代表服务业为主,2016 年服务业增加值占 GDP 的比重为 53.8%,工业占 28.8%,农业占 17.4%。印度软件产业发展与印度的一些优势有关,如人力资源丰富、劳动力成本较低、英语普及、信息技术发展较早等,但政府产业政策的大力支持无疑是关键因素。早在 1986 年印度软件产业发展的早期,印度政府就制定了计算机软件出口、软件发展和软件培训政策,明确了印度软件产业发展的战略目标,并对从事 IT 出口的企业给予特别的税收优惠,鼓励出口的措施使国内软件企业在发展早期即能接触国际市场。20 世纪 90 年代世界经济已进入服务经济时代,为应对全球经济形势的复杂多变以及节约成本的需要,越来越多的公司将原来在公司内部进行的技术开发、软件开发及应用等业务转移到其他公司进行,印度政府抓住这一发展趋势,进一步推出"零税赋"政策,对软件出口全部免税。印度还成立了专门的软件服务协会,为行业发展提供服务。认识到高科技企业集聚对软件产业发展的重要性,印度还建立了软件科技园,鼓励园区内的企业从事软件出口业务,并给以减税或者免进口税等优惠政策。在印度南、北形成了两个软件外包的集群,即南部以班加罗尔为中心的集群,主要包括班加罗尔、清奈、海德拉德和外加迈索尔;北部的以孟买为中心,主要包括孟买、新德里、加尔各答和外加普内。得天独厚的先天条件

和政府的大力支持促进了印度软件产业的发展,印度是全球软件外包服务市场表现最突出的新兴经济体,被称为"世界办公室",印度软件产业成长的过程也孕育出众多行业巨擘,其中就包括印孚瑟斯。

(二)商业模式创新助力印度软件产业国际竞争力提升

在众多印度软件企业为争取国际市场份额而激烈竞争时,印孚瑟斯准确预测个人计算机大众化趋势,借助新型PC创立了在全球范围内无缝完成项目然后交付客户的商业模式,这就是印孚瑟斯创立的全球交付模式,它是印孚瑟斯成立后15年发展历程的制胜法宝。全球交付模式随着离岸外包产业的兴起,是一种颠覆传统项目运作的商业模式创新。全球化的特点之一是到低成本与高效率的地方生产,以此来提高企业利润,从而提升企业竞争力。印孚瑟斯首创的全球交付模式即很好地实现了这一全球化时代的企业经营理念,即借助于信息技术的进步,打破时间和空间的限制,集合全球的资源为客户提供最有效率的IT服务。在全球交付模式下,软件项目通常会先按照距离客户所在地的远近分解为在岸项目、近岸项目和离岸项目,这些被分解的项目具有良好操作性,这样原本需要由单一公司独自完成的项目,分散在全球的工程师会24小时不间断地工作,直至项目最终完成。全球交付模式提供了巨大的时间和成本优势,大大降低了IT开发、测试和运营的难度,并为企业节省大量的成本,从而大大提高了生产效率,提升了印孚瑟斯的国际竞争力。

(三)为其他产业发展提供资本支持

2013年,印孚瑟斯自筹资金成立了创新基金(Infosys Innovation Fund),初始金额为1亿美元,为公司以外的创业公司和其他创新业务提供资金支持。2015年1月,基金规模扩大至5亿美元,截至2017年1月,这5亿美元创新基金中有6 200万美元投资了创业公司,主要投资是物联网、无人机、大数据和云计算等新兴产业领域,而且对新兴服务,如设计思维,人工智能解决方案和知识产权领域的业务表现出极大兴趣。印孚瑟斯创新基金投资最活跃是在2016年,一年投资了4家创业公司。2015年印孚瑟斯从创新基金拿出了2.5亿美元设立了"印度创新基金",用于投资有发展潜力的印度新创企业,这些新创企业将被纳入印孚瑟斯的全球战略发展系统中。此外,作为创新基金的一部分,印孚瑟斯还推出了"Infosys 孵化器"计划,发现并培育从事于创新颠覆性技术的公司,为公司未来业务创造增长领域。

（四）跨国并购拓展产业发展空间

经历全球交付模式带来的多年高速增长后，印孚瑟斯发展速度减慢，进入21世纪以来，公司着手进行战略调整，开始向应用开发、管理咨询、企业解决方案以及系统整合等多领域扩张，不断向产业链的高端跃进，此举有助于提升印度软件企业在全球产业价值链中的地位，也拓展了印度软件产业发展的外部空间。

在咨询服务领域，2004年1月，Infosys斥资2 430万美元，收购了澳大利亚的信息咨询服务公司Expert Information Services。为了快速弥补公司在咨询领域的不足，印孚瑟斯2012年9月以3.3亿瑞士法郎现金收购全球领先的管理咨询公司Lodestone Holding AG。Lodestone总部设在苏黎世，为跨国公司提供战略和流程优化方面的咨询服务，企业业务领域主要面向生命科学、化学和金融服务以及投资，汽车和消费品行业。此次收购完成后，印孚瑟斯拥有了这家公司分布于全球近800名顶级企业咨询顾问，并获得了200多家客户资源，这些客户大多来自汽车、生命科学和制造行业，公司咨询和系统集成能力大大增强，显著提高Infosys的全球影响力，尤其是在欧洲大陆以及拉丁美洲和亚太地区等新兴市场上的影响力。2014年6月印孚瑟斯新的CEO上任后，为改变公司过度依赖传统软件外包业务的局面，公司开始关注人工智能、大数据和云计算等新兴领域。为推行这一发展战略，2015年2月，印孚瑟斯以2亿美金收购美国自动化技术公司Panaya。Panaya是一家专门从事自动化技术开发的公司，为大型企业软件管理提供基于云的服务，其客户包括可口可乐、通用电气、苹果和强生。其技术能帮助大公司管理和升级复杂的软件包，此次收购有助于印孚瑟斯提供高端软件，并推进其软件外包业务增长。2015年5月印孚瑟斯斥资1.2亿美元收购美移动服务提供商Kallidus及其子公司。Kallidus是领先的数字体验解决方案、移动商务和店内购物体验提供商，服务客户包括全球知名的零售商如GAP、梅西百货、史泰博、科勒等。

（五）企业大学培养行业发展所需人才

印孚瑟斯在员工的培训和教育方面的投入在行业内相当领先。该公司有一个规模庞大的企业大学，其课程设置围绕企业需求，紧跟最新技术发展动向，每个新进员工都要接受6个月的课程培训。这类的培训课程既为印孚瑟斯提供了人力资源储备，同时当员工跨企业流动时无疑会为产业发展带来人力资本外溢效应。

从以上案例可以看出，在新兴跨国公司与国内产业升级互动的过程中，国内产业的发展是新兴跨国公司成长的土壤，新兴跨国公司在提升技术研发水平、开发新产品、提高产品附加值、拓展国际市场以及带动国内关联产业发展的同时，对母国产业升级有引领和主导作用，有些新兴跨国公司甚至因自身的创新活动，获得某种技术突破，进而带动新产业的发展，如上文提到的南非萨索尔公司的案例所示。新兴跨国公司的崛起既是经济全球化的内容，也是经济全球化的结果。新兴跨国公司的兴起同时也是其母国国内经济发展，产业发展的结果，来自新兴经济体的企业结合自身优势，采取相应的跨国投资战略，培育了竞争优势，在全球竞争中获得了一席之地，成长为跨国公司。新兴跨国公司的兴起不仅提升了新兴经济体在世界经济格局中的地位，而且对母国国内经济和产业发展产生了重要影响。对新兴跨国公司而言，母国工业化发展和产业结构改善是新兴跨国公司崛起的前提条件，但发展到一定程度后，新兴跨国公司会从资金、技术、市场等各个方面反哺国内产业，带动本国产业融入全球产业分工体系，提升产业分工地位，进而带动国内产业升级，最终形成良性互动，因此，新兴经济体如果期待以对外直接投资来促进国内产业升级，应高度重视新兴跨国公司的积极作用，培育本国跨国公司参与国际竞争。

第六章
典型发达经济体的经历与启示

第一节　英国对外直接投资与母国
产业升级互动的历程与启示

作为老牌资本主义国家,英国不仅是最早进行对外直接投资活动的国家,而且在国际投资中一直是重要的资本来源国。第一次工业革命后,新技术在英国纺织业、采矿业、冶金业、造纸业、印刷业、陶瓷业、交通运输等工业部门得到广泛应用,英国产业结构得以改善,生产力得到极大提高,而到1914年第二次工业革命完成,英国的工业结构进一步实现了从轻工业到重工业的飞跃,最终形成了以重工业为主导的工业布局,为英国海外投资与扩张奠定了坚实基础。19世纪70年代,英国开始进行对外直接投资,至1913年,英国对外直接投资累计达到40亿英镑,占当时国际直接投资的一半以上。两次工业革命带来产业结构升级,同时催生了英国国内对各类生产原料和矿石等资源的巨大需求,英国主要通过对殖民地直接投资的方式获取廉价的生产原料和资源,为国内工业化进程提供保证,因此这一阶段英国的对外直接投资主要以自然资源开发为主,其次是铁路等公用事业投资,投资主要流向资源丰富的北美、拉美、大洋洲、非洲、中东等国家以及英国所属殖民地半殖民地。19世纪60年代末,英国在中东所控制的石油租让地占到该地区蕴藏量的30%左右。在19世纪60年代至80年代期间,英国对非洲矿产资源的直接投资一直都占到在该地区直接投资总额的1/3左右。[1] 随后由于两次世界大战的破坏,英国国力迅速下降,英国对外直接投资的发展速度大幅下降,规模急剧萎缩。"二战"后到20世纪70年代末,英国对外直接投资逐步恢复,1979年,英国对外直接投资流量再次超过百亿美元,达到125.4亿美元,但这段时期美国已经取代英国成为世界最大的资本输出国。

---

[1] 江东:《对外直接投资与母国产业升级——机理分析与实证研究》,浙江大学,2010。

"二战"后,世界殖民体系瓦解,削弱了英国对其殖民地及其附属国的统治力量,英国逐步丧失了宗主国拥有的各种特权,大量民族国家独立,这些国家独立后不少推行进口替代战略,采取关税、配额和外汇管制等严格限制进口的措施,扶植和保护国内有关工业部门的发展,再加上来自美国等其他发达资本主义国家的竞争,英国对外投资与出口均受到较大冲击,在此背景下,英国以保护和开拓市场为目的的市场寻求型对外投资开始增加,英国企业的目的是利用英国在工业制造领域,特别是纺织等行业的优势,在东道国当地投资设厂,直接生产和销售产品,从而绕开东道国的贸易壁垒,确保英国企业巩固和扩大国际市场,这种状况一直持续到90年代以前。1980年英国对外直接投资存量为804.3亿美元,到1989年则达到1 941.8亿美元。这一阶段,英国对外投资增长主要是受效率寻求型对外直接投资的驱动。特别是20世纪70年代两次石油危机,石油价格暴涨,英国国内生产成本上升,英国制造业利润下降,因此英国企业纷纷到国外生产成本低的东道国投资设厂,开展效率寻求型对外投资,因此不难理解这时期英国对外投资主要以制造业为主,主要分布在食品、化工、电机、纺织等英国的优势领域,制造业领域的投资占对外直接投资总额近六成。

20世纪90年代以来,伴随经济全球化、投资自由化和贸易自由化进程的加快发展,国际直接投资蓬勃发展。在全球化浪潮的席卷下,英国企业对外投资规模不断增加,1990—1999年,年平均投资额达到573.8亿美元,1998年首次突破千亿美元,达到1 228.12亿美元,1999年为2 014.5亿美元,1999年对外直接投资存量6 864.2亿美元。从投资行业来看,英国对外直接投资行业分布更加广泛,对服务业的投资增加很快,主要投向英国的优势行业金融保险、商业服务等。

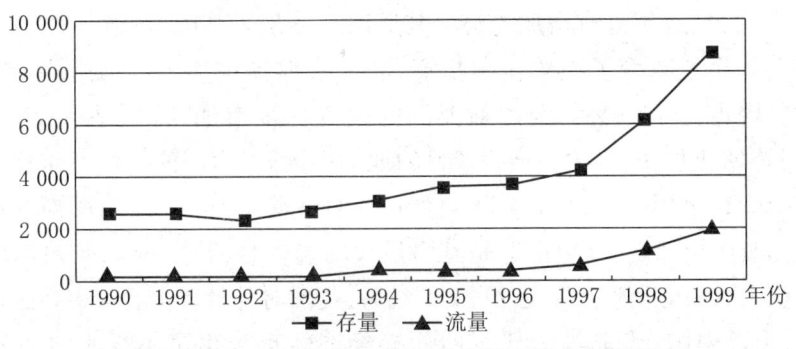

图6-1　1990—1999年英国对外直接投资情况(单位:亿美元)

- 资料来源:联合国贸发会议网站,www.unctad.org。

从投资方式来看,在90年代中期后的跨国并购潮中,以英国石油、沃达丰、葛兰素史克等为代表的英国跨国公司通过跨国并购方式开展战略资产寻求的对外投资活动,主要投向欧美发达经济体,目的是快速获取技术、销售渠道、品牌等要素资源,从而在全球化的激烈竞争中保持领先地位。这段时期,英国跨国并购规模快速扩张,除了1991年、1992年和1997年这三年之外,90年代英国跨国并购额一直高居全球第二位,仅次于美国之后,1999年占世界跨国并购的比例为29.1%,占发达经济体跨国并购额的比例为30.9%。

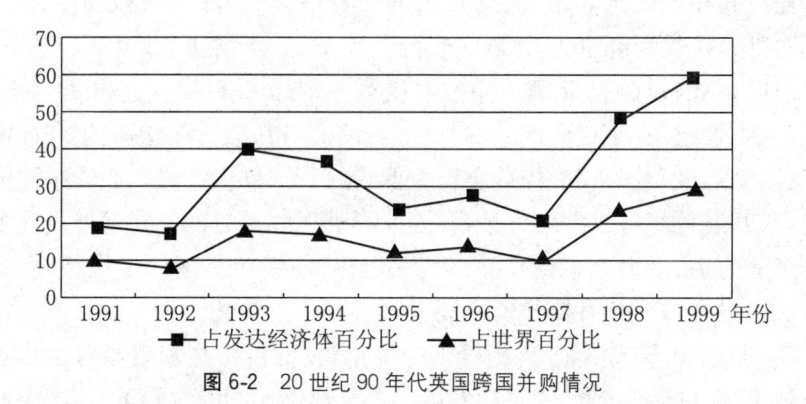

图6-2 20世纪90年代英国跨国并购情况

· 资料来源:《1999年世界投资报告》,《2000年世界投资报告》。

进入21世纪以来,英国对外投资进一步扩张。从区域分布来看,英国对外投资集中于欧美的趋势有所改变,特别是包括中国在内的亚洲新兴市场的成长吸引了来自英国的投资,英国对欧洲(主要是欧盟地区)的投资有下降趋势,但仍然是英国对外投资的主要目的地,仅次于欧盟,居于第二位,且近年来有增加趋势。其原因主要是受英国"脱欧"事件影响,一些英国企业减少了在欧盟的投资,转而投向美国所致,2016年英国对美国投资占比19.9%。英国对亚洲的投资稳步增加,特别是2010年以来,投资增速加快,其中主要投资目的地为中国,对中国的投资逐年稳步增加,2016年对中国的投资占英国对外投资的比重为19.9%。英国对非洲的投资相对比较稳定,其中南非是其中最大的投资目的国,2016年对南非投资占比1.1%。总体上看,进入21世纪后,英国对外投资主要集中在欧盟和美国,但以中国、南非等为代表的新兴经济体也吸引了不少来自英国的投资。

表 6-1　2007—2016 年英国对外直接投资区域分布　　　　　　（单位:%）

年　份	2007	2008	2009	2010	2011	2012	2013	2014	2015	2016
欧洲	59.4	59.9	57.8	59.9	57.6	54.6	50.6	48.7	49.3	51.1
其中:欧盟	46.5	48.1	49.7	52.4	49.9	47.0	41.7	41.3	42.1	43.4
美洲	31.0	30.2	29.2	24.5	25.8	27.4	30.0	34.1	31.6	29.2
其中:美国	21.0	21.1	21.9	16.9	18.2	18.4	15.5	23.6	21.9	19.9
亚洲	5.5	6.4	7.5	9.3	10.0	10.0	11.5	11.3	12.8	12.6
其中:中国	0.3	0.4	0.5	0.6	0.6	0.6	0.4	0.8	0.9	1.0
大洋洲	1.9	1.8	1.9	3.2	3.6	4.1	4.6	2.0	2.8	3.5
其中:澳大利亚	1.8	1.6	1.6	3.1	3.4	3.9	4.4	1.9	2.6	3.4
非洲	2.2	1.8	3.6	3.1	3.1	4.0	3.3	4.0	3.6	3.7
其中:南非	1.3	0.8	2.1	1.3	1.2	1.2	0.8	1.2	1.1	1.1

- 资料来源:根据英国国家统计局资料计算,www.ons.gov.uk。

从对欧盟投资的具体地理分布来看,英国的投资主要集中在荷兰、卢森堡、法国、西班牙、爱尔兰、德国、比利时和意大利。2016 年英国对这 8 个国家的投资占英国对欧盟投资的 91%。结合上述分析来看,进入 21 世纪以来,英国对外投资有主要集中在发达经济体的特点。

表 6-2　2007—2016 年英国对欧盟主要经济体的外直接投资

（单位:亿英镑,%）

年　份	2009	2010	2011	2012	2013	2014	2017	2016
荷　兰	131 505	132 179	132 464	128 725	111 882	121 884	128 707	141 738
卢森堡	133 212	149 180	151 827	121 881	104 572	108 192	93 837	112 774
法　国	49 796	63 767	58 951	70 853	25 477	57 030	60 488	71 741
西班牙	47 132	48 454	44 751	36 194	4 781	40 532	45 015	55 944
爱尔兰	35 008	41 200	45 737	44 223	27 660	31 896	42 839	48 199
德　国	28 029	23 625	22 222	15 526	20 217	20 698	17 738	20 899
比利时	15 807	43 284	40 991	16 699	12 537	11 032	15 818	14 928
意大利	12 735	12 903	12 308	10 836	10 200	11 165	10 950	12 452
占欧盟投资的比例	89.9	91.1	91.4	88.1	69.8	90.4	91.1	91.0

- 资料来源:英国国家统计局,www.ons.gov.uk。

从投资产业分布来看,英国在第一产业领域的投资非常少,这与英国产业结构特点有关,英国第一产业在国民经济中所占比例非常小。事实上,从 1999 年农业增加值占英国 GDP 的比重首次下降到 1% 之后,直到 2016 年,这一比例始终没有超过 1%,2016 年为 0.2%。在第二产业领域,英国对外投资主要集中在采矿业,石油、化工、医药、食品等优势行业,服务业是英国对外投资最多的行业,其中金融服务、科技、专业服务等领域是主要投资方向,英国在优势领域的对外投资主要目的是利用英国在这些领域的资本和技术优势开发国际市场,保持领先地位。

表6-3 2013—2016年英国对外直接投资主要行业分布 (单位:百万英镑)

产 业	年 份	2013	2014	2015	2016
第一产业	农业、林业和渔业	875	1 204	1 424	2 041
第二产业	采矿业	198 960	190 338	170 798	164 861
	食品业	54 493	48 210	54 474	61 484
	纺织与木材加工	1 774	943	764	2 440
	石油、化工、医药、橡胶、塑料制品	63 283	69 221	69 139	76 716
	金属及机械产品	11 306	16 600	15 119	15 596
	计算机、电子和光学产品	2 027	2 505	2 891	2 501
	交通运输设备	6 971	11 041	14 193	14 649
	其他制造业	30 332	33 606	31 608	36 778
	电、煤、水的供应和废物处理	12 602	8 940	10 480	15 725
	建筑	1 655	1 395	1 374	1 408
	第二产业总计	383 403	382 799	370 840	392 158
第三产业	零售批发业及维修	39 163	42 538	44 529	49 096
	物流与仓储	15 193	15 560	19 005	23 518
	信息和通信	93 595	99 251	110 522	123 271
	金融服务	286 124	257 536	239 247	301 694
	专业、科技服务	22 360	28 859	33 627	37 367
	管理咨询服务	18 432	17 822	19 939	14 652
	其他服务	39 535	36 112	39 884	42 832
	第三产业总计	514 402	497 678	506 753	592 430
	三大产业总计	898 680	881 681	879 017	986 629
三大产业占比	第一产业所占比重(%)	0.1	0.1	0.2	0.2
	第二产业所占比重(%)	42.7	43.4	42.2	39.7
	第三产业所占比重(%)	57.2	56.4	57.6	60.0

• 资料来源:根据英国国家统计局资料整理计算,www.ons.gov.uk。

分析英国对主要经济体投资的行业分布情况可看出,英国对欧盟的投资主要集中在金融服务、零售批发、信息通信、采矿、食品等行业,对美国主要投向金融服务、信息通信、管理咨询、食品等行业,对澳大利亚的投资主要集中于金融服务业、专业科技服务业等。在主要新兴经济体中,对中国的投资分布在金融服务、零售批发、专业科技服务、石油化工等领域;2016年对印度的投资有所减少,从石油化工以及零售批发业撤资较多,其他主要分布在金融服务、信息通信、专业科技服务、金属及机械产品等领域;对南非的投资分布在石油化工及其他制造业,在服务业领域主要投向金融服务、物流与仓储,值得注意的是从批发零售行业流出的资本比较多;对巴西制造业的投资主要分布在石油化工、金属与机械产品制造、交通运输设备等领域,对巴西服务业的投资主要集中于金融服务、专业科技服务和管理咨询服务这三个领域。总体上看,无论是对发达经济体还是新兴经济体,以金融服务为代表的服务业是英国重点投资行业,而英国是全球金融服务业高度发达的经济体,金融服务业国际竞争力较强,因此在服务业领域的投资是由英国在相关行业的优势所决定和推动的,同时,英国在服务业领域的国际直接投资也拓展了英国相关产业的外部市场空间,体现了对外直接投资与母国产业发展的良性互动。

表6-4　2016年英国在主要经济体投资的行业分布情况　（单位:百万英镑）

行业	欧盟	美国	澳大利亚	中国	印度	南非	巴西
农业,林业和渔业	248	—	—	—	—	10	—
采矿业	27 036	—	—	—	—	—	—
食品业	25 119	12 394	—	—	—	—	—
纺织与木材加工	—	1 250	—	36	9	−4	—
石油、化工、医药、橡胶、塑料制品	—	—	—	579	−164	376	167
金属及机械产品	5 103	5 478	259	451	274	94	647
计算机、电子和光学产品	1 607	469	—	26	41	—	17
交通运输设备	4 660	6 912	774	333	148	—	79
其他制造业	10 973	17 035	63	473	114	284	408
电、煤、水的供应和废物处理	2 227	—	3	—	—	1	1
建筑	709	52	—	72	16	—	1
零售批发业及维修	35 962	2 372	825	1 496	−17	−166	—
物流与仓储	5 062	4 342	63	13	77	190	—
信息和通信	90 981	19 869	—	164	272	124	139
金融服务	140 576	32 725	10 648	3 470	1 034	8 389	276
专业、科技服务	8 044	16 149	2 554	1 048	287	149	505
管理咨询服务	9 481	2 322	835	151	—	38	447
其他服务	17 928	3 660	4	2	—	—	961
总计	526 135	240 979	41 042	11 605	13 188	13 422	13 498

• 资料来源:英国国家统计局,www.ons.gov.uk。

分析英国对外直接投资与产业升级互动的历程可以看出,英国对外直接投资有两个重要特点,一是投资大量集中在欧盟和美国等发达国家,二是对外直接投资以金融等服务业为主。英国是传统的金融强国,所以英国对外直接投资主要是利用本国在服务业领域,特别是金融服务、管理咨询等领域优势在需求条件近似的发达国家进行投资。值得注意的是,由于"脱欧"事件的影响,近年来英国对欧盟的投资有所下降,对以中国为主的亚洲新兴经济体投资增加较快。从国内产业结构变动趋势来看,在国际金融危机对英国金融服务业产生严重冲击的情况下,自2009年以来英国政府制定了一系列发展战略,以低碳战略和数字化战略来打造英国经济新的增长点,并通过高科技及低碳技术实现对传统工业的升级改造。同时英国政府通过税收优惠等措施来吸引制造业回流,通过打造新的经济增长点、传统产业改造升级、围绕核心产业加大基础设施和科研投入等多方面努力,积极推动产业转型,为英国经济的可持续发展奠定基础。具体来说,目前,英国注重发展高端制造业、高科技产业及创意设计产业,力图使服务业和制造业相互补充和促进,着力提高制造业的附加值,特别是推动本土制造业提升附加值。作为曾经的"世界工厂",种种迹象表明英国似有推动制造业复兴和转型,推进高端服务业和制造业融合发展之意,预计随着英国产业结构进一步升级,未来英国对外直接投资会有更大发展。

第二节 美国对外直接投资与母国产业升级互动的历程与启示

对外直接投资是美国对外经济扩张的重要手段,在美国产业升级过程中发挥着重要作用。美国产业升级经历了最初以第一产业为主,随着工业化的深入发展,第二产业占比先上升后又逐渐下降,第三产业比重不断上升,最终超过第二产业,在国民经济中居于主导地位的过程。美国对外直接投资的产业分布也经历了一个由初级产业向制造业再向服务业转移的历程,反映了国内产业升级的结构性变化,对外投资与之具有高度的契合性。

"一战"以前,全球依然呈"中心—外围"格局,中心国家在外围国家的投资主要为获取能源、矿产品和农产品,供应国内产业发展,美国对外直接投资也呈现这一特点。美国对外直接投资在早期的起步阶段,主要集中于矿业、农业,美国对外直接投资的行业领域也呈现以矿业、农业和石油为主的分布特点，1914 年这三大行业的累计直接投资额分别占全部对外直接投资的 27.4%、13.5% 和 13%，三大行业累计投资额占全部对外直接投资的一半以上，制造业投资则相对较少占比，为 18.1%，服务业占比不足 10%。投资地区多在毗邻的经济落后国家。这一阶段美国对加拿大、墨西哥和拉美地区的投资额占其对外直接投资额的 71.8%。美国第二大投资目的地是欧洲，约占 20.9%。对亚洲和大洋洲仅占 5.5%。在拉丁美洲地区，美国大约 70% 左右的投资流向了以石油开采为主的采矿业和农业，对墨西哥采矿业投资的比例超过 50%，制造业占比极低，这说明美国对上述地区的投资主要是以获取廉价资源为目的。美国对加拿大和欧洲投资八成以上以制造业为主，美国这种对外投资的区域与产业分布结构说明，在对外投资发展的早期，美国一方面从落后国家和地区获取廉价资源和原料，然后通过在欧洲等地就地设厂、销售，意在获取高额利润，占领国际市场。从某种程度上说，它具有 20 世纪 90 年代以来经济全球化背景下的产业国际分工雏形，因此，对外直接投资是美国相关产业国际化发展的重要推动力量。

"二战"结束后的 1945 年，美国对外投资额达到历史高位——84 亿美元，为世界第一资本输出国。在这一阶段，虽然采矿、石油和农业等初级产品行业在美国对外直接投资中地位有所下降，但矿业和石油业在美国 1950 年的对外直接投资总量中比重仍高达 40%，直至 1989 年，这一比重下降至 15.5%。形成鲜明对比的是美国的制造业，美国在该产业领域的直接投资呈现先升后降的趋势。1950 年美国制造业直接投资的比重只有不到 20%，到 1989 年比重超过 40%。从投资区域分布来看，直至 20 世纪 80 年代美国企业主要在以发达经济体进行直接投资，主要目的地包括英国、法国、德国、荷兰、加拿大等在内的欧美主要发达国家，投资行业以汽车行业、石油冶炼、化工、机械工业、家电制造等为主，主要原因在于，20 世纪 60 年代以来，美国传统的劳动密集型产业面临劳动力价格急速上升的挑战，生产成本上升使得传统美国制造业在世界市场上逐渐失去优势，产业结构迫切需要升级，而美国对外直接投资在这一阶段对产业升级发挥了重要作用。这一阶段美国在收音机、冰箱、洗衣机等生产领域对欧洲进行了数量不菲的投资，通过这样的产业转移，美国一方面释放了该产业原先占有的稀缺性生产要素，如厂房、资金等。这些释放出的生产要素，部分用于传统劳动密集型产业的改造，部分用于发展高新技术产业，资源得到更有效的利用，生产要素也得以合理利用。同时通过对外投资企业也可获得投资收益,获取逆向技术溢出效应,为国内新兴兴产业的发展提供资金支持,促进技术进步,产业增量得以调整。①这些最终导致了美国整体产业升级。这一阶段对发展中经济体的投资以墨西哥、巴西,以及中国香港地区为主。70年代中期以来,亚太地区经济发展迅猛,美国对外重心开始向这一区域转移。进入80年代以来,美国对亚太地区的直接投资迅速增长,到1984年初美国在该地区的投资总额超过了300亿美元。美国对这一地区投资的增加主要有以下原因:首先是这一地区拥有众多成本较美国国内更低的熟练劳动力,有助于美国企业降低生产成本,提高利润,保持竞争力。其在亚太地区的投资利润率相对较高,有20%—30%,远高于其他地区,如1981年美国在该地区的直接投资利润率达22%,而在西欧则仅为12%。②其次,随着经济的发展,该地区人均收入增加,消费水平提升,市场潜力巨大,美国企业在此地的投资可以更好地满足当地需求,占领当地市场。此外,经过60年代和70年代的工业化发展,亚洲新兴工业国家和地区与东盟国家都已建立起较强大的工业基础,产业层次日益接近发达国家,可与之形成纵向和横向的联系。进入80年代以来,亚太地区许多国家和地区纷纷进行产业结构优化与调整,从劳动密集型产业转向资本密集型产业,而资本密集型行业是美国的优势行业,加上亚太地区不少国家都实行积极的引资,这为美国投资提供了新的领域和机会。从20世纪90年代开始,受美国经济持续增长的刺激,美国对外

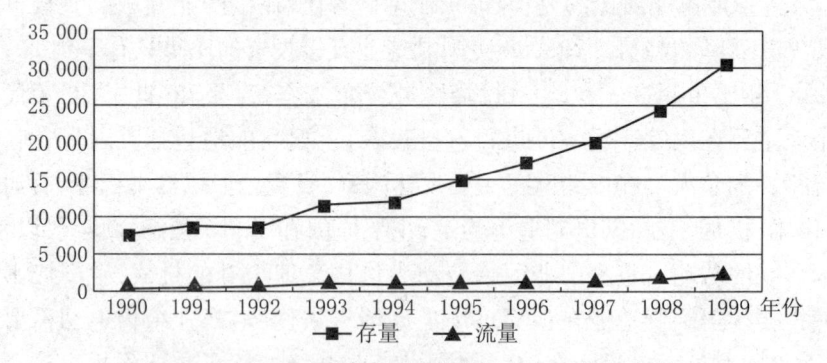

图 6-3 20 世纪 90 年代美国对外直接投资情况(单位:亿美元)

• 资料来源:联合国贸发会议网站,www.unctad.org.

---

① 于世海:《中国对外直接投资与产业升级互动机制研究》,武汉理工大学博士论文,2014年。
② 孙海顺:《八十年代美国跨国公司对亚太发展中国家和地区的投资战略》,《外国经济与管理》1987年第11期。

投资持续扩张,1998年年度投资流量首次突破千亿美元,为1 310亿美元,1993年对外直接投资存量规模首次突破万亿美元,达到10 613亿美元,1998年又突破2万亿美元,短短5年内存量规模增长1倍多。

90年代,受全球服务贸易自由化以及美国在第三产业的国际竞争优势所驱动,美国对外直接投资中服务业比重稳步上升。1990—1999年,美国服务业对外直接投资总额高达4 255.6亿美元,占其对外直接投资总额的53.7%,大大超过制造业所占比重31.2%,首次取代制造业,成为美国对外直接投最多的行业。①从对外投资方式来看,20世纪90年代,跨国并购取代绿地投资成为美国对外直接投资的主要方式,美国半数年份对外直接投资主要以跨国并购方式进行,整个90年代,跨国并购在美国对外直接投资中所占的比重约为57%。②这使得美国成为全球跨国并购市场的主要买家之一。1995年跨国其并购占全球跨国并购的比重一度高达27.6%,占发达经济体跨国并购额的30.9%。从投资区域分布来看,这一阶段,美国对外投资的主要目的地仍为发达经济体,对新兴与发展中经济体的投资稳步增加,其中对中国的投资增加较快,1989年美国对中国投资仅为4.4亿美元,1999年则增加到94亿美元,规模急剧扩张,其主要原因在于全球经济一体化的推动下,以美国跨国公司为代表的美国企业在全球范围内进行产业价值链配置生产,而中国经济增长以及劳动力等低要素成本优势开始吸引美国企业的注意,一些美国企业来中国投资设厂,其目的主要是利用美国在相关产业的优势开拓中国市场。

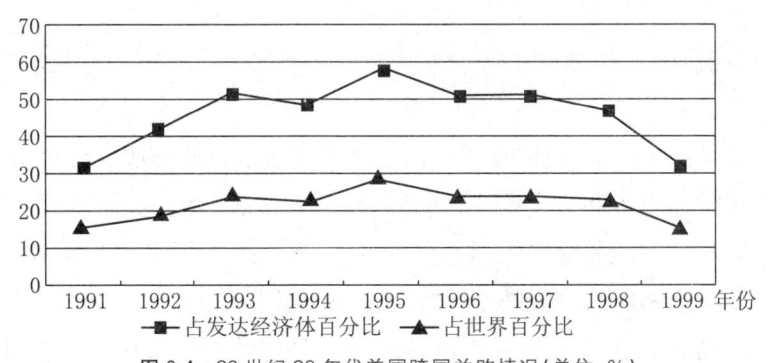

图6-4 20世纪90年代美国跨国并购情况(单位:%)

• 资料来源:联合国贸发会议:《1999年世界投资报告》、《2000年世界投资报告》。

①② 陈继勇、王清平:《经济全球化与美国对外直接投资的变化》,《世界经济与政治》2003年第7期。

进入21世纪以来,总体上美国对外投资进一步扩张,但其间经历两次下降,一次是21世纪初期,美国经济衰退,结束了美国自1991年开始长达10年的经济扩张周期。受此影响,美国对外投资下降,直至2004年开始重新恢复增长。另一次是受2008年金融与经济危机的影响,自2008年开始其对外投资连续四年下降,2011年开始恢复增长。与此同时,美国对外投资存量规模急剧扩张,自1993年存量首次突破万亿美元大关开始,至2016年对外投资存量达到63 837.5亿美元,规模增减了5倍多。

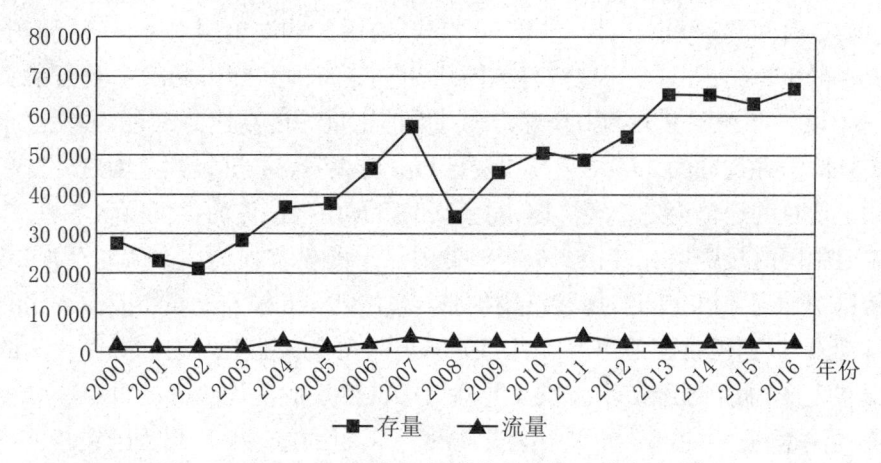

图6-5　2000—2016年美国对外直接投资情况(单位:亿美元)

•资料来源:联合国贸发会议,www.unctad.org.cn。

21世纪以来,美国在服务业领域的对外投资进一步扩大,占总投资的比重稳步上升,近几年所占比重基本稳定在80%以上,特别是美国将信息技术等领域的低端服务环节进行外包,集中发展现代服务业的高价值环节,奠定了美国在服务业的优势,特别是在网络和服务、计算机软件、财产与意外保险、保健(保险和管理医保)、多元化金融和娱乐等服务业领域优势明显。在制造业领域的投资则呈下降趋势,目前对制造业的投资所占比例大约为12%左右。美国对外直接投资的行业分布特征与美国国内产业升级优化的方向保持一致。20世纪90年代以来,美国国内产业进一步优化,以信息技术、网络服务、金融保险等为代表的高端服务业发展很快,竞争优势提升,促进了美国企业在相关领域的直接投资。

表 6-5 2001—2016 年美国对外直接投资产业分布 （单位:%）

年　份	2001	2002	2003	2004	2005	2006	2007	2008
制造业所占比重	22.5	20.9	21.0	19.3	19.2	17.8	16.2	14.7
服务业所占比重	69.5	71.0	71.3	73.8	73.3	75.2	76.9	78.5
年　份	2009	2010	2011	2012	2013	2014	2015	2016
制造业所占比重	14.1	13.9	13.3	13.2	13.6	12.5	12.3	12.5
服务业所占比重	79.6	79.8	80.0	80.3	80.1	81.5	81.7	81.1

- 资料来源:根据美国经济分析局数据整理计算,www.bea.org。

从投资区域分布来看,美国投资仍以主要发达经济体为主,但有一个值得关注的趋势,即对亚洲新兴经济体的投资大幅增加。2016 年美国对中国、印度、韩国、马来西亚、菲律宾、泰国、印度尼西亚这六个经济体的对外直接投资为 2 106.2 亿美元,占美国对外投资的比例为 4.0%。其中 2016 年美国对中国对外直接投资为 924.8 亿美元,占美国对外直接投资的 1.7%。而 1999 年,美国对上述六个经济体的对外直接投资 429.1 亿美元,占美国对外投资的比例为 2.1%。美国对亚洲新兴经济体投资迅猛增加的原因在于,进入 21 世纪以来亚洲新兴经济体经济快速增长,消费市场急剧扩大;同时相比于美国国内,生产成本较低,特别是美国跨国公司实行全球化经营战略,将大量生产制造环节和服务业低端环节转移到以亚洲为代表的新兴经济体,大规模开展市场寻求型对外投资和效率寻求型对外投资,因此投资规模急剧扩张;同时,美国在新兴经济体的直接投资通过利润汇回、东道国本地研发溢出等渠道反哺国内相关产业的发展,形成良性互动。

如前所述,与其他发达经济体产业升级过程类似,美国产业升级也经历了以矿、农产业为主,随着工业化进程的推进,第一产业在 GDP 中所占比重持续下降,第二产业占比先暂时上升后又逐渐下降,第三产业比重稳步上升,并超过第二产业,成为国民经济主导产业的过程。美国对外直接投资产业分布也呈现出起步阶段农矿产业投资比重高,随着制造业投资先上后降,服务业比重逐步上升,并占主导地位的特点,说明美国对外直接投资与国内产业升级的关联互动契合度较高。在美国对外直接投资与国内产业升级互动过程中,效率寻求和市场寻求对外直接投资占重要地位,原因在于:一方面,随着国内生产成本上升,美国企业亟须进行对外直接投资降低成本,提高利润水平,保持竞争优势,特别是 20 世纪 90 年代以来,经济全球化的深入发展为美国企业在全球范围内配置产业价值链的各环节提供了便利条件。另一方面,作为在世界上长期保持技术领先优势的发达经济体,美国在研究与开发领域进行了大量的投资,这些投资需要全球消费市场来分担成本。正是通过对外直接投资活动,美国获取了全球化带来的大量收益,不断反哺国内相关产业,促进了国内产业升级,也使得美国尽得全球产业发展先机。

第三节 日本对外直接投资与母国产业升级互动的历程及启示

"二战"以前,日本已在东南亚地区进行对外投资活动,由于战争的影响,日本对外直接投资一度中止,直至20世纪50年代,随着战后日本经济的复兴,以对印度铁矿和美国商业领域的小规模投资为标志,日本对外投资开始兴起。20世纪70年代早期为日本对外直接投资的起步阶段。从投资区域分布来看,1951—1970年的20年间,日本对外投资主要集中在亚洲、中南美洲、中东等地的发展中国家和地区。在发展中国家中,其对亚洲投资占21%,为首要目的地。从投资行业分布情况来看,这一阶段日本对外直接投资中,对制造业的投资为9.28亿美元,采矿业投资为8.04亿美元,对这两个行业的投资占日本对外投资的54.5%,主要分布在纤维化工、木材造纸、钢铁、有色金属以及其他资源开采领域。此外,在服务业领域,商业、金融保险业是其主要投资领域,两项投资合计为6.99亿美元,占对外投资的比例为22%。总体上看这个阶段日本对外投资以制造业和采矿业为主,投资目的地以发展中国家为主。早期由于政府对对外投资的限制,日本对外投资规模有限,主要集中于政府引导下的能源开发产业,而且有一半以上的投资流向了发展中国家,主要原因是日本作为岛国,国内资源供给有限,而发展中国家以石油为主的矿产资源和棉花、木材等原材料正是日本国内工业发展所需的重要资源。日本早期的对外直接投资为国内工业化发展提供了大量资源。

表6-6　1951—1970年日本对外直接投资区域分布情况　（单位:亿美元）

年　度	北美	中南美洲	亚洲	中东	欧洲	非洲	大洋洲	合计
1951—1970年	9.12	5.67	7.51	3.34	6.39	0.93	2.81	35.77

• 资料来源:日本贸易振兴会。

20 世纪 70 年代是日本对外直接投资的第一次浪潮,日本政府的相关政策有力促进了这次对外投资热潮形成,如 1969 年日本政府取消了日本企业对外投资的个别许可制度,1970 年提高国内企业对外投资的贷款上限,1971 年则直接撤销了国内企业对外投资贷款规模限制。在相关政府政策引导下,日本的对外直接投资规模迅速扩大,其对外直接投资额从 70 年代初期的不足 5 亿美元,在不足十年内,扩大到接近 29 亿美元的水平(1979年),对外直接投资的存量总额在 70 年代末也接近 200 亿美元。这一阶段日本开始鼓励对外投资与日本国内产业结构的转换及面临的国际贸易环境不无关系。经过二十多年的发展,日本国内产业结构中,第一产业比重逐渐减低,第二产业和第三产业均得到较大发展。特别是到 60 年代末以钢铁等为代表的重化工业和以彩电、电子产品、纺织品生产等为代表的制造业发展尤为迅速,具有很强的国际竞争力,但 70 年代爆发了石油危机,石油价格的大幅度上涨使得日本原材料的进口成本大幅提升,高投入、高消耗、高污染的重化工业在日本失去了竞争优势,在此背景下日本出现边际产业特征的重化工业开始大举向亚洲其他国家和地区转移,开展效率寻求型对外直接投资。另一方面,由于日本产品国际竞争力得到大幅提升,对欧美出口不断增加。早在 50 年代日本对美国大量出口棉纺织品已引起美国生产厂家的不满,日本与美国签订了自愿出口限制协定来规避贸易摩擦,随后在 60 年代以钢铁为代表的重化工业、70 年代以电子产品和彩电等为代表的制造业领域,日本和欧美均产生了贸易摩擦,物美价廉的日本产品出口时遭遇了较多的贸易壁垒。在此背景下,以绕开贸易壁垒为目的的市场导向对外直接投资活动在日本占据主导地位。因此日本企业加大了相关产业领域的投资,其目的是绕过贸易壁垒,巩固和开拓国际市场,形成典型的市场寻求型对外直接投资。

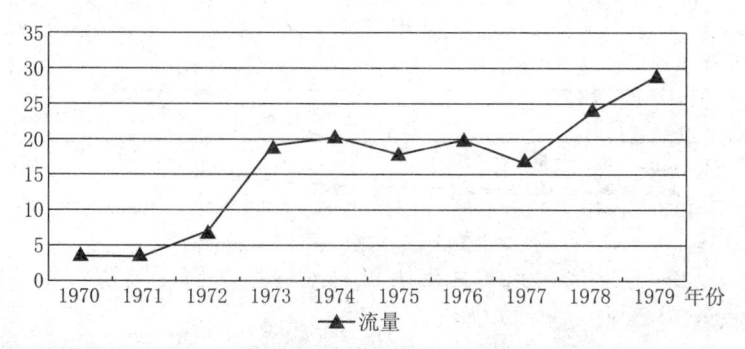

图 6-6　1970—1979 年日本对外直接投资流量情况(单位:亿美元)

- 资料来源:联合国贸发会议网站,www.unctad.org。

日本 70 年代的对外直接投资与美国跨国公司凭借垄断技术优势开展的对外投资活动区别较大,小岛清教授将该时期日本的直接投资命名为"日本式"对外直接投资,他认为,"日本式"的对外直接投资是顺贸易导向的,通过对外投资能同时带动日本和东道国的出口,因此与贸易的关系是互补的,自然更受东道国欢迎。这一阶段日本对外投资以自然资源开发和纺织业、零部件生产等劳动密集型产业为主。这些产业是日本已失去或即将失去比较优势的边际产业,但通常是东道国正在形成比较优势或具有潜在的比较优势的产业,只是由于投资不足、技术水平落后等原因,东道国这些产业难以发展。而日本对这些国家的投资可以促进这些国家的产业发展,为东道国出口创造条件。同时通过转移这些产业至东道国,日本可以发展更具优势的产业。这一产业转移过程的结果是不仅促进双方进出口贸易的扩大,也促进母国和东道国的产业结构升级优化。

进入 80 年代后,随着日本经济摆脱石油危机影响,日本对外直接投资获得进一步发展。至 1985 年,日本对外直接投资额为 64.4 亿美元,不足百亿美元;然而自 1986 年开始,首次突破 100 亿美元大关,达到 144.02 亿美元;1987 至 1989 年对外投资规模又连续创新高,分别达到 201 亿美元、354.36 亿美元和 462.51 亿美元。对外投资规模超过老牌的资本输出强国美国和英国,跃居世界第一位,成为国际直接投资的主要来源国。与此同时,日本对外投资存量规模也急剧扩张,1989 年达到 1 543.67 亿美元,比 1980 年的 196.12 亿美元规模扩大近 7 倍。

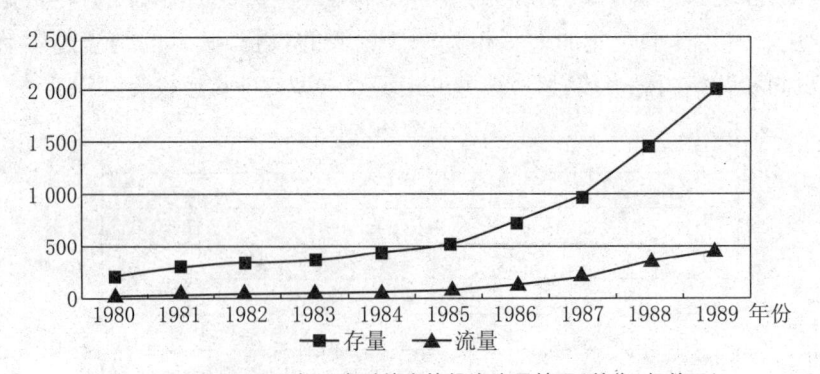

图 6-7　1980—1989 年日本对外直接投资流量情况(单位:亿美元)

• 资料来源:联合国贸发会议网站,www.unctad.org。

到了 20 世纪 80 年代,由于劳动力等要素成本的上升,日本企业开始在全球寻求低成本生产地,效率寻求型对外直接投资在日本占据主导地位,其电子、汽车等组装加工企业加速向东亚转移。这种投资趋势的出现与东亚地区大量廉价的劳动力资源直接相关。统计数据显示,在20世纪80年代,日本对亚洲新兴工业国家和地区的对外直接投资流量上升了15个百分点,相比之下以获取资源为导向的初级产业对外直接投资比重则明显下降,下降到不足5%,日本国内的制造业向着知识、技术密集型方向发展的特点明显,其产业结构进一步得到优化,对外投资的地区和行业分布出现了明显的变化。首先从区域分布来看,进入80年代后,日本对外投资形成了以发达国家为主要目的地的特点,虽然对发展中国家的投资规模仍在增加,但其已不是日本主要投资目的地。这一格局与70年代完全相反。早在80年代早期,日本对发达国家的投资就已经超过50%,1985年更是超过60%,其中最主要的投资目的地为美国,对美国投资占发达国家投资的40%以上。日本对发达国家投资的增加与日本面临的国际贸易环境直接相关。在80年代,日本与欧美发达国家的贸易摩擦更加激烈,涉及汽车及其零部件、半导体生产等高技术领域。为规避贸易摩擦,日本在相关行业领域加大了对欧美发达国家的直接投资。如在80年代初爆发日美汽车贸易摩擦后,日本的主要汽车生产厂家丰田、本田、日产、马自达等相继在美国进行直接投资,结果导致日本对美国汽车出口减少,同时日本在美国生产的汽车在美国当地销量增加。又如1980—1983年,日本半导体生产全部在国内,在1986年"第一次日美半导体协议"后,日本半导体公司海外生产的比重占全部生产的比重迅速增加,扩大到1991年的22%,1991年"新半导体协议"后,到1994年这一比例又提高到28%。[1]日本对外投资区域分布格局的改变也表明,80年代以后,随着日本经济实力的增强,日本对外投资开始呈现与其他发达国家对外投资相同的特点。

从行业分布来看,[2]80年代日本对外投资行业结构呈现制造业比重下降,非制造业比例不断上升的特点,非制造业领域,年平均投资占比为74.12%,最低年份为1980年,但占比仍高达60%以上。其中服务业领域的投资占日本年度投资流量的比例年平均值达到65.45%,其中最高年份为1986年,占

---

[1] 徐茂魁、陈丰:《日本企业对外直接投资规避反倾销的经验研究》,《现代日本经济体》2009年第1期。
[2] 需要指出的是日本对外投资分为制造业和非制造业两个大类,在这两个大类下面还细分为若干小的类别。其中非制造业包括农林业、水产业、采矿业、建筑业、商业、金融保险业、不动产业等。为此,本研究将商业、金融保险业、不动产业等服务业门类独立出来计算。

比高达 78.53%。其主要原因在于日本在欧美发达国家大量开展以开拓市场和寻求战略资产为目的的直接投资。对外投资中制造业比例明显下降，年平均占比为 25.88%，最低年份为 1986 年，仅为 17.05%，这一发展趋势正好与 70 年代相反。随着日本第二产业的产业结构优化，在制造业中，以食品、纸及其原料与纸产品、纺织、纤维、生产为代表的劳动密集型制造业投资比重明显下降，而资本与技术密集型的精密仪器仪表和电气机械等产业的投资则大幅增加，这类投资主要投向发达国家。由于劳动力等要素成本的上升，日本企业开始在全球寻求低成本生产，效率寻求型对外直接投资在日本占据了主导地位，电子、汽车等组装加工环节向东亚转移，利用东道国廉价劳动力资源进行生产与销售，其直接结果是 20 世纪 80 年代日本对亚洲新兴工业国家和地区的对外投资规模大幅度扩张。相比之下，早期以获取资源为目的的初级产业对外投资比重大幅度下降，80 年代这一投资比重不足 5%，日本国内的制造业向着知识、技术密集型方向发展，产业结构进一步得到优化。从投资产业的区域分布结构来看，日本在资源开采、纺织、零部件等劳动密集型产业的投资主要投向发展中国家，对发达国家的投资以金融、商业等为重点。由此可以看出，小岛清教授所宣称的 70 年代的日本对外直接投资其实质是发达国家对发展中国家的垂直型直接投资，而美国式的对外直接投资是发达国家之间的水平型对外直接投资，通常这两种投资形式在一国对外投资中均存在，这也是母国产业发展到一定程度，企业国际化经营的必然结果。

表 6-7　20 世纪 80 年日本对外直接投资的产业分布情况　（单位:%）

年份	1980	1981	1982	1983	1984	1985	1986	1987	1988	1989
制造业	36.35	25.82	26.95	31.77	24.67	19.25	17.05	23.47	29.36	24.11
非制造业	63.65	74.18	73.05	68.23	75.33	80.75	82.95	76.53	70.64	75.89
其中服务业占比	49.29	43.50	62.79	62.42	68.97	74.63	78.53	74.31	67.29	72.77

• 资料来源:根据日本贸易振兴会数据计算。

进入 90 年代，日本陷入长达 10 年之久的经济衰退，这对日本对外直接投资造成较大冲击，从 80 年代末期至 1990 年其快速扩张的趋势戛然而止，日本对外直接投资规模和增速双双下降。1990 年日本对外直接投资流量仍高达 500 多亿美元，1991 年即下降到 300 多亿美元，1993 更急速下降到 100 多亿美元，与 80 年代末期高歌猛进的趋势截然相反。这种下降趋势一直持续到 1995 年，日本对外投资开始缓慢地增长，但势头大不如以前，1995—1999 年，日本年平均对外直接投资规模不足 250 亿美元，跌出国际投资排名前三位。从投资区域分布来看，这一阶段日本对外直接投资遍及全球近百个国家和地区，但对欧美发达国家的投资仍占主导地位，对欧洲和北美投资占比 64.64%，其次为亚洲(18.72%)和中南美洲(10.28%)。

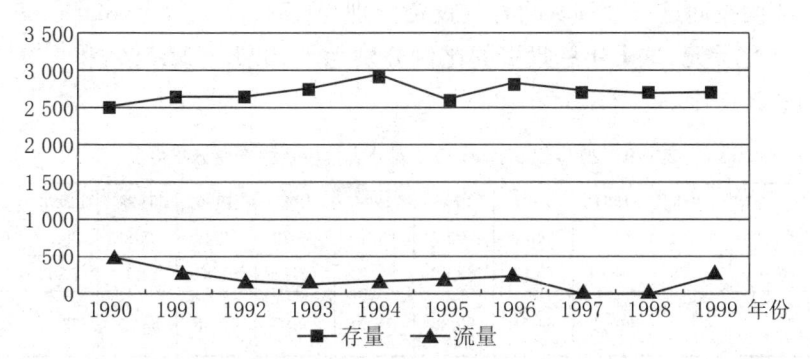

图 6-8　1990—1999 年日本对外直接投资情况(单位：亿美元)

• 资料来源：联合国贸发会议网站，www.unctad.org。

表 6-8　20 世纪 90 年代日本对外直接投资区域分布情况　　　(单位：%)

区域	北美	欧洲	亚洲	中南美洲	大洋洲	非洲	中东
占比	40.21	24.43	18.72	10.28	4.84	0.99	0.53

• 资料来源：根据日本财务省资料计算，www.mof.go.jop。

与此同时，这一时期日本国内产业结构面临调整的压力。一方面，1985 年"广场协议"签订以后，日元大幅升值，日本国际贸易环境发生巨大变化，同时日本传统产业如汽车、半导体、办公机械等面临美国等国家的竞争，产业优势正在丧失，而一些新兴的高技术产业如电子信息等，与美国等发达国家相比尚存在一定的差距，新产业的优势还未建立。为此，日本一方面加快传统制造业向劳动力价格相对低廉的亚洲其他国家及地区转移，推进经济国际化战略。另一方面，日本着力发展电子信息产业等高技术产业，这些产业也逐渐取代汽车产业成为这一时期的主导产业。1995 年信息产业列批发商业和建造业之后，是日本第三大产业部门，2000 年又跃升为第一大产业部门。[1]在这种背景下，与 80 年代相比，日本对制造业的直接投资比例有所上升，特别是 1999 年，日本对制造业投资比例高达 62.8%，其主要原因是

---

[1] 徐微：《对外直接投资对日本产业空心化的影响及其成因研究》，东北财经大学，2012 年。

在这一年日本在食品生产、电子电气领域、运输机械生产业的投资急剧增加所致,这三个领域的投资分别为149.08亿美元、163.6亿美元和47.81亿美元,而上年投资额分别只有12.73亿美元、34.19亿美元和16.15美元。需要指出的是,尽管制造业投资有所增加,但90年代日本对外投资主要分布在服务业领域,其中商业、金融业、服务业是主要投资方向。1990—1999年这十年间投向这三个领域的直接投资分别为472.65亿美元、820亿美元和617.84亿美元,这十年总投资的比例分别为13.02%、22.58%和17.02%,三项总计占比52.62%。

表6-9 20世纪90年代日本对外直接投资的产业分布情况 （单位:%）

年 份	1990	1991	1992	1993	1994	1995	1996	1997	1998	1999
制造业占比	27.21	29.61	29.46	30.90	33.58	36.79	42.19	35.83	29.89	62.80
非制造业占比	72.79	70.39	70.54	69.09	66.42	63.21	57.81	64.17	70.11	37.19
其中服务业占比	69.56	66.12	64.58	65.35	63.50	59.97	53.38	58.03	67.11	35.39

• 资料来源:根据日本贸易振兴会数据计算。

表6-10 日本对外直接投资动机的变化 （单位:%）

序号	投资目的	截至1993年10月	截至1997年10月	截至2000年10月
1	资源、原材料保证与利用	3.3	2.8	2.6
2	劳动力保证与利用	7.7	8.2	8.3
3	东道国政府优惠	4.3	3.5	3.0
4	建立国际性生产与流通网络	14.0	18.6	20.8
5	开拓东道国市场	32.0	30.3	30.4
6	向第三国出口	4.1	4.6	4.5
7	返销日本	3.7	4.7	4.8
8	随关联企业进入	1.9	2.5	2.7
9	资金调剂及汇率风险对策	2.6	2.1	1.6
10	专利与信息收集	14.2	12.0	11.1
11	商品筹划与开发研究	3.7	3.7	3.6
12	扩展新的经营领域	2.2	2.1	2.0
13	强化地域统筹管理功能	1.3	1.6	1.8
14	贸易摩擦对策	1.4	0.9	0.8
15	其他	3.6	2.4	2.0

• 资料来源:李国平、田边裕:《日本的对外直接投资动机及其变化研究》,《北京大学学报》(哲学社会科学版)2003年第2期,第123页。

进入21世纪以来,延续90年代末期的增长势头,2000年和2001年日本对外投资规模仍在增加,但由于受到美国信息技术产业衰退的影响,2002

年开始其对外直接投资又转为下降,直到 2005 年才重拾升势,这种增长势头一直持续到 2008 年,尔后又受 2008 年全球金融与经济危机冲击,日本对外直接投资又开始下降。但经历两年后,从 2011 开始,日本对外直接投资再次扩张,2016 年投资流量达到历史最高值 1 452.42 亿美元,对外投资存量规模 14 006.94 亿美元,仅次于美国和英国,位居世界第三位。

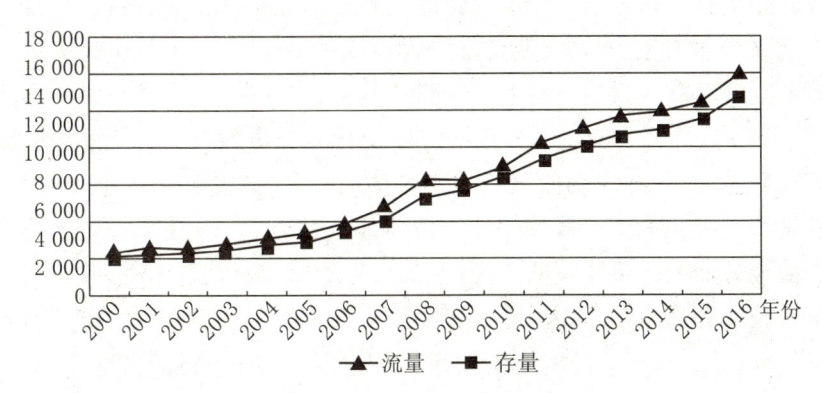

图 6-9　2000—2016 年日本对外直接投资情况(单位:亿美元)

- 资料来源:联合国贸发会议网站,www.unctad.org。

从投资区域分布来看,日本对发达国家和地区的投资仍以欧美为主,且北美仍是日本最大的投资目的地,但与 90 年代相比,对欧美的投资规模均有所下降,并且对以美国为代表的北美投资规模减少更多。与此同时,其对亚洲的投资增加较多,在北美、欧洲、亚洲的投资有趋于均衡发展的趋势。此外,对中南美洲的投资也有所下降,对大洋洲、中东和非洲的投资规模基本保持稳定。日本对外投资区域格局的变化表明,进入 21 世纪以来,由于亚洲新兴经济体经济快速增长,消费市场规模快速扩张,日本企业开始将重心向亚洲转移。在亚洲新兴经济体中,日本最重视中国市场,2016 年日本对中国的投资占亚洲投资的 40.87%,此外泰国为 14.81%,新加坡为 10.96%,韩国为 8.83%,印度为 4.96%,越南为 4.05%,菲律宾为 3.78%,以上地区均是亚洲经济发展较快的经济体。

表 6-11　2016 年日本对外直接投资区域分布　　　　　　　　(单位:%)

区域	亚洲	北美	中南美洲	大洋洲	欧洲	中东	非洲
占比	27.58	35.41	6.73	5.63	23.56	0.53	0.56

- 资料来源:日本财务省网站资料计算,www.mof.go.jp。

从投资产业分布情况来看,进入 21 世纪以后,日本对外直接投资仍以非制造业为主,但与 90 年代相比,在制造业领域的投资有所增加,制造业主要投向亚洲、北美和欧洲,非制造业主要投向欧洲和北美。对亚洲制造业的投资主要投向食品、塑料与皮革制品及一般机械生产业,说明日本对亚洲制造业的投资主要是利用已有优势开拓市场,并利用亚洲低成本优势进行效率寻求型投资活动。对北美非制造业的投资以通讯、批发与零售、金融保险及其他服务业为主,对北美制造业的投资以化学与医药、电气机械为主。在制造业领域对欧洲投资与对北美的投资类似,在非制造业领域,对欧洲的投资主要集中在金融服务、批发与零售以及其他服务业领域,这说明进入 21 世纪以后,日本企业为确保自身的市场地位,开始以获得全球市场为目标,向欧美发达国家大力发展战略资产寻求型对外直接投资活动,表现为在金融服务业方面的投资比重的上升,目前已形成以非制造业为主,制造业对外投资以技术和资本密集型产业,如电子、运输和化工产业为主的投资格局,日本对外直接投资的变动趋势符合其国内产业升级的目标与方向。

表 6-12　2017 年日本对外直接投资各区域产业分布情况　　　（单位:%）

区　域	世界	亚洲	北美	中南美洲	大洋洲	欧洲	中东	非洲
制造业	34.26	35.07	24.39	0.96	1.52	35.87	0.56	1.64
非制造业	65.74	15.64	35.39	10.48	2.25	33.85	1.63	0.77

• 资料来源:日本财务省网站资料计算,www.mof.go.jp。

从日本对外直接投资与国内产业升级的互动历程可以看出,日本对外直接投资对国内产业升级有积极的促进作用,较好地配合了国内产业升级。日本通过对外直接投资的方式跨国界转移国内边际产业,经历了从资源开采业到劳动密集型产业进而到资本与技术密集型产业转换的过程,在此过程中,日本国内产业结构也经历了以第二产业为主向第三产业为主转变的过程,这两个演化过程顺序基本相同,说明日本对外直接投资活动与日本产业升级之间存在良好的互动关系。日本对外直接投资与国内产业升级互动有两个显著特征:首先,以规避贸易壁垒,巩固和扩大国际市场为目的的市场寻求型,以及在其他发达经济体进行战略资产寻求型对外直接投资占有重要地位,主要原因在于,相较于英国、美国等先进发达国家,日本作为后起的发达国家在生产成本、适用性技术创新等方面具有较大优势,其产品国际市场竞争力强,因此通过对外直接投资就地设厂、就地销售或者在第三国投资设厂,绕道进入目标国市场能够有效地规避贸易壁垒,这种类型的投资是

20世纪七八十年代的主流投资类型,而这段时期正是日本和美国以及欧洲发达国家频繁发生贸易摩擦的时期。此外,作为后起发达经济体,为追赶其他发达经济体,日本需要通过对外直接投资弥补本国在技术、品牌等方面的劣势,如日本曾在汽车产业通过对美国的投资提升了自身技术水平,有利于本国车企建立全球有影响力的品牌。

第四节 发达经济体跨国公司与母国产业升级的互动

跨国公司已成为影响全球经济的重要力量,从某种意义上说,国与国的竞争本质上是各国企业之间的竞争,一国拥有跨国公司的多寡、竞争力的强弱以及本国跨国公司在全球产业价值链中的地位,是衡量一国产业乃至国家竞争力的重要标志。在经济全球化的背景下,驱动经济发展的要素已经发生深刻变化,技术、标准、品牌、人才等要素正发挥着更加重要的作用。发达经济体跨国公司依靠其拥有的行业标准、核心技术、国际品牌等高端竞争要素,掌握着产业发展的主导权,决定一国在国际产业分工上的地位。

一、跨国公司是全球价值链分工的构造者

跨国公司是新一轮国际产业链分工的推动者,发达经济体跨国公司的竞争实力决定其母国在国际产业分工中的地位。

20世纪90年代以来,伴随着经济全球化进程的加快,全球制造业与服务业生产体系出现再构,大量中间产品涌现,服务中的劳动密集型环节可独立出来,国际分工随之出现了巨大变化,其主要表现形式之一是垂直专业化分工,即全球价值链分工,表现为劳动密集型工序或劳动密集型零部件生产,与资本、技术、知识密集型工序或零部件的生产之间的分工,甚至是设计与制造的分工,并且有越来越多的国家参与到这种分工活动中。如波音787的供应商分布于全球130多个角落,涉及几百万个零部件的生产与供应;又如iPhone手机是美国苹果公司产品,但它的半导体是德国的,存储卡是日本的,屏幕板、按键板来自韩国等,组装则主要在中国完成。这种分工的细化导致了国与国之间的比较优势更多地体现为全球价值链上某一特定环节的优势,而非传统的最终产品优势。在价值链的分解与全球配置过程中,跨国公司通过全球采购、外包等方式,将制造、低附加值服务等非关键的环节配置在全球低成本国家和地区,自身则聚焦产业价值链的高附加值环

节,如研发、品牌、渠道等,通过技术垄断、品牌控制与销售渠道的控制确保对产业价值链关键环节的控制,确立对全球生产网络的主导和控制权。在涉及高新技术的产业价值链上,如手机、计算机、飞机制造等,发达国家跨国公司强调对研发、标准与技术等价值链环节的控制;在传统的劳动密集型产业中,它们则重视营销、品牌与设计等环节的控制在此过程中,跨国公司按照各国和地区的要素特征,将具有要素禀赋优势的国家和地区纳入全球价值链,在全球范围进行要素整合,完成对全球价值链的构造,成为全球价值链分工的主导力量。

全球价值链把世界各国和地区的经济更加紧密地融合成一体,任何一个国家或地区一旦游离在全球价值链之外,就必然会丧失发展良机。以跨国公司为主导的全球价值链,为发展作出了重要的贡献,据联合国贸发会议发布的《2013世界投资报告》,全球价值链对发展做出了很大贡献,在发展中国家,增值贸易占到国家GDP的30%,同时为技术传播、技能培养、产业升级创造了大量的机会。但不同国家在全球价值链中的地位是不同的,由此所获得的收益也不同。发达国家通过本国各产业领域的领先跨国公司对外投资,在全球空间范围内进行最佳的资源配置和生产要素组合,大幅度提高产业效率,同时,为了更好地满足全球市场需求,创新活力被激发出来,而且在信息技术的支持下,更具创新效率的开放式创新模式被跨国公司普遍采用,从而加快了技术进步速度,提升了产业技术水平,促进本国产业结构升级,提升了母国在国际产业分工体系中的地位,不同发达国家的跨国公司因其占据的产业价值链环节的不同,形成了全球跨国公司群体的"金字塔"现象,美国跨国公司以绝对优势居于金字塔的顶端,英国、法国、德国、日本等发达国家跨国公司随居其后。这一现状的实质是不同发达经济体产业竞争实力的体现。《2017年世界知识产权报告》重点分析了智能手机、咖啡和太阳能电池板领域的案例。首先在智能手机领域,苹果和三星主宰价格超过400美元的高端手机市场,市场份额分别为57%和25%。在这个细分领域,关键的无形资产包括技术、硬件和软件的设计及品牌。报告指出,每售出一部约810美元的iPhone 7就约有42%的销售收入归属苹果公司,这代表了该行业无形资本的高回报率。报告还指出,智能手机公司和技术提供商严重依赖专利、商标和工业品外观设计,这些无形资本为他们带来了高额回报。与此形成鲜明对比的是,虽然借助于全球价值链的代工体系有助于新兴与发展中国家实现起飞或有助于其在低端阶段的工业化进程,但是新兴经济体在发展到高端工业化进程中,却广泛地出现了被"俘获"现象(Schmitz,2004),它从整体上仍处于国际分工体系的低端加工制造环节,出口贸易以加工贸易方式为主,出口附加值低,企业缺乏主导权和定价权,没有控制价值链中的战略性、垄断性环节,因而从全球价值链中获取的实际利益远远低于发达国家。

熊彼特认为,技术创新带动了世界经济从一个周期的衰落走向下一个周期的繁荣。从世界经济的发展历史来看,全球经济的重大危机经常都同时酝酿着一次新的技术创新的浪潮,从而引发新一轮的产业变革,形成一批新兴产业,新兴产业在战胜重大经济危机的过程中得到孕育和成长,并以其特有的生命力成为新的经济增长点,成为摆脱经济危机的根本力量,推动经济进入新一轮繁荣。当前,主要发达国家以及新兴与发展中国家都在积极进行产业结构调整,重点发展大数据、生物技术、新材料、物联网、新能源、新能源汽车等新兴产业。作为技术与产业变革的领导者,跨国公司积极在新兴产业值链的高端环节布局。

表6-13 主要跨国公司在新兴产业发展中的布局

新兴产业	主要跨国公司布局
大数据	IBM提供大数据整体解决方案,微软致力于大数据在科学研究中的应用,惠普在大数据分析和存储领域投入巨资,甲骨文专注数据管理领域,谷歌雄霸互联网大数据,EMC将云计算与大数据结合
新能源汽车	新能源汽车的技术研发和产业发展受到越来越多的重视,以美国、欧洲和日本为代表的发达国家和以巴西为代表的发展中国家都积极开展了新能源汽车产业发展的实践。日本企业在新能源汽车领域形成集团优势,丰田、日产与本田领先优势相当明显,这三家公司所拥有的专利申请量达到全球总申请量的50%以上。福特汽车宣布将今后的研发和生产重点放到节能减排的混合动力汽车、插电式混合动力车和纯电动汽车上
新能源	能源领域的跨国巨头对新能源表现出浓厚兴趣,如英国石油公司成立了替代能源部门,利用天然气、太阳能、风能等低碳或无碳能源技术提高能效,增强产业竞争力等
物联网	传统的跨国IT企业,包括芯片、软件、电信运营商都积极进行产业布局,思科的目标是所有思科公司力推智慧城市解决方案,目前,思科就智慧城市计划与印度Karnataka省、美国旧金山、阿姆斯特丹、韩国仁川、新加坡等建立了合作关系
智能电网	瑞典伊莱克斯公司、意大利国家电力公司(ENEL)、Indesit以及意大利电信公司4家企业共同研发下一代家用电器技术"Energy Home"
智能交通	目前智能交通领域的领先企业是IBM,此外,谷歌版无人驾驶汽车引起广泛的关注
新一代信息技术	新一代信息技术的发展日益呈现出向提供综合服务发展的趋势,主要跨国公司如英特尔、中兴和华为等跨国公司均积极加大投入

• 资料来源:作者整理。

在新兴产业发展过程中,由于技术的先发优势和技术进步的路径依赖,跨国公司依然是产业发展的主导者。同时，基于以下原因，跨国公司倾向于在全球范围内布局相关产业价值链，成为新一轮国际产业链分工的有力推动者：

首先，在产业全球化发展过程中，技术的分散性使得跨国公司占有全部产业发展所需的技术也不太可能，借助外部创新资源实现技术创新的商业化也是跨国公司的理性选择。以生物技术产业发展为例，2010年全球生物技术领域10大合作研发交易的金额达到145亿美元，主要的投资方为葛兰素史克、罗氏等传统的跨国医药企业，而承担研发方为以Macrogenics为代表的新兴生物技术公司。10项交易中有6项是以早期技术开发为主，这也是生物技术产业研发创新的发展趋势。

其次，各国政策的激励是吸引跨国公司进行全球布局的推动力。当前，无论是发达经济体正是新兴经济体都对新兴产业寄予厚望，特别是危机背景下，新兴产业的发展更成为全球主要经济体走出危机的突破口。受各国政策的激励，跨国公司有积极介入相关国家新兴产业发展的动力。

再次，以中国为代表的新兴经济体的市场规模也是吸引跨国公司在本土外投资的重要因素。以新能源产业为例，受中国发展新能源产业政策的鼓励，英国石油（BP）公司、通用电气、ABB等众多跨国巨头在中国都有大量投资。

最后，在危机背景下，为降低研发风险，分担高额研发费用，合作创新是跨国公司的现实选择。如在新能源汽车领域，主要跨国汽车公司更多以持股结盟、联合开发等形式寻求合作伙伴，结合双方所长各取所需，并分担较高的研发费用。

实际上，在已开始产业化发展的新技术领域，跨国公司积极布局，使得相关新兴产业的全球产业链开始形成，典型的例子如全球物联网产业。Connected World（原M2M杂志）所发布的2012全球"M2M百强企业"排名，从上榜企业可看出全球物联网产业链已初步形成，在该榜单中，有14家传感器企业、12家外部硬件企业、21家嵌入式硬件企业、25家应用基础/软件企业、25家网络运营企业、2家工程/系统集成企业，此外，平台支撑、第三方服务类企业也首次进入排名，百强名单中首次出现1家应用验证服务企业和2家嵌入式开发平台企业。[①]伴随全球价值链的形成进程，发达经济体

[①] 上海市经济和信息化委员会、上海科学技术情报研究所：《2011—2012世界制造业重点行业发展动态》，上海科学技术文献出版社2012年版。

跨国公司积极进行新兴产业的全球布局,其竞争实力不仅影响母国新兴产业发展的成败,也直接决定母国在相关国际产业分工中的地位。

二、跨国公司推动了国际产业转移和母国产业结构优化

从第一次产业革命以来,全球共发生了四次国际产业转移,转移的主体和推动者是发达经济体跨国公司,在这四次国际产业转移的过程中,主要发达经济体实现了产业升级。

第一次国际产业转移发生在19世纪下半叶,英国向北美的美国以及欧洲的法国、德国等国家进行炼钢业、纺织业等劳动密集型产业转移。第一次产业革命后,英国生产力得到极大提高,工业高度发达,成为名副其实的"世界工厂"。由于国内生产成本上升,加之市场容量有限,英国企业开始进行对外直接投资,投资目的地以美国、法国、德国等为主。众多产业转移承接国中,美国受益最大,因为承接来自英国的国际产业转移后,美国制造业生产能力得到极大提升,生产力高度发达,这使得美国在19世纪末一跃成为世界第一大工业强国,当之无愧成为世界工业发展史的第二个"世界工厂",奠定了美国领跑第二次产业革命的物质和技术基础。

第二次国际产业转移发生在20世纪50年代,产业转移的主导国是美国,产业转移的承接国以日本和联邦德国为主。20世纪50年代,第三次科技革命发生,原子能技术、航天技术、电子计算机技术、人工合成材料、分子生物学和遗传工程等高新技术快速发展并被应用,美国对国内产业结构进行了重大调整,将纺织、钢铁等传统的、美国已经失去比较优势的劳动密集型产业转移到日本和联邦德国。美国则将产业发展的重点集中在精密机械、集成电路、精细化工、汽车等资本和技术密集型产业的发展。美国之所以将国内的部分产业转移到日本和联邦德国,除了当时冷战状态下的国际政治格局所需外,也是出于美国国内产业结构调整的需要。第三次科技革命催生了大量的新兴产业,美国国内产业结构进行了重大调整,需要传统产业为新产业的发展让路。第二次国际产业转移对世界经济的影响巨大,联邦德国发展成为世界经济强国,日本建成了第三个"世界工厂",奠定了日本和联邦德国制造业强国的地位。

第三次国际产业转移开始于20世纪70年代到80年代,这次国际产业转移的主导国家是日本,产业承接地区以东南亚国家和地区为主,东亚"四小龙"是这次国际产业转移的主要承接地,促进了新兴工业化国家产业升

级。第三次国际产业转移持续时间大约 20 年。20 世纪 70 年代,日本已经成为世界制造大国,为了应对世界石油危机冲击和日元汇率被迫升值的影响,它加大了对外投资,通过国际产业转移,实现国内产业结构重构。这一轮国际产业转移经历了三个阶段:第一阶段始于 20 世纪 70 年代初,劳动密集型的纺织业等轻纺产业首先被转移,目的地主要是亚洲"四小龙",向外转移目标是确立资本密集型的钢铁、化工、机械、汽车等产业在国内的主导地位;第二阶段肇始于 1978 年第二次石油危机,钢铁、化工和造船等资本密集型产业被有序转移,也是转移到亚洲"四小龙";第三阶段始于 1985 年"广场协议"之后,转移的产业除了国内已经丧失或正在丧失比较优势的劳动密集型产业外,转移范围还扩展到包括汽车、电子等在内的已经基本实现技术标准化的资本密集型和部分技术密集型产业,转移地除东亚"四小龙"外,还有东盟,以及中国大陆地区,部分技术密集型产业则投资到美国等发达国家,对发达国家的投资目的主要是为规避由日本与发达国家的贸易摩擦所引致的贸易壁垒,还包括为获取发达国市场先进技术的直接投资。由日本所推动的这次国际产业转移,也被称为"雁行模式",其中日本处于"雁首"的地位,也催生了亚洲新兴工业化国家产业升级和经济发展。

第四次国际产业转移发端于 20 世纪 90 年代至现在。这一次国际产业转移显著不同于前三次的国际产业转移。和前三次的国际产业转移相比,这次国际产业转移出现了很多新的特征。首先,20 世纪 90 年代以后国际产业转移的产业输出国不仅除美国、日本以及欧洲等发达国家,还有亚洲"四小龙",产业转移的承接地包括中国大陆地区以及东盟国家等,而且在此次转移中,资产输出国中发达国家大力发展新材料、新能源等高技术产业以及现代高端服务业,将产业布局结构向高技术化、信息化和服务化方向转变,试图把劳动密集型产业以及一些市场趋近饱和的资本密集产业或者相关产业的低附加值部分转移到新兴经济体。而亚洲"四小龙"承接了第三次国际产业转移,在原先工业化的基础上,此次在东亚地区很快崛起,成为经济发展的群体性明星。随着产能的不断扩大,"四小龙"很快面临境内市场狭小与生产能力扩张之间的矛盾,而且经济发展的结果导致劳动力、土地等生产要素成本急剧上升,企业在境内投资利润率不断下降,而且产业发展与资源环境的矛盾也是摆在"四小龙"面前亟待解决的现实问题,因此在这次国际产业转移中,亚洲"四小龙"加入到国际产业转移队伍中,亦将一些劳动密集型产业转移到中国大陆地区、菲律宾、泰国、马来西亚等东南亚国家。

以中国大陆为代表的新兴经济体是此次国际产业转移的受益者之一。除了承接亚洲新兴工业化国家和地区产业外,中国大陆地区还以其广阔的市场潜力,低价的劳动力成本等吸引了来自日本、美国和欧洲发达国家的大量投资,制造业得到迅速发展,成长为"世界工厂"。此外印度承接发达经济体跨国公司服务外包被称为"世界办公室",以信息技术为代表的服务业得到快速发展。

在四次国际产业转移过程中,随着发达经济体国内产业升级的进程,发达经济体跨国公司对外直接投资的产业领域的演变也经历了三个阶段:一是资源密集型产业与和劳动密集型产业投资阶段,投资的主要目的是为了获取落后国家(包括殖民地、半殖民地、落后的发展中国家和地区)的初级产品,为国内工业化进程提供原材料与能源供应,这一阶段的投资产业主要集中在采矿业、石油、农业以及与资源开采相关的基础设施行业,如修建铁路等;二是资本密集型产业阶段,以重工业化投资为主,跨国公司在该领域的跨国投资积极推动了全球加工制造业的发展;三是高新技术制造业和现代服务业投资并重的阶段。20世纪90年代以来,随着以信息技术为代表的新技术深入发展,高新技术产业在世界范围内迅速兴起,技术密集产业直接投资重点由初级产品的加工制造向高附加值制造业转移,由传统工业向新兴产品工业转移,由制造业转向制造业与服务业并重转移。这一阶段,信息技术产业,以金融、咨询、技术服务、研发等为代表的现代服务业,服务外包等是主要投资产业。经过四次发达经济体跨国公司主导的国际产业转移,当前发达经济体形成以服务业为主,第二产业以资本与技术密集型产业为主的产业结构,发达经济体国内实现了产业升级。

三、跨国公司奠定发达经济体制造业强国的地位

从制造业跨国公司的发展历程来看,跨国公司奠定了发达经济体制造业强国的地位,成为母国制造业发展的引领者。

制造业跨国公司的历史大约可以可追溯到19世纪60年代,当时美国和西欧的一些大企业开始在海外投资设立分支机构,从事生产性跨国经营活动,美国的胜家缝纫机公司(Singer)、德国的拜耳化学公司(Bayer)和瑞典的诺贝尔公司(Nobel)这三家公司在19世纪下半叶开始在海外设立生产性分支机构,从事跨国性经营活动,已初具跨国公司的雏形,通常被视为早期跨国公司的代表。后来,包括美国的国际收割机公司、国际收银机公司以及

瑞士的雀巢公司等欧美其他大企业纷纷仿效,在海外投资设厂,本地化生产与销售,这些公司是现代意义上的跨国公司的先驱。据估计,到第一次世界大战之前,美国拥有的海外制造业子公司数量最多,为 122 家,欧洲大陆国家为 167 家,英国有 60 家。这些跨国公司执行的主导经营战略是本国中心战略,即基于母公司的利益最大化做出的经营战略,其目的主要是通过当地投资满足东道国市场需求,巩固和扩大市场。

经历两次世界大战的重创,特别是 1929—1933 年爆发的经济危机使主要发达国家纷纷实行外汇管制,限制国际资金自由流通,这直接影响了对外直接投资。这一阶段制造业跨国公司发展缓慢,开始在世界各地建立生产与销售网络,其主导战略开始从本国中心战略向多国中心战略转变,避免运输和贸易成本攀升或者规避贸易壁垒是这一阶段制造业跨国公司发展的主要动力,总体上在全球范围内,美国企业对外直接投资增速高于世界整体水平,所占全球直接投资总额的比例仅次于英国,居第二位,美国企业抓住当时东道国急需外国投资的发展机会,积极向欧洲和世界其他地区投资,促进了美国跨国公司的发展。第一次世界大战前美国跨国公司在海外子公司和分支机构仅有 100 多家,到"二战"爆发前增加到 700 多家。"二战"后,尤其是 20 世纪 90 年代以来,全球直接投资迅猛增长,制造业跨国公司对外投资也得到空前发展。这一时期制造业跨国公司的发展可以分为三个阶段:战后初期至 20 世纪 60 年代末为第一阶段,制造业跨国公司主要集中在原材料、其他初级产品以及以资源为基础的制造业,美国制造业跨国公司竞争优势显著,处于领先位置;70 年代初至 80 年代末为第二阶段,国际直接投资格局逐步调整,美国绝对优势地位逐渐式微,整体格局向多极化方向迈进;90 年代初期至 21 世纪初期为第三阶段,全球经济一体化时代特点明显,制造业跨国公司获得长足发展,这一阶段,跨国并购取代绿地投资成为跨国公司扩张的重要投资、成长方式。与此同时,来自新兴和发展中国家的制造业跨国公司在 90 年代以来也逐渐发展起来,但其总体实力与发达国家跨国公司差距仍比较大,主要集中在建筑、食品与饮料以及多样化经营的行业。这一阶段,制造业跨国公司根据各国和地区劳动力成本差异,倾向于将制作环节放在低成本国家和地区,同时利用规模和范围经济以及利用消费者品位和供应能力的差异不断扩张,是典型的寻求效率型的扩张。

在发达经济体制造业跨国公司发展的早期阶段,受工业革命的驱动,发达经济体生产力得到极大发展,制造业发展较快。一方面大规模工业生产对工业原料、燃料有巨大需求；另一方面，国内累积了巨大的产能。因此，早期阶段，发达经济体跨国公司对外投资主要以获取国外工业原材料、开拓国际市场为主，投资主要集中在资源开采和劳动密集型制造业，这一阶段发达经济体跨国公司主要为母国产业升级提供资源与市场支持，母国产业升级更多遵循本国自身经济发展路径。进入20世纪90年代以后，随着经济全球化的深化，在开放条件下，由于资本跨国流动的限制减少，发达经济体跨国公司凭借其在技术、标准、品牌、人才等方面的优势，在全球范围内进行制造业相关生产环节的跨国转移，在全球范围内配置生产要素，构建以跨国公司为主的全球生产网络，极大地提高了母国制造业的生产效率，促进产业进步。

2008年全球金融危机发生后，为应对金融危机，重振实体经济，解决本国就业，发达国家提出了"再工业化"的口号，也出台了保护本国实体经济的政策。美国政府先后发布了《重振美国制造业政策框架》《先进制造业伙伴（AMP）计划》，欧盟先后推出了《欧盟2020》《欧盟交通道路电动化路线图》等一系列"再工业化"的战略部署。金融危机期间发达国家出台的刺激计划中，大多包含保护与支持本国制造业发展的内容，在此背景下，制造业跨国公司投资出现回归母国趋势，这些公司包括通用电气、惠而浦、卡特彼勒等。

当然，制造业跨国公司回归母国并不是简单地回归传统工业部门，而是通过政府扶持，实现传统产业在新技术基础上的复兴。如在2013年国情咨文中，美国总统奥巴马宣布新建三个制造业创新中心，在这里将与国防部和能源部合作，把被全球化大潮抛在身后的地区重新打造成全球高技术产业中心。

发达经济体跨国公司对母国产业发展的引领作用主要来源于跨国公司的创新活动。典型的创新与发明活动如奥的斯公司的安全电梯、西门子的直流发电机、通用电气的白炽灯、奔驰公司的汽车、伊莱克斯公司的家用吸尘器、杜邦公司的尼龙、摩托罗拉公司的移动电话等，这些跨国公司的创新活动带动了新兴产业的发展，甚至产生世界范围的影响。从当前发达经济体制造业跨国公司行业分布来看，这些跨国公司通常集中在仪器仪表、机械制造、化工电器、交通运输等行业部门，这些部门资本和技术密集度均较高，垄断优势明显。这些跨国公司技术研发能力强大，极为重视核心技术的研究开发，注重培育和巩固自身的核心竞争力，从而保持领先地位。特别是信息技术的进步与广泛应用，使得发达经济体跨国公司研发全球化成为可能。

如苹果公司之前的研发中心一直位于美国本土，近几年来苹果公司纷纷在海外设立研发中心，比如中国、日本、以色列、英国等，还计划在印度、加拿大、意大利、法国、印度尼西亚、越南等国设立新的研发中心。不同地区的研发中心侧重点有所不同，日本的研发中心跟材料学有关，以色列的研发中心重点聚焦在通信和芯片领域，印度的研发中心主要是苹果的地图应用。研发全球化使得发达经济体制造业跨国公司可以利用东道国的研发资源，节省人力资本支出，同时也可以更好地贴近东道国市场需求，开发出更适合东道国当地市场的产品，保持竞争力，此外，更重要的是，由于在全球范围内配置研发资源，提高了创新效率，提升了母国相关产业的技术水平，促进了相关产业的发展，使得跨国公司成为引导发达经济体相关产业发展的主导力量。

四、跨国公司推动发达经济体服务业发展

从服务业跨国公司的发展历程来看，发达经济体服务业跨国公司经历了从"被动跟随"到"主动服务"的过程，推动了发达经济体服务业的发展。

发达经济体服务业跨国公司最早可追溯至工业革命前的殖民地海上贸易，以东印度公司等为代表的跨国贸易公司是现代服务业跨国公司的雏形，这些负责宗主国和殖民地之间贸易的公司部分业务是采购殖民地的廉价原材料和工业原料运回国内，为国内生产服务。随着贸易规模的扩大，以及资源开采、制造业对外直接投资规模的扩大，以银行业为代表的跨国公司开始出现，早期服务业跨国公司主要是跟随制造业领域的跨国公司，提供银行、贸易、信息等方面的服务。现代经济学意义上的服务业跨国公司随着发达经济体企业在服务业领域的国际扩张而兴起。20世纪50年代初服务业占对外直接投资的比重不到20%，在70年代初也只有25%，而到了80年代中期在世界对外投资约7 000亿美元总存量中，投资于服务行业已达到3 000亿美元，占40%左右。而且其中较大部分是中间服务而不是最终消费服务业。1986年开始实行的"乌拉圭多边贸易协定"中有关服务贸易的条款实施后，全球服务业开放度显著提高，刺激了全球服务贸易的发展，也促进了全球服务业对外直接投资迅猛发展，推动了服务业企业的国际扩张行为，促进了服务业跨国公司的成长与发展。

20世纪90年代以来，得益于全球服务业的开放和信息技术的进步，在全球制造业全球化发展的同时，服务业跨国直接投资和服务外包发展迅速，服务业全球化也蓬勃兴起，成为全球化的新兴力量。在这一趋势中，大量服

务业跨国公司兴起，不少服务业跨国公司的资本实力甚至超过制造业跨国公司，一些跨国服务业巨头通过跨国投资向制造业领域的跨国公司渗透，形成了服务业跨国公司与制造业跨国公司融合发展的趋势。财富500强排行榜的变化清晰地显示了服务业的发展趋势。1995年以前，《财富》以上一年度的销售收入为主要参数，对全球工业公司和服务业公司分别进行排名，1995年开始不再对二者进行区分，而是对世界500强进行混合排名，首次发布包含服务业公司和制造业公司的全球500强名单，体现服务业跨国公司在全球经济中日渐重要的地位。在这一榜单中，服务业跨国公司已超过制造业跨国公司。服务业跨国公司对外投资领域非常广泛，既包括中间服务，也包括最终消费服务业。服务业跨国公司的全球扩张战略已从发展早期被动跟随制造业跨国公司，转变为主动贴近全球市场，满足服务需求。

服务业跨国公司的扩张既与外部环境（如服务业发展、信息技术进步、服务需求拉动等）变化相关，也由于服务跨国公司自身发展的需要。在发达国家，由于市场饱和，服务业竞争激烈，传统服务业如零售、金融业等，随着世界经济步入长期可预期的低速增长，其市场扩张有限，增长速度减慢，而其他的一些行业，比如航空客运业，也被供给过剩所困扰，国内市场容量满足不了庞大的服务供给，因此，服务业领域的大型跨国公司为了拓展发展空间，纷纷转战国际市场，进行全球化的扩张，目的是争夺世界市场份额，弥补国内市场增速缓慢与饱和带来的冲击。在进行全球化扩张过程中，这些跨国公司凭借自身雄厚的资本实力和服务能力，建立了分布于全球的服务网络系统，以便更好地为全球范围内的顾客提供服务，从而占领更多市场。与此同时，公司已建立起来的网络系统，将在全球化经营中积累的服务能力、服务理念和商务模式不断进行复制，把公司在国内的竞争优势转移到国外，进行资产运用型的对外投资，为国内服务产业的发展提供更大的外部市场空间。另一方面，服务业跨国公司也可通过跨国并购等方式获取管理知识、营销网络等战略资产，提升自身的竞争优势，为母国服务业发展注入新的活力。总体上看，服务业跨国公司从"被动跟随"到"主动服务"的转变过程推动了发达经济体服务业的发展。

五、跨国并购是发达经济体跨国公司快速实现产业技术进步的重要途径

在知识经济时代，跨国公司仅依靠内部的资源进行创新活动的成本越

来越高,原因在于当前的高新技术领域,创新通常需要高额的研发投入,呈现出高投入、高风险、高收益的特征,而知识的分散性使得跨国公司并不能处处占领创新的先机因此,为适应快速发展的市场需求以及日益激烈的企业竞争,跨国并购成为发达经济体跨国公司快速实现产业技术进步的重要途径,特别是在新兴产业领域,通过跨国并购快速拥有相关技术领域的公司,从而快速在新兴产业链上进行布局。抢占产业价值链的制高点,是发达经济体跨国公司的通行做法,这种方式有利于发达经济体快速实现产业进步,促进产业升级。比如在大数据领域,传统跨国巨头依然是大数据发展的引领者。基于技术基础和市场优势的不同,不同跨国公司在大数据发展方面的战略规划也有所不同:IBM提供大数据整体解决方案,微软致力于大数据在科学研究中的应用,惠普在大数据分析和存储领域投入巨资,谷歌雄霸互联网大数据,EMC将云计算与大数据结合,甲骨文专注数据管理领域。这些跨国巨头已在大数据领域紧锣密鼓地进行布局。为快速地占据相关产业细分市场的制高点,主要跨国公司倾向于采取跨国并购的方式扩张,主要原因在于并购方式能帮助跨国公司快速获得所需的技术,从近年来全球大数据领域的相关收购案例可以看出(见表6-14),这些并购活动具有明显的技术获取特征。

表6-14 2000年以来大数据领域主要跨国并购案例

收购者	被收购者及其所涉及领域
甲骨文	Sun(数据存储技术)、仁科(商业软件)、Siebel(客户关系管理软件)、Endeca(企业搜索和数据管理)
IBM	SPSS(数据处理软件)、Coremetrics(网络流量分析软件)、Storwize(在线数据压缩技术)、Uica(基于云的市场营销解决方案)
EMC	Data Domain(重复数据删除)、Greenplum(数据仓库和商业智能)、Isilon(视频存储设备)
惠普	3PAR(公共存储)、Autonomy(结构化和非结构化数据处理软件)、Vertica(数据管理实时分析平台)
戴尔	Compellent Technologies(存储平台)
Teradata	Aprimo(营销数据分析)
SAP	Sybase(数据库)

第七章
促进中国对外直接投资与产业升级良性互动的对策

第一节 促进我国对外直接投资与产业升级良性互动的对策

一般来说,政府在处理对外直接投资与母国产业升级的互动关系时主要有三种模式:以英美为代表的市场主导模式,以日韩为代表的政府主导模式,以及以市场导向为主,政府干预为辅混合模式。市场主导模式下,政府对企业的支持多运用市场手段,侧重于通过立法和规则的制定来实现特定对外直接投资与产业发展目标。政府主导模式带有控制型经济的特征,政府制定产业政策,结合国内经济状况对对外直接投资进行管控,从而实现既定的产业发展目标。混合模式则综合了上述两种模式的特征,为大多数经济体所采用,即政府一方面借助行政手段,包括外汇管制、立法、投资保护制度、税收优惠、财政与金融支持等,另一方面辅之以市场手段,从而达到既定产业发展目标。为更好地促进对外直接投资与母国产业升级的良性互动,中国应建立市场导向为主,政府干预为辅的政策支持体系。政府不能代替企业进行市场化决策,尤其是政府干预的作用主要体现在产业发展方向引导、财政与税收政策支持、融资与外汇支持等方面,目的是营造更有利于企业发展的市场环境,政府干预不能代替企业的市场主体地位。

一、投资产业的选择:把产业升级目标和产业选择有机结合

(一)加大过剩产业对外直接投资

化解过剩产能是我国推进产业结构转型的重要内容之一。化解过剩产能除了在国内淘汰"僵尸企业",加大产业重组外,通过对外直接投资将剩余产能转移到国际市场也是有效的途径。这方面也有成功的国际经验。20世纪50年代,美国在冰箱、洗衣机、收音机等领域加大了对欧洲制造业

的投资，将传统产业转移到欧洲，占领了欧洲制造业市场的大部分份额，但其资本密集型与技术密集型的高科技产业仍保留在国内，并没有向海外转移，这有利于美国高科技产业的发展。日本的经验是通过对外投资将本国边际产业向海外转移，这些边际产业在本国已经发展成熟，但相对于国内需求来说供给已经过剩，转移地区首先为亚洲四小龙（包含中国台湾地区、中国香港地区，新加坡、韩国），其后是东盟各国（包含印度尼西亚、马来西亚、菲律宾、泰国等）。在此同时，日本产业结构升级到新的层次。同样地，"亚洲四小龙"将这些产品的制造环节转移到生产成本更低的其他国家和地区，"亚洲四小龙"的产业结构也得以升级，为发展高新技术产业留出了空间。总体来看，在产业的跨区域、跨国界的转移过程中，各国各地区呈现出有先后秩序的发展，正是通过区域内边际产业的次第转移，产业转移方有效化解了国内过剩产能的经济风险，产业结构向高技术化发展，产业得以升级。此外，韩国的对外直接投资对韩国产业升级也起到了类似作用，即通过对外投资将国内产能过剩的低端产业转移至国外，国内重点发展信息技术产业、电子等产业，从而提高了国内产业的技术密集度，促使国内产业结构升级。这些国家的成功经验表明将国内成熟、过剩的产业通过对外直接投资方式转移到经济欠发达的其他国家和地区是实现国内产业升级的途径。

中国加大产能过剩产业的对外直接投资与其他国家的经验不同之处在于：这些产能过剩产业在国内已经形成了成本和规模方面的产业优势，虽然在国内表现为供给过剩，但对一些国家特别是一些工业化不发达的国家来说，这些产业生产能力严重不足，供给缺乏，因此在中国对外投资中，由于中国投资特别是制造业投资适合东道国工业化进程的需要，因此不管是产能转移，还是产能开发，对东道国的产业发展与升级都是有利的。这是中国在产能过剩产业领域的对外直接投资会形成中国与东道国共赢的坚实基础。产能合作型对外投资既是中国对外开放进入新阶段的产物，也是国内经济与产业结构转型升级的必然选择，这是国家层面的经济与产业发展战略，不是单纯的企业决策行为，因此产能合作型对外投资目的地必然与国家"一带一路"倡议的合作推进紧密相联。通过中国富裕产能的对外投资与东道国产业与经济发展需求紧密结合，最终形成共赢。正是在这一点上，中国主导的新一轮国际产业转移具有促进新兴与发展中经济体共同发展的内涵。中国可以将劳动密集型制造业和基础设施产业（如纺织服装、水泥、钢铁生产等）的产能转移到"一带一路"沿线国家和地区。这样一方面可延长因国内成本上升或需求饱和导致的已经失去或即将失去国际竞争力的制造业的生命周期,使相关产能得到释放,使释放的生产要素如资本、土地、劳动力等则被转移到技术水平更高、附加值更高产业中,从而带动国内产业不断升级;另一方面又可提升东道国的制造能力,促进东道国的工业化进程。同时,中国制造业通过对外直接投资不仅可以绕开贸易壁垒,而且也能够带动制造业相关产品和服务的出口,优化贸易结构,进而推动我国产业的不断升级。

(二)大力发展技术寻求型对外直接投资

产业升级需要有强大的技术作支撑。当前我国需要继续加大力度支持技术寻求型对外直接投资,不断提升企业的技术水平与含量,促进产业结构优化。美国、日本和韩国对外直接投资的发展历程表明,技术寻求型投资对产业升级具有重要的促进作用。目前,中国处于产业升级和经济结构转型的重要关口,尽管一些企业技术实力较强,但总体上缺乏核心技术,一些重要技术和零部件方面还依赖进口,创新能力不足。鉴于此,我们一方面应通过组建技术联盟或跨国并购来寻求企业发展所需的先进技术,控制研发投入,缩短研发时间,提升研发效率;另一方面要尽量靠近全球研发投资聚集地,靠近发达国家先进技术溢出源以及高新技术产业集聚地,及时了解国外科技前沿,获得创新社区的溢出效应,反哺国内企业,提升我国创新能力,促进我国产业技术水平上新的台阶,实现产业升级。

进入 21 世纪后,我国企业在研发领域的对外投资规模迅速扩张,不少国内知名企业在境外建立了研发机构,或者通过并购方式寻求目标企业带来的技术提升,这说明我国企业开始认识到通过"走出去"来提升企业技术水平与竞争优势的重要性。实践中,我国企业开展技术寻求型对外投资活动,在数量扩张的同时,要注重质量与效益的提升,多途径提高我国企业对外投资的逆向技术溢出效应,发挥这类投资对国内产业的技术推动作用。提升技术寻求型对外直接投资的逆向技术溢出效应的措施包括:(1)与国外技术创新引领机构进行合作创新。这些引领机构通常主要是大学和各种科研机构,他们通常具有较强的研发能力,但由于这些机构通常不会或不擅长在产品市场上形成竞争力,可作为我国企业研发投资的重要合作伙伴。具体可以通过合同委托研发、合作开发、专利许可和技术转让等方式,充分利用国外大学和研究机构的技术资源;而企业则可利用贴近市场的优势,把重点放在选定创新方向和研发成果的商业化实现与利用上,这样可以为企业节省大量的前期开发资金。(2)跨企业的协作创新。主导企业可以发挥在本领域的专长和感召力,联合相关企业构建技术联盟,制定技术标准或者组建专利池等,使分散于各个企业的技术资源有可能得到重新整合、技术优势能够相互补充,以便最大限度降低创新成本、加快创新速度。(3)来自领先用户和关键客户的需求是企业重要的创新源,位于不同区位的投资企业因接近当地市场更了解当地的需求,它们对市场信息的反馈也应被纳入企业创新网络中。

(三)鼓励战略新兴产业对外直接投资

作为我国未来产业发展的主方向,战略新兴产业的发展是我国产业优化升级的关键。新兴产业的发展仅依靠国内政府政策的扶持是不够的,其发展还必须接受国际市场的检验,因为在全球化时代,一国产业面临的竞争是国际化的竞争。为此我国政府还应积极引导新兴产业走出国门,鼓励相关产业领域的企业,特别是龙头企业和技术领先企业开展对外直接投资,进行广泛的国际合作,获得资源,在全球新兴产业价值链构建和国际分工中占据有利地位,不断提升自身国际竞争力,带动国内新兴产业整体实力的提升。引导有条件的企业在开展对外投资活动时投向新兴产业领域,实现国内外产业链的技术传导,统筹优化配置国内外产业发展资源,形成国内外产业关联互动的格局,促进我国新兴产业发展。与此同时,把握全球未来产业升级发展的主要方向,集中优势资源,发挥主导产业的引领作用。在全球产业价值链分工中,由于技术进步的分散性,一国或地区很难完全占据完整的新兴产业价值链,因此与其追求完整的产业价值链,不如学习发达国家的做法,在这些产业价值链中占据附加值高的区位,实现主导地位。当新兴产业发展起来后,中国企业如果能够通过对外直接投资,将价值链的某些环节分布到其他一些国家或地区,利用东道国的相关生产要素,可以支持国内新兴产业实现规模化发展,从而形成中国企业在新兴产业价值链分工中的主导地位或优势地位。这种类型的对外直接投资对我国新兴产业的成长与发展显然是有帮助的,因此在我国对外直接投资支持体系中,这类投资同样也要受到鼓励。

二、投资区域的选择:优化中国对外直接投资的区域分布

中国对外直接投资的区位分布极不平衡,其中比较显著的特征之一是对开曼群岛和英属维尔京群岛等低税率地区的投资所占比例较高,并主要流向技术含量不高的商务服务业和批发零售业等。这类投资大多出于避税

和融资便利的目的,对国内产业升级的促进作用不大,甚至掩盖了中国对外直接投资区域流向的真实状况。此外,对发达国家的直接投资占比偏少,对一些新兴经济体的投资仍有增长空间。因此,未来应该对流向低税率地区的直接投资进行必要的监管,并加大对发达国家的投资力度。一般来说,知名品牌、先进技术和管理知识等资产是一国或地区经济长期发展和积淀的结果,因此有区位集中的特点,并且这些资产大多嵌入在相应的组织结构中,具体来说,这类中国企业迫切需要的资产大多集中在发达国家的先进企业中,而且全球产业分工的结果使得高端产业主要集中在发达国家,如美国在新材料、医药生物、信息技术等领域优势明显,德国在机电机械、汽车和化工领域技术实力强,日本在汽车、钢铁等领域强。并且与新兴经济体相比较而言,发达国家的技术禀赋高,创新更活跃。由康奈尔大学、英士国际商学院和世界知识产权组织联合发布的 2017 年全球创新指数显示,创新指数居于前列的基本都是发达国家,而且发达国家和发展中国家在创新能力方面的差距继续拉大,无论是在政府层面,还是在企业层面,发展中国家的研发活动都增长乏力。如德国金属加工机床出口占全球出口总额的五分之一,位列第一位,其机床工具产业品种齐全,拥有众多历史悠久、产品独特、技术领先的中小型企业,是最受中国青睐的海外资产并购市场。2015 年中国所并购 22 家海外机床工具企业中,有 11 家为德国企业。[①]选择在这些发达国家和地区投资可以获得中国产业升级所需的高级生产要素,获取逆向技术溢出效应,从而加快我国企业的技术改造升级,促进我国产业升级。因此,政府应引导我国企业积极到发达国家和地区进行资产寻求型投资。

新兴经济体是全球经济中成长最快的市场,是我国企业重点开拓的国际市场,通过这些地区的投资可起到开发市场、促进出口的作用。首先中国跨国企业要巩固对亚洲其他国家和地区的直接投资。可选择"一带一路"沿线亚洲国家和地区作为投资的重点区域,转移国内边缘产业,从而使得生产要素得到释放,进而推动母国产业结构升级。这主要是由于该地区与我国毗邻,经济水平相近,拥有相似的消费结构、文化背景以及技术水平,企业到该地区投资可以减少投资成本和风险。其次,还应该积极发展对非洲、拉丁美洲等地区的投资。非洲不少国家是我国传统外交友好国家,我国企业可以在这些国家矿产、铁路、公路、供水供电等领域有所作为。应鼓励有条件

---

① 中国商务部:《2016 年中国对外投资合作发展报告》,2016 年。

的企业到自然资源禀赋充足的非洲国家和地区开展资源寻求型投资,缓解国内相关产业的资源供给瓶颈,进而带动产业结构的优化升级。

我国对外直接投资区域分布有一个重要特点,那就是对避税地的投资比重比较高。根据《2018年中国对外直接投资统计公报》提供的数据,英属维尔京群岛和开曼群岛分别居中国对外直接投资流量前二十位的第3位和第5位,对这两个避税地的投资为126.2亿美元,占当年流量的9.8%。这种类型的投资与发达国家跨国公司为避税目的在避税地注册公司不完全相同,这些投资企业除了避税外,还有获得外资身份重新进入新兴经济体,从而得到新兴经济体引进外资的政策优惠待遇,以及方便在海外融资甚至其他不符合国家监管政策的目的,有研究将这类投资称为制度套利型对外直接投资。所谓制度套利型对外直接投资指企业为利用国内与东道国之间的制度差异所进行的对外直接投资,这种投资既会在企业面临国内制度约束时发生,也会在企业受到东道国制度激励时产生。制度套利投资并非中国特例,不少新兴经济体都存在这种投资。由于这类投资有可能以外资身份重新回到母国,或者再投资第三方市场,因此,评估这类投资对母国产业升级的影响有较大难度。本研究认为,当前我国政府部门对这里投资应该加强监管,具体可从以下几个方面入手:一是对避税地投资设定监管额度,即达到一定数量的投资必须在有关部门详细备案;二是根据我国企业所设海外投资企业的性质、业务范围等进行事前的评估;三是加强事后监管,即对企业投资后的监管要实时跟进;四是在外汇政策等方面,对不符合国家产业发展导向和政策的投资进行限制,从而尽量减少这类投资对国内产业升级的负面作用。

三、投资主体的培育:进一步推动投资主体的多元化

随着中国企业实力的提升,越来越多企业"走出去",当前中国对外直接投资主体主要包括国有企业和民营企业,这两类企业各有优缺点。国有企业在企业规模、资金实力、政策支持等各方面优势明显,但国有企业对外投资面临的投资壁垒更大,特别是战略资产获取型跨国并购更容易面临东道国严格的审查,而且由于投资主体的特殊身份,企业投资效率低、投资风险意识差的问题比较突出。民营企业的成长经历了比较充分的市场竞争,投资较少受到政府干预,在发达国家,民营企业投资的商业意图更加明显,因此通常被认为更代表了市场经济成分。与国有企业相比,我国民营企业在

进行跨国并购活动时,遭遇的审查相对宽松,为我国企业跨越投资壁垒提供了机会,这也是联想收购 IBM 个人电脑事业部、吉利汽车收购沃尔沃轿车公司得以顺利进行的原因。

2018 年中国对外非金融类投资流量中,属非公有经济控股的境内投资者对外投资 755.7 亿美元,占 62.3%,公有经济控股 457.5 亿美元,占 37.7%,这是国家鼓励民营企业对外投资,实现对外直接投资主体多元化的结果。在中国对外直接投资中,国有企业仍旧是重要的主体,这是中国经济的所有制结构特点在对外投资领域的直接反映。我国国有企业在建立现代企业制度方面已经取得了很大的进步,但值得注意的是,实践中,国有企业对外投资缺乏科学规划,存在急躁冒进现象,风险较高,因此政府应该加强对国有企业对外投资的监管,防止不顾风险的盲目投资行为。相比之下,中小型民营企业对外投资决策更有自主性,目的性强,更接近市场行为,更符合企业发展战略目标,可成为中国对外直接投资的补充,相关部门可考虑加大贷款力度,在民企跨国经营中提供融资支持,也可通过提供专项资金、降低税收标准、提供保险等方式支持民营企业对外投资,促进对外投资主体多元化,充分发挥市场机制在配置国内外市场资源中的作用,为我国产业升级注入新的活力。

四、投资方式的选择:重视跨国并购在我国产业升级中的重要作用

跨国并购的产业升级效应已在第三章第四节进行了详细的论述。鉴于跨国并购对中国产业升级的重要性,本研究将在本章第三节就提升我国跨国并购的产业结构进步效应的对策与措施展开详细论述。

五、投资政策的配套:重点为企业跨国经营提供融资支持

对外直接投资往往需求大量资金,特别是一些涉及并购发达国家技术与品牌等高端要素的跨国并购项目所需资金更大,这些资金需求单凭企业自身实力往往难以满足需求。当前我国企业主要依靠国家开发银行、进出口银行等政策性银行的融资支持。但由于审核严格,并且程序繁琐,贷款很难根据企业需求及时批下来,易造成错失投资机会;而且一些中小企业在开拓国际市场时,即使遇到很好的市场机会,由于得不到资金支持,也易错失良机,因此加强企业跨国经营的资金支持是中国跨国公司发展的政策重点。

资金支持政策应破除对企业规模的偏好，以本土企业跨国经营的成长性和可持续发展能力为依据，而不是以规模来确定资助与支持对象，从而助力真正有实力、有潜力的企业脱颖而出，成长为跨国公司。

因此，首先，国家应加大对这些企业的财政资金支持力度。除国家层面建立专项财政基金支持企业跨国经营外，还应鼓励对投资活跃的直辖市、省等地方级的专项财政基金；也可引导社会资金加大投入，弥补国家财政资金投入不足，逐步建立以财政资金为引导，以社会资金为主导的境外项目投资体系，弥补财政投入的不足。其次，鼓励金融机构支持企业跨国经营融资。发挥国家开发银行、中国进出口银行、中国出口信用保险公司等政策性金融机构对企业对外投资的促进作用；同时依托商业银行拓宽融资渠道，探索出口退税单、境外应收账款、境外资产等抵押融资方式，为本土企业国内融资提供便利；也支持与协助企业通过境外上市、发行中长期企业债券等方式在国际市场上融资，拓宽企业融资渠道，并引导企业控制债务风险。再次，实行税收优惠政策。要避免双重征税，实践中税收政策不能一刀切，应结合国家产业发展方向，区别企业投资行业与国别等给予不同类型的优惠政策，甚至可考虑对能显著促进国内产业技术进步的重大项目给予更大的政策优惠。

六、投资策略的突破：通过加强国际技术合作吸收外部创新资源

目前在国际技术合作中，中国政府层面参与的合作发展较快，不仅与主要发达经济体而且与新兴经济体都有广泛的技术合作，这些合作的技术领域大多以基础研发为主，政府在促进高技术产业化方面也做了很多努力。未来在巩固政府层面的国际技术合作的同时，要鼓励我国更多企业加强国际技术合作，通过对外投资以持股结盟、联合开发等方式开展国际研发合作，开展面向高新技术产业化应用的合作研究，特别是要鼓励本国跨国公司与其他国家跨国公司开展技术合作，主动融入跨国公司的全球创新网络，分享技术溢出效应，有条件的跨国公司，如果在某个技术领域拥有世界领先的技术优势，要主动构建中国跨国公司主导的全球创新网络，占领新兴产业发展的技术制高点。这方面，发达国家跨国公司在新能源汽车领域为我国企业提供了可借鉴的范例。

经历了金融危机的冲击后，跨国汽车企业在新能源汽车开发中面临较多的技术困境与成本问题，因此，跨国汽车企业在遵循各自的新能源汽车发

展路线之余,更多以持股结盟、联合开发等形式寻求合作伙伴,结合双方所长各取所需,并分担较高的研发费用(见表7-1)。中国领先的汽车企业也可以通过开展国际技术合作研发,建立研发合作联盟,分担研发成本,分散研发风险,促进产业技术进步。

表7-1　近年来新能源汽车领域跨国公司投资与合作情况

合作企业	合作内容及目标
雷诺-日产与戴姆勒	在小型车、轻型商务车、动力总成技术领域进行广泛合作和共同研发,包括电动车
丰田与特斯拉	在纯电动车领域展开全面合作
通用与ABB	联合研发雪佛兰沃蓝达电池系统再利用项目
宝马与标致雪铁龙	共同出资1亿欧元建立合资企业——宝马标致雪铁龙电气公司,联合开发新的混合动力系统,分摊研发成本,联合采购
丰田与微软	汽车云服务
通用与LG	在核心元件、汽车架构和平台方面共同开发电动汽车及插电式混合动力车
丰田与福特	共同开发大型皮卡和SUV混合动力技术,包括车内使用的无线局域网、蓝牙等新一代车载信息服务系统
沃尔沃与西门子	共同研发电动汽车
日产与通用电气	加快电动汽车基础设施建设,促进电动汽车销售,合作研究电动汽车充电对家庭、工作场所的电力系统级公用电网产生的影响
标致雪铁龙与通用电气	在欧洲进行电动汽车业务方面的合作
宝马与丰田	对新一代电动汽车的锂离子电池的研发,宝马和丰田在合作框架下分担研发成本

第二节　提升我国跨国并购中产业结构进步效应的对策与措施

一、实行对等开放政策,突破东道国政治与政策壁垒

近年来,随着中国对外投资覆盖行业、国家与地区的不断增加,中国企业跨国并购的投资规模越来越大,并购涉及的高端技术项目增加,再加上东道国的各种政治与政策壁垒,导致中国企业跨国并购失败或者亏损的案例并不少见。东道国的政治壁垒主要来自一些发达国家出于意识形态的偏见和对中国企业的跨国并购行为过度解读,以国家安全为理由进行干预,导致中国企业并购失利。典型案例如2005年中海油竞购优尼科过程中曾遭到美国参众两院的激烈反对和诸多干预,最终导致中海油并购失败。在诸多

反对的理由中,就有认为在优尼科拥有的石油勘探、生产和提炼技术中,有些可用于军事,而中国是社会主义国家这种政治上的考量。此外,一些东道国的政策监管和法律规定也给中国企业跨国并购造成不小的障碍。以美国为例,美国外国投资委员会(CFIUS)是审查外国企业在美国并购的机构,[①]国内不少知名的跨国并购案例即折戟于此。如在高技术领域,华为自2007年开始多次计划并购美国相关领域公司,最终因美方担心国家安全均未获得美国外国投资委员会的批准。据CFIUS向国会递交的年度报告显示,自2012年开始,中国已连续多年成为CFIUS最主要的审查对象。此外,其他国家类似CFIUS的机构近年来也对中国企业在本国并购给予关注。2016年澳大利亚外国投资审查委员会否决了我国大康牧业收购澳洲畜牧业Kidman公司80%股权的申请。这桩跨国并购案值高达3.7亿澳元,该委员会阻挠此次并购的理由是大康牧业的并购会损害澳大利亚的国家利益。中国国家电网欲以约100亿澳元收购该国电网公司Ausgrid的交易引发了澳大利亚朝野激辩,几个月后,这桩并购同样被叫停,澳大利亚财长给出的理由同样是并购将损害澳大利亚的国家利益。2016年9月,德国经济部本来批准了福建宏芯拟6.7亿欧元收购德国芯片设备制造商Aixtron的并购案,但一个多月后突然撤销批准,重启评估程序,导致福建宏芯最后只好放弃收购。近年来,逆全球化思潮涌现,民粹主义抬头,裹挟着贸易和投资保护主义涌动。2019年4月,欧盟《外资审查条例》正式生效,该条例明确了欧盟成员国可以合法阻止外资对涉及关键基础设施、技术、原材料和敏感信息的收购交易。中国对外直接投资面临更加严密的审查。2019年9月美国财政部发布了《外国投资风险审查现代化法案》实施细则,列举了28类关键基础设施。这些发达经济体针对外国投资的限制措施不仅对特定领域(这些特定领域主要为高技术领域以及由东道国认定的其他敏感领域)的投资进行限制,而且也对特定的企业进行限制,各项规定不排除特意针对中国国有企业的嫌疑。针对这些来自东道国的政治和政策壁垒,中国企业采取了联合东道国相关企业或者第三国企业共同参与并购的方法。如2007年,华为和美国贝恩资本试图以22亿美元联手收购3Com公司,2010年中化集团与新加坡淡马锡联手用约500亿美元收购加拿大钾肥公司Potash,但这些努力

---

① CFIUS是一个跨部门行政机构,职能是监督和评估外国投资或兼并收购美国企业交易,并根据交易对美国国家安全的影响程度展开初步审查或正式调查,提出建议,直至视情况交由总统决定是否批准交易。

仍然以失败告终,可见这种来自东道国层面的对来自中国企业跨国并购的政治与政策壁垒并非单个企业力量可以突破,需要政府层面为企业优化跨国并购的外部环境,其中最重要的是推行对等开放的政策。

对等开放政策的提出有其现实要求。当前在对外投资领域,投资保护主义日趋多样化。尤其是针对来自中国这样有较强经济实力的国有企业和主权财富基金,由于担心这类并购可能利用投资控制东道国的重要行业或资产,以实现经济回报之外的战略目的,一些发达国家加强了国家安全审查。与此同时,一些国家加强对投资者义务的要求,例如确保投资接受国本地人就业,保持高水平的环保标准,履行企业社会责任,确保投资接受国产品和服务的市场供应安全以及维持市场竞争环境等。而此前国际投资规则比较多地侧重于促进外国投资和对外国投资的权益保护问题。此外,一些国家在面对来自中国具有国有企业背景的投资时,出于地缘政治和意识形态的考虑成为投资保护主义的推手。在此背景下,中国再持续单边开放的战略显然不可持续。对于一个新兴经济体来说,开放不可能只是单边的,需要双方对等的开放,特别是在当前投资保护主义抬头的背景下,中国在坚持开放的同时,也应该以对等开放拓展中国企业跨国并购的外部空间,即以自身的开放换取其他投资伙伴在相关领域对我国的开放,营造有利于中国对外投资发展的良好外部环境。对中国和其他国家来说,这也是超越投资保护主义的互利共赢的战略选择。从目前看来,外资想进入我国不少领域,如能源、高端制造业、金融等领域,而中国也迫切希望外国放宽高新技术产品限制,承认中国市场经济地位等,双方可以在这些领域开展合作,并特别要求相关东道国为中国企业在高技术等领域的并购提供公平的市场环境,减少并购所遇到的政治和政策壁垒。

二、重视跨国并购后的整合问题

跨国并购并非国内外企业的简单相加,它涉及企业全球战略和企业文化等多方面的整合,必须通过有效整合使被并购的国外企业和原有企业形成一个有机整体,这样才能实现并购的目标,最终达到促进国内产业结构进步的作用。当前不少中国企业通过跨国并购方式"走出去",但由于未能对并购后的整合问题给予重视,结果给企业带来较大损失,得不偿失,这样失败的案例并不少见。如 2004 年 TCL 收购彩电巨头汤姆逊以及阿尔卡特手机业务,意图通过收购品牌、渠道和客户帮助 TCL 迅速进入欧美两个主流市场,填补 TCL 在欧美市场的空白,可由于文化的差异、管理制度的差异、企业价值观的差异,双方企业的整合面临着重重困难,最终不得不以失败收场。又如 2006 年我国上汽公司并购韩国双龙企业后整合失败,最终在 2009 年上汽对外宣布双龙破产,并购双龙所投入的 40 多亿元也无法收回,上汽所期待的引进先进技术、提升自主研发能力的目标无法实现。由于跨国并购涉及母国与东道国法律环境、社会制度、文化习俗等方面的差异,不同类型的企业并购动因差异大,因此企业并购后的整合重点也有所不同。特别是在获取技术、品牌等高级要素的并购活动中,如何将被并购企业的相关生产要素进行整合,融入到企业价值链条中值得企业关注。实践中,由于被并购企业的差异性,并不存在放之四海而皆准的整合模式。但对中国企业来说,除非是专业从事资本运作的企业,在跨国并购活动中企业还是应尽量选择并购与企业主业关联度高,具有一定技术或品牌优势的企业,这样在并购后的整合中有助于本身的业务与目标企业形成有机整体。对于被并购企业的技术和研发力量,既可以直接将被并购企业的生产技术引进国内,在国内复制其经营管理模式,也可以以此为支撑进行自主创新,开发具有自主知识产权的新产品,从而提升产品技术含量和产业技术水平。另外,在做好跨国并购整合的同时,还应尊重国内外文化的差异,进行企业文化的整合,使企业文化优势相互促进和融合,发挥被并购企业人力资源的作用。如果说有关研发平台、组织结构等方面的整合涉及企业的硬实力的话,那么文化整合事关企业软实力,企业不能一味强调显性资源的整合,同时也要正视这些隐性资源的整合,这样跨国并购才可能获得真正的成功。

三、加大对符合产业发展要求的跨国并购的政策支持

跨国并购活动对于扩大我国企业在国际市场的占有率、获取高级生产要素、增强研发能力、提升技术水平、提高我国产业国际竞争力甚至增强整个国家的经济实力都有着非常积极的作用。但由于我国跨国并购起步较晚,跨国并购经验尚不足,实践中存在跟风冒进的现象。有一部分并购实际上跟我国对外投资的产业政策要求并不符合,比如大规模盲目投向体育、娱乐、俱乐部领域等,对国内产业进步缺乏促进作用,因此,要强化产业政策对跨国并购的引导作用。对外投资产业目录要适时调整,根据我国各产业技术水平、市场需求以及国际竞争力状况,对企业跨国并购进行动态引导,制

定包括财政、融资、外汇、税收等在内的相关产业优惠政策,加大对符合产业发展要求的跨国并购支持,促进国内产业升级。实践中,要对企业的并购效应进行评估,如果企业的跨国并购活动有助于带动国内出口、提高产品质量,有助于技术水平提升、增强研发能力,能提升企业在相关产业价值链中的地位,则应给予支持。特别是对需要进一步发展的新兴产业,更应鼓励企业通过跨国并购的方式获取高级生产要素,促进国内相关产业发展。反之,如果企业的跨国并购活动会加剧国内相关产业的产能过剩,或者与国内产业与经济结构转型要求不符,则不予支持。

需要指出的是当前我国企业,特别是民营企业跨国并购的融资渠道还比较狭窄,多是通过发行债券、抵押贷款、信用贷款等多种方式筹集,这使我国跨国并购的资金压力大,风险比较高,容易错过好的并购标的,因此政府应该给予企业金融方面的支持,放宽融资渠道、推进银企合作、降低融资成本。此外,我国政府也可以考虑设立相关的投资基金,将跨国并购资金支持纳入到投资基金扶持范围,这种基金可考虑吸收社会资本的参与,多方筹集资金来源渠道,全方位支持符合我国产业发展的跨国并购,减少跨国并购的资金障碍。

四、为企业跨国并购构建服务体系

笔者在实地调研中了解到,由于中介服务不完善,国内包括国际投行、律师事务所和会计师事务所等中介机构缺乏,国内证券公司、会计师事务所、律师事务所、投资银行以及行业协会等中介机构不能完全满足企业跨国并购的需要。并购涉及很多国外财务、劳工、知识产权等方面的法律法规,需要聘请国外中介,可语言差异影响双方意图的交流,有时外国中介在领会中方的立场和诉求时会出现偏差;另一方面,聘请国外中介收费一般占到收购标的3%左右,而涉及高端技术和全球知名品牌并购的投资额巨大,企业跨国并购过程中获得中介服务的成本过高,对企业顺利推进跨国并购不利。因此要重视相关人才的培养,建立包括法律、会计、知识产权、管理咨询、广告等方面的中介服务网络,有条件的话应该建立跨国并购相关领域高端人才的人才库,为企业跨国并购提供包括完善的尽职调查等在内的全方位的中介服务,提升国内中介服务机构的服务水平。

对于跨国并购信息,由于企业缺乏统一权威的查询平台,并购过程中企业常忽略对当地行业、商业环境的深度调查,导致在交易价格谈判时出现信息不对称的情况,从而无法准确判断标的公司价值。因此在信息服务方面,可依托国家驻外使领馆、涉外政策性金融机构、行业协会、商会、企业家协会等机构与组织的信息采集渠道,加强与国外驻华使领馆和商务机构、东道国当地中介机构的联系,重视海外华人华侨的桥梁与纽带作用,全方位为企业跨国投资提供国别信息(包括国别法律状况、政治风险、东道国社会文化等)、行业风险分析、资信调查、信用评级、市场分析等信息服务,为企业跨国并购提供咨询服务。

此外,当前跨国并购领域出现的"中国溢价"现象也值得关注。所谓"中国溢价"是指在跨国并购中,多家中国企业为了竞购目标企业,常报出大大高于目标公司正常市场价值的竞标价格的现象,甚至有些国外企业为了抬高并购价格会有意邀请中国企业参加竞价,甚至只要中国竞购者加入,海外卖家就直接提高出售价格。由商务部研究院、国务院国资委研究中心、联合国开发计划署驻华代表处联合撰写的《中国企业海外可持续发展报告2015》指出,根据他们的调研问卷,中国企业普遍认为海外经营的最大竞争对手不是其他国家跨国公司和东道国当地企业,而是其他中国企业。这说明,中国企业在跨国并购市场中已经形成了较大内部竞争。当然,对于企业正常的市场竞争行为没有干预的必要,但对那些互相抬价、恶性竞争的行为,建议行业协会进行沟通协调,避免牺牲长期利益。中国企业也可与国外知名私募机构等投资机构进行合作,借助成立并购基金的方式,以海外买家身份进行收购资产的运作。这在一定程度上可以规避被当地企业高估标的资产的情况。

五、提高企业对逆向技术溢出的吸收能力

逆向技术溢出是跨国并购促进国内产业结构进步的重要渠道,而逆向技术溢出效应能否实现的关键是企业的吸收能力。吸收能力指投资国母公司对东道国子公司的逆向技术溢出的学习与运用能力。企业吸收能力强的话,可以将逆向溢出的知识与技术运用到实践生产与经营中,从而提升企业生产能力与技术水平,提高生产效率。提高企业对逆向技术溢出的吸收能力可从以下几方面入手:首先,在并购区位的选择上,欧、美、日作为老牌的工业国家拥有丰富的技术资源,特别是涉及生物医药、信息技术、互联网产业等高端制造业和新兴产业的并购,欧、美、日相关企业应该成为并购的首选区域。其次,在并购目标的选择上,企业要根据自身实力及技术需求,选

择适当的跨国并购目标。在并购目标确定之后,要对被并购企业展开全面调研,最好能引进相关的专业机构如技术评估机构进行技术评估,看是否与自身的资源匹配,对各方面的因素进行审慎分析。再次,加强国内母公司与国外被并购企业的技术合作与交流。国内的母公司应努力促进国内外公司技术资源的双向交流,一方面派遣国外被并购企业的工程技术人员到中国公司进行技术培训与指导,另一方面中国母公司可安排国内相关企业的技术人员到国外被并购企业进行技术进修,促进技术人员双向交流,以及国内外资源的双向流动,提高技术溢出以及消化吸收能力。最后,注重人才培养,加大对研发的投入,注重并购后技术的学习、吸收和创新,增强自主创新能力。实践中,由于发达国家技术封锁等原因,中国企业通过跨国并购并非总能如愿地获得所需要的核心技术。在中美贸易摩擦中,美国明确提出了限制中国企业并购美国高新技术企业,如果此举引起其他发达国家效仿,未来中国企业在发达国家并购先进技术可能面临更多障碍。因此,长期来看,虽然通过跨国并购获取技术是中国企业技术进步的重要途径,这种途径相比通过引进外资获得技术优势更明显,但中国要想从根本上改变总体技术落后于发达国的现状,只有加大高水准技术人才和跨国经营管理人才的培养,在吸收逆向溢出的技术基础上,加大研发投入,通过企业自主创新,研发出领先技术,这才是企业长期立足的根本。因而,国内企业在掌握了逆向溢出的技术后要将其纳入国内研发部门,进行二次创新工作,目的是提升企业自主创新能力,实现关键与核心技术的突破,提升产业技术水平,促进产业升级。

　　总之,随着我国经济结构转型升级进入关键时期,传统行业的竞争优势逐步弱化,产能过剩问题逐渐突显,同时新兴产业发展面临技术、品牌的制约,这就要求中国企业积极走出去,在全球范围内配置资源,提升核心竞争力。2010年以来,我国政府陆续出台了一系列政策与法规,为企业跨国并购提供了政策保障与支持,促进了中国企业积极走出去,开展跨国并购活动。实践中跨国并购对中国产业进步确实起到了促进作用,但受诸多因素的制约,如东道国的投资壁垒、企业战略规划失误、并购整合效果不明显等,跨国并购目前并不是中国产业转型升级的主要途径。在中国企业跨国并购中,不乏成功的案例,对这些案例的研究显示,中国企业的跨国并购活动对国内产业升级有促进作用。但另一方面,中国企业跨国并购实践中还存在不少失败的案例,抑制了跨国并购对国内产业结构进步的促进作用。提升中国企业跨国并购的产业结构进步效应需要政府和企业层面共同努力。相信随着政府相关政策进一步落实到位以及企业跨国经营能力的提升,跨国并购未来将在中国产业升级过程中发挥更大的作用。

第三节 "一带一路"国际化合作与我国产业升级

"一带一路"沿线国家大部分还未完成工业化进程,这些国家对产能合作、经济结构转型、产业升级以及基础设施建设存在现实需求,并且需要大量的资金投入。中国发起"一带一路"倡议符合沿线国家发展的需要。我国要利用"一带一路"国际化合作的机遇,将沿线国家经济与产业发展的需求同国内经济与产业结构转型升级的目标相结合,扩大对沿线国家的直接投资,积极开展产能合作,与沿线国家共建经贸合作区,引导我国企业到沿线国家投资设厂,延伸产业链,推动我国优势产业走出,帮助东道国提升工业化水平,同时利用跨国并购方式吸收沿线发达国家和地区的先进技术、品牌、分销渠道等高端要素,促进我国产业结构转型升级。当前"一带一路"国际化合作顺利。据商务部提供的数据,2017年,我国企业对"一带一路"沿线国家的非金融类直接投资为143.6亿美元,投资分布于新加坡、马来西亚、老挝、印度尼西亚、巴基斯坦、越南、俄罗斯、阿联酋和柬埔寨等59个国家。对外承包工程方面,我国企业在"一带一路"沿线的61个国家新签对外承包工程项目合同7 217份,新签合同额1 443.2亿美元,占同期我国对外承包工程新签合同额的54.4%,同比增长14.5%;完成营业额855.3亿美元,占同期总额的50.7%,同比增长12.6%。[①]"一带一路"国际化合作将成为引领我国企业"走出去",助推中国企业产业升级的重要力量。

一、利用在"一带一路"沿线国家的跨国并购助力国内相关行业转型升级的意义

跨国并购符合新时期开放型经济的特征,是国家"一带一路"国际化合作的有机组成部分,是国际产能合作的重要方式,也是我国企业打通全球产业链的有效手段,对我国相关行业转型升级有重要意义。从企业实力来看,

---

[①] 商务部投资和经济合作司:《2017年我对"一带一路"沿线国家投资合作情况》,http://www.mofcom.gov.cn/article/tongjiziliao/dgzz/201801/20180102699459.shtml。

我国不少企业积累了国际化经营的经验,已具备开展跨国并购的实力。从政策环境来看,国家对"一带一路"倡议非常重视,相关部门从简化手续、拓宽融资渠道、健全配套政策等方面入手,为中国企业"走出去"提供金融财税支持,减少了中国企业在"一带一路"沿线国家开展跨国并购的成本。目前支持"一带一路"对外投资的金融机构主要有国家开发银行、世界银行、亚洲开发银行等传统机构,以及新成立的亚投行、金砖国家开发银行等多边开发机构。它们通过提供贷款、融资担保、设立专项股权投资基金等多种方式支持"一带一路"的涉外投资。此外,从外部环境来看,中国与"一带一路"沿线大多数国家有良好的经贸合作关系,有利于中国企业跨国并购的顺利开展。2017年我国企业对"一带一路"沿线国家实施62起跨国并购项目,并购金额为88亿美元,同比2016年增长32.5%,再创新高,增长势头良好。可以预见随着"一带一路"国际化合作构想的推进,中企海外并购市场将在投资区域、投资行业和投资主体等方面发生变化。首先,"一带一路"国际化合作构想将使中国企业的投资重心从原先的北美、西欧发达国家向中亚、东欧、东南亚、北非等新兴与发展中国家进行转移;其次,中国企业海外并购重点行业也将由原先的矿产资源、信息技术产业及机器设备制造业向中国企业具有比较优势的劳动密集型制造业如纺织产业、基础设施建设相关产业进行转变,如高铁、电力、通信、工程机械、汽车和飞机制造以及电子装配加工等。

中国企业在"一带一路"沿线国家跨国并购对相关行业转型升级意义重大。首先,通过跨国并购促进我国传统产业在"一带一路"沿线国家进行跨国转移。中国经济进入新常态后,随着国内市场供需结构的变化和要素成本上升,部分传统产业国内市场饱和。如果传统行业占用了过多的资源,产业效率低下,这会造成新兴产业资源的短缺,进而影响产业结构升级的进程。与此同时,"一带一路"沿线许多国家产业结构单一,工业化水平低,相关产业发展水平不高,通过在这些领域的跨国并购,可以促进国内相关产业如钢铁、水泥、轻工、家电、纺织服装的跨国转移,为国内新兴产业的发展腾出空间,也有利于东道国产业升级优化,提升东道国工业化水平,实现双赢。其次,通过跨国并购带来逆向技术溢出效应。具体来说,在跨国并购过程中,我国企业携带国内具有流动性的生产要素(通常为资本)流向"一带一路"沿线国家,与东道国各种技术要素、信息资源及高素质的劳动力等在内的不可流动或流动性差的高级要素相结合,在新的环境中实现各种要素的重新组合，通过示范、竞争、合作和人才流动等途径，企业技术水平得到提高，先进技术要素从东道国反馈到国内企业，实现逆向技术溢出，最终促进产业技术水平提升，推动产业升级。"一带一路"国际化合作构想覆盖的发达国家，其高新技术产业发展比较成熟，中国企业在"一带一路"倡议背景下，可以充分利用政策优惠，寻找海外并购机会，助力国内相关产业发展。如2014年11月，16个中东欧国家与中国投资常设秘书处（"16+1"秘书处）在波兰华沙成立，这将为中国与中东欧其他国家的相互投资提供信息广阔的服务平台，对中国企业实施海外并购绝对是个很好的契机。可以预见，将会有更多的欧洲国家对中国敞开大门，中国企业在"一带一路"沿线国家和地区的并购将打开更大的空间。

近年来，中国企业跨国并购出现一个迹象，那就是新兴产业逐渐成为发起并购的主力军。对"一带一路"沿线国家相关领域的并购一方面可以扩大相关产业发展的市场空间，另一方面可以实现规模效应，助力国内新兴产业的发展。跨国并购可获取技术、品牌、销售渠道等产业进步的高端要素。中国企业通过在"一带一路"沿线国家并购，可以迅速有效地获得并购目标的技术、品牌、管理技能、研发自由和销售渠道等战略资产，有利于产业竞争力的提升，促进相关产业发展。

当然，尽管"一带一路"倡议为中国企业海外并购提供了良好的发展机遇，如何控制并购风险也很重要。由于"一带一路"倡议涉及区域广，辐射国家多，沿线地区经济发展水平不同，不同国家和地区的文化、风俗等都各相迥异，因此，中国企业开展并购前应充分了解沿线国家和地区的政治、经济、法律、社会、文化等方面的情况，为控制并购风险做好充分准备。

二、通过在"一带一路"基建投资合作带动相关产业发展

"一带一路"沿线大多数国家和地区经济发展水平偏低，基础建设较为落后，公路、铁路、电力设施、水利设施建设不足，与发达国家差距大。但这些国家和地区人口和资源优势明显，基建投资机会巨大。近年来，亚洲基础设施投资银行的设立，《中国—中东欧国家合作贝尔格莱德纲要》等国家间合作协议的陆续签订，正是基于"一带一路"沿线国家和地区蕴含可观的基建投资商机。而对于中国这样的基建大国，这无疑是通过对外投资复制中国基建模式的发展机遇。

中国在基建领域经验丰富，技术领先，预计亚太地区基础设施项目的需

求达8万亿美元,"一带一路"为中国企业海外基建投资合作带来了无限的商机,因此完善跨境交通基础设施,逐步形成"一带一路"交通运输网络,为各国经济发展和人员往来提供便利是推进"一带一路"规划的重要内容。这包括在公路、铁路、管道、航空、航运等多方面的互联互通,可以预见借助"一带一路"国际化合作,中国企业海外基建投资合作大有可为。根据普华永道提供的数据,2016年七项核心基础设施领域(公用事业、交通、电信、社会、建设、能源和环境)的项目与交易约4 940亿美元。其中,中国占总量的1/3,在中国平均项目规模上涨了14%,这主要得益于政府和公共部门对基础设施这项经济支柱的大力支持,[1]拉动了国内基建产业的发展。中国交通建设股份有限公司投资了斯里兰卡港口城等重点项目建设,并在荷兰建立了欧洲区域总部,在中亚地区布局参与了道路和铁路等基础设施的建设,并且依托在欧美地区的海外并购快速积累科技专利,同时在荷兰、新加坡等地成立了研发中心和技术中心,[2]提升了企业技术水平。2015年国务院国有资产监督管理委员会发布《"一带一路"中国企业路线图》显示,截至2014年底,国资委监管的110余家央企中已有80多家央企在"一带一路"沿线国家投资设立分支机构。路线图显示,在电力领域,央企在"一带一路"沿线国家建成和在建的电站项目达17个,电站涵盖水电和火电等传统电站,还包括风电、太阳能、生物质能和核电等新兴技术电站,总装机容量近1 000万千瓦,为当地经济与社会提供了能源保障;在轨道交通领域,央企的铁路装备已实现六大洲全覆盖。

在国际基础设施项目规模大型化和技术复杂化背景下,对"一带一路"沿线国家的基建投资合作离不开政府的参与,因此"政府搭台、企业唱戏、合作共赢"是中国企业对"一带一路"沿线国家基建投资与合作的重要模式创新。2014年丝路基金的设立和亚洲基础设施投资银行的签约是"一带一路"沿线国家基础设施投资合作的重要事件。丝路基金的初始投资金额为400亿美元,亚洲基础设施投资银行法定资本1 000亿美元,通过债券发行等方式,两家机构能撬动的市场投资规模更大。亚洲基础设施投资银行是中国倡导建立的区域性金融机构,其主要业务是援助亚太地区国家的基础设施建设。在全面投入运营后,亚洲基础设施投资银行将运用股权投资、提

---

[1] 潘晓娟:《"一带一路"沿线基础设施行业蕴藏巨大"钱景"》,《中国经济导报》2017年2月。
[2] 赵婧、方烨、魏骅:《一带一路将撬动万亿资金出海 企业界热情高涨》,《经济参考报》2015年3月30日。

供担保、贷款等方式为亚洲各国的基础设施项目提供融资支持,投资领域涵盖能源、交通、农业、城市发展和电信等。预计随着相关业务的开展,中国企业将掀起在"一带一路"沿线国家基建投资合作的高潮。在这种模式下,对企业来说,参与相关东道国基础设施建设不能单纯追求经济利益,同时还要承担相应的社会责任。例如,中国机械设备工程股份有限公司参建了马尔代夫胡鲁马累新城住房项目,该项目是我国企业在马尔代夫的合资共建项目,该工程无论从质量、设计,到成本控制、价格定位等,都得到了马尔代夫政府和民众的广泛认可和积极评价,胡鲁马累新城在当地也因此博得"中国城"的美誉。此外,中国机械设备工程股份有限公司还承建了斯里兰卡首个燃煤电厂——普特拉姆燃煤电厂三号机组。该厂交付之后并不意味着企业在当地的使命和任务就此结束,中国公司将与业主斯里兰卡电力公司签订一份长期维护协议,培训斯方技术人员,确保业主能真正熟练掌握电厂管理运营技术。中国企业在当地的投资除了获得项目投资的预期收益之外,通过中方人员与当地员工的业务合作与当地居民的方方面面的交流,也形成了发展当地社会的"中国形象"的良好基础。这不仅对当地经济发展和社会稳定发挥了积极作用,而且让当地政府和民众也切身感受到中国企业的"软实力",为中资企业今后更多地参与到道路、桥梁、水处理等基础设施建设提供机会。以中国建筑为例,自"一带一路"倡议被正式提出以来,中国建筑积极投入国家"一带一路"建设,以海外事业部为载体,加强了在"一带一路"沿线地区的市场开拓,对海外业务进行了全方位整合,取得了良好成效。据了解,目前中国建筑经营业绩遍布国内及海外 100 多个国家和地区,在海外已经形成了覆盖东盟及周边、中亚、中东欧、拉美地区和非洲国家市场的营销网络,在"一带一路"沿线项目推进过程中取得重大收获。2015 年,中国建筑海外新签合同额 174 亿美元、营业额 88 亿美元,均创历史新高。"十二五"期间,公司新签合约额、营业收入年复合增长率分别为 22%、15%,利润总额年复合增长率 38%。2016 年 1 月 21 日,中国建筑正式签署埃及新首都建设项目一揽子总承包合同,合同金额 27 亿美元。巴基斯坦白沙瓦至卡拉奇高速公路项目已于 2016 年 5 月 6 日正式开工,合同金额约合 28.9 亿美元,成为中巴经济走廊正式落地的最大交通基础设施项目。中国建筑海外项目建设改善了当地投资环境,带动了相关产业发展,提高了沿线居民生活水平,获得很好的经济效益和社会效应。

三、在"一带一路"沿线国家建立境外经贸合作区带动中国相关产业集群式"出海"

随着中国企业"走出去"步伐加快,中国境外经贸合作区也迎来大发展。2016年中国企业开展境外经贸合作区建设取得积极进展。截至2016年底,中国企业在36个国家在建合作区77个,累计投资241.9亿美元,入区企业1 522家,总产值702.8亿美元。截至2016年8月,在"一带一路"沿线20多个国家建设了46个境外经贸合作区,这些合作区形式多样,包括高新技术产业合作园区(如俄罗斯圣彼得堡信息技术园区)、商贸物流合作园区(如波兰罗兹中欧国际物流产业合作园)、能源资源加工型合作园区(如巴基斯坦瓜达尔能源化工园区)、工业合作园区(如印度浦那中国三一重工业园区)、劳动密集型加工合作园区(如孟加拉国达卡服装和家电产业园区)以及农业产业合作园区(如华信中俄现代农业产业合作区)等。(刘卫东等,2017)合作区日益成为我企业"走出去"发展的聚集平台,预计未来中国企业在"一带一路"沿线国家的境外合作区建设会得到进一步发展。

"一带一路"国际化合作下发展境外经贸合作区具有重要意义。首先,境外经贸合作区是实现"一带一路"国际化合作构想的重要平台。境外经贸合作区契合"一带一路"沿线国家工业化发展诉求,是"一带一路"的重要抓手,发展境外经贸合作区可帮助东道国增加就业和税收,促进东道国经济发展,从而使我国与沿线国家合作更加紧密,有利于"一带一路"国际化合作构想的推进。其次,设立境外经贸合作区有利于促进中国企业与"一带一路"国家开展国际产能合作。国际产能合作是推进"一带一路"建设的重要突破口,而境外经贸合作区已成为中国企业在境外开展优势产业(如纺织、服装、机械、电子、化工等)合作的集聚式发展平台。一方面,可实现中国企业进行本土化生产,降低生产成本;另一方面,深化中国与"一带一路"沿线国家在产品内、产业内以及产业间的专业化分工合作,延伸产业链,提升产业链分工地位,优化产能布局,促进国内产业升级,这也是我国实现产业结构调整和全球产业布局的重要承接平台。如中马"两国双园"、中越跨境经济合作区、中国印度尼西亚经贸合作区、文莱—广西经济走廊等对促进国际产能合作,构建跨境产业链方面作用重大。截至2019年11月,纳入商务部统计的境外经贸合作区累计投资超过410亿美元,入区企业近5 400家,为当地创造就业岗位近37万个。初步形成了纺织与服装、建筑建材、机械电子、化工、农林产品加工等产业聚集。(邹昊飞等,2016)再次,降低了中国企业,特别是中小企业"走出去"的风险与成本。通过在"一带一路"沿线国家建立一批境外生产基地,推动了中小企业抱团出海,降低了入区企业的经营风险,对于促进中国企业特别是中小企业积极"走出去",参与"一带一路"建设作用明显。

根据沿线国家总体资源情况和经济发展水平,"一带一路"境外经贸合作区布局可考虑从以下三个方面推进:第一,在矿产资源、农业资源、森林资源丰富的国家如俄罗斯、蒙古等,可重点布局资源加工利用型园区。以矿产资源为例,"一带一路"沿线是世界矿产资源比较丰富的地区,中国在这些国家建立境外资源加工利用型园区,一方面可通过资源开发促进当地经济发展,另一方面也可弥补国内经济发展的资源需求。第二,结合东南亚一些国家劳动力成本低廉、投资环境相对较好的特点,重点布局生产加工型园区,通过建立境外经贸加工区可拓展国内相关劳动密集型优势产业出口发展,为这些国内产业的转型发展拓展国际市场空间。第三,在经济发展水平较高的一些国家,以科技合作为重点,建立高科技产业园区,积极利用和引进欧洲先进的技术,通过技术合作推动产业合作。

"一带一路"国际化合作作为国家整体战略构想,通过政府层面的推动,整体降低了中国企业在"一带一路"沿线国家和地区开展国际化经营的风险,拓展了中国企业的外部发展空间,企业不再仅局限于传统的以出口为主的国际化模式,"走出去"的方式更加多变,对外投资将获得长足发展,跨国并购预计将有更大发展,助力中国国内产业转型升级。境外经贸合作区则助推中国企业抱团出海。从投资领域来看,中国企业对外投资不仅是传统制造业领域,还包括基础设施建设等领域,同时,"走出去"的主体也更加多样化,中国本土企业借助"一带一路"国际化合作构想获得巨大的发展机遇,有助于中国跨国公司的成长和国际竞争优势的提升。

第八章
促进中国对外直接投资与产业升级良性互动的微观主体培育

第一节 中外跨国公司国际分工地位的比较

近年来,随着"走出去"倡议的实施与推进,中国出现了一大批跨国公司,成为全球企业竞争的积极参与者,改善了中国的国际分工地位。但总体上,中国仍处于全球产业价值链的中低端,从全球产业分工中获取的利益有限,因此继续提升中国在全球价值链体系中的位置,努力实现产业升级,成为当前中国经济转型发展中的迫切任务。产业升级能否实现,既取决于产业层面的集体行动以及政府产业政策的支持,同时取决于微观层面企业个体的努力,因此发展中国跨国公司,支持我国跨国公司向产业价值链的高端跃升,是中国实现产业升级,提升国际分工地位的必然要求。当前学界对中国跨国公司特点、发展模式等基础问题开展了研究,并对其发展提出了相关政策建议,[1]但对一些核心研究主题,如中国跨国公司国际分工地位的评价等缺乏深入研究,鉴于此,本章拟从比较的视角对中外跨国公司国际分工地位进行实证比较研究,目的是客观分析中国跨国公司的优势与不足,为在实践中寻找推动中国跨国公司进一步发展的对策提供参考。

一、文献回顾及评价方法

对企业国际竞争力评价方法包括单向指标评价法和综合指标体系评价法。单项指标评价法是直接用某企业单向指标的报告期数值与基准期数值对比,或用不同企业的同一指标实际数值对比得出相应的结论。综合指标体系评价法则是先对多项指标进行综合,形成一个综合指标,然后根据综合指标数值得出相应的结论。[2]其中综合指标能全面分析企业竞争力,《财富》

---

[1] 鲁桐:《"走出去":培育具有国际竞争力的中国跨国公司》,《求是》2002年第10期。
[2] 陈海秋:《企业竞争力的评价方法与指标体系研究述评》,《学海》2004年第1期。

杂志评选世界最大500家公司,国内学者谢康设计了以经济效率为核心评估指标,包括经营管理、制度环境、资本市场、跨国经营等四大类22项指标、①胡华夏和喻辉设计的包括现实竞争力和潜在竞争力两大类八大要素37项指标、②卢进勇等人的研究均是采用综合指标评价方法,(卢进勇编著,2012)但综合指标评价法的缺点也很明显,即一些指标的数据不容易采集,影响研究结论。

在综合借鉴其他研究的基础上,本研究选取规模优势、行业分布、经营效率、要素控制和跨国程度五个维度的指标体系进行考察。其中,规模优势用各国上榜企业数量、营业收入和利润规模占比、雇员规模等多指标表征;行业分布通过考察不同行业各主要国家上榜企业数来分析比较各国跨国公司的产业优势;经营效率用营业收入、利润、人均营业收入、人均利润、净利率和资产收益率等表示;要素控制以技术实力和品牌控制两项指标表征,依据是强调不同类型的要素贡献与收益不均等的要素观点;③跨国程度以跨国指数来表示,反映企业跨国化经营能力。所选取五大类指标均能反映公司整体经营表现,与评价目标关联度高,各指标之间重叠度低,同时兼顾了数据的可获取性,可综合体现跨国公司的国际竞争力。

二、中外跨国公司国际分工地位的比较

(一) 规模优势

2019年中国全行业对外直接投资1 106亿美元。中国境内投资者共对全球166个国家和地区的5 791家境外企业开展非金融类直接投资。在面临世界经济复苏缓慢、逆全球化抬头,新冠肺炎疫情冲击等不利局面下,中国对外直接投资稳步发展。中国跨国公司积极有为,稳健发展,表现不俗,这在2019年《财富》"世界500强"榜单中得到充分体现。

2019年《财富》"世界500强"中,中国上榜企业数量为129家,美国上榜企业数量为121家,这是自1990年世界500强榜单诞生以来,中国上榜企业数量首次超过美国。从表8-1上榜企业数量分布情况可以看出,中国和美国是仅有的两个上榜企业数量超过100家的国家,中国占500家企业

---

① 谢康:《中国企业国际竞争力的核心和本质——兼论企业国际竞争力指标体系设计》,《世界经济研究》2004年第11期。
② 胡华夏、喻辉:《企业国际竞争力评价方法研究》,《决策参考》2005年第1期。
③ 张幼文:《要素流动——全球化经济学原理》,人民出版社2013年版。

数量的25.8%,美国占24.2%,中国和美国总共上榜企业数量为250家,占比为一半。法国、德国、英国、瑞士、加拿大和荷兰这些传统的发达国家以及新兴经济体中的韩国上榜企业数量在10家至60家之间,总数为183家,占比为36.6%。其他发达经济体和新兴经济体上榜数量较少,总数为67家,占比为13.4%。此外,2019年"世界500强"排行榜一共有25家新上榜和重新上榜公司,其中新上榜的中国公司有13家,占总数的一半以上,显示了中国跨国公司发展的良好态势。

表8-1 2019年世界500强各国上榜企业数量

排名	国家/地区	公司数量	排名	国家/地区	公司数量
1	中国	129	10	荷兰	11
2	美国	121	11	西班牙	9
3	日本	52	12	巴西	8
4	法国	31	13	印度、澳大利亚	各7
5	德国	29	14	意大利	6
6	英国	17	15	爱尔兰、俄罗斯、墨西哥	各4
7	韩国	16	16	新加坡	3
8	瑞士	14	17	沙特阿拉伯	2
9	加拿大	13	18	比利时、丹麦、波兰、奥地利、阿拉伯联合酋长国、芬兰、卢森堡、马来西亚、挪威、瑞典、泰国、土耳其、印度尼西亚	各1

• 资料来源:2019年《财富》关于"世界500强"企业的统计,此处中国包括中国内地和中国香港地区的上榜企业,也包括中国台湾地区的10家上榜企业,中国澳门地区没有上榜企业。

不仅是上榜企业数量增加,中国跨国公司的营业收入和利润规模也迅速攀升。2019年上榜500家公司的总营业收入近32.7万亿美元,中国企业的营收占25.6%,接近美国的28.8%。总利润达到2.15万亿美元,美国占比34%。而在2013年美国营业收入占比为28.4%,总利润额占比为36.8%,中国这两项占比分别为16%和16.7%。中国跨国公司的营业收入和利润收入已超过英国、法国、德国和日本等传统经济体以及其他主要新兴经济体。总体来说,中国跨国公司规模优势明显,这种规模优势不仅体现为涌现的企业数量众多,而且体现在企业规模及营利能力的扩张上。

2019年,由中国企业联合会、中国企业家协会连续第七年推出的《中国100大跨国公司》分析报告也显示,2019中国跨国公司100大海外资产总额为95 134亿元、海外营业收入为63 475亿元、海外员工总数为1 391 971人,分别比上年提高8.93%、6.41%和7.31%;入围门槛为98.58亿元,比上年提高26.36亿元。规模进一步扩大。

（二）行业分布

在财富500强归类的53个行业中,2019年中国上榜企业主要来自包括银行、保险、多元化金融等在内的金融行业(23家)、采矿与原油生产(13家)、金属产品(13家)、贸易(10家)、工程建筑(8家)、车辆与零部件(7家)等6个行业,企业数量占总数的57.4%。船务、房地产和纺织这三个行业上榜企业全部为中国企业。在银行(商业储蓄)、车辆与零部件、采矿与原油生产、人寿与健康保险(股份)、金属产品、贸易、公用设施、电子与电气设备、工程与建筑、能源、工业机械、互联网服务和零售以及建材与玻璃这13个行业,中国上榜企业数量超过美国。在食品店和杂货店、航空、食品生产、批发、综合商业、娱乐、计算机软件、信息技术服务等23个领域没有企业上榜。值得注意的是,在互联网服务和零售领域,包括京东、阿里巴巴、腾讯和小米在内,中国上榜企业达到4家,超过美国的3家(亚马逊、Alphabet公司和Facebook公司)。在航天与防务、计算机与办公设备、化学品以及网络与通信设备这4个行业,中国和美国上榜企业数量相同,显示了中国跨国公司在技术与资本密集型行业领域的追赶态势。

除贸易、工程与建筑、建材与玻璃、房地产、铁路运输、船务、多元化外包服务、纺织这8个行业外,其他行业均有来自美国的企业。保健(保险和管理医保)、综合商业、财产与意外保险(互助)、批发(电子、办公设备)、建筑和农业机械这5个行业全部为美国企业。炼油、人寿与健康保险(互助)、制药、专业零售、多元化金融、航空、食品生产、食品(消费产品)、管道运输、半导体与电子元件、批发(保健)、饮料、信息技术服务、计算机软件、家居与个人用品、服装、娱乐等22个行业美国上榜企业数量超过中国。

对比中美两国跨国公司行业分布可以发现,中国跨国公司的分布比较集中,主要来自传统制造业及服务业,竞争优势仍集中在传统行业中的市场垄断、资源垄断和劳动密集型领域,但在高科技领域和高端服务业领域有开始突破迹象。美国跨国公司在高科技领域和现代服务业领域的竞争优势较强。

此外,日本500强企业主要来自车辆与零部件、电子与电气设备、贸易、计算机与办公设备等领域。英、法、德500强企业主要来自银行、车辆与零部件、人寿与健康保险等领域,日本和欧洲跨国公司的竞争优势主要体现在一些高技术制造业和现代服务业领域。包括俄罗斯、印度、巴西和韩国等在内的其他新兴经济体500强企业主要来自炼油、银行、能源、车辆与零部件以及采矿与原油生产等行业领域,在财产与意外保险、航天与防务、制药、信息技术服务等其他行业基本没有上榜企业,说明其他新兴经济体跨国公司的竞争优势主要集中在低端的传统行业领域。相比较于其他新兴经济体跨国公司,中国跨国公司竞争优势明显。

（三）经营效率

经营效率是体现跨国公司国际竞争力的核心指标。本研究依据中国跨国公司行业分布的特点,重点选取包括传统制造业（炼油、金属产品）、资本与技术密集型制造业（车辆与零部件、网络通信设备）、服务业（银行）等在内三大类行业进行比较分析。

1. 传统制造业

金属产品行业总共有12家公司入围,其中中国有6家企业入围,德国和日本各2家,卢森堡和韩国各1家。按营业收入排序,中国跨国公司排名靠前。但从净利率和资产收益率水平看,表现最好的是安赛乐米塔尔和新日铁住金,说明中国跨国公司经营绩效有提升空间。此外,日本钢铁公司的竞争力不可小觑,其在世界高级钢材市场占据主导地位。[①]中国钢铁企业则主要以粗钢为主,位于产业链低端,以粗放型规模增长取胜,产品附加值低,营利能力比较差。

表8-2 金属产品行业各国代表性跨国公司绩效指标

排名	跨国公司	营业收入（百万美元）	利润（百万美元）	员工数（人）	人均营业收入（万美元）	人均利润（万美元）	净利率（%）	资产收益率（%）
120	中国五矿集团	65 546.9	−446.7	212 406	30.86	−0.21	−0.7	−0.4
156	卢森堡安赛乐米塔尔	56 791.0	1 779	198 517	28.61	0.90	3.1	2.4
204	中国宝武钢铁集团	46 606.2	442.8	169 344	27.52	0.26	1.0	0.4
208	韩国浦项制铁公司	45 620.5	1 167.5	31 768	143.61	3.68	2.6	1.8
224	德国蒂森克虏伯	43 589.0	328.6	156 487	27.85	0.21	0.8	0.8
228	日本新日铁住金	42 756.9	1 208.5	100 169	42.68	1.21	2.8	1.9
356	日本钢铁工程控股公司	30 538.6	627.0	60 439	50.53	1.04	2.1	1.6

• 资料来源:根据2017年《财富》"世界500强"数据整理和计算。

---

① 阎海防:《日本钢铁业将重点开发高端产品》,人民网, http://mnc.people.com.cn/GB/54825/4651029.html。

2. 资本与技术密集型制造业

共有34家车辆与零部件行业企业登上"世界500强"榜单,其中日本10家、中国7家、德国6家、法国和韩国各3家、美国2家、加拿大、瑞典和印度各1家。得益于近年来国内对汽车消费的大力支持,国内需求快速增长,总体上中国汽车公司取得不错的绩效。对中国整个汽车行业来说,缺乏核心零部件的制造能力依然是软肋。

表8-3 车辆与零部件行业各国代表性跨国公司绩效指标

排名	跨国公司	营业收入（百万美元）	利润（百万美元）	员工数（人）	人均营业收入（万美元）	人均利润（万美元）	净利率（％）	资产收益率（％）
5	日本丰田汽车公司	254 694	16 899	364 445	69.89	4.64	6.6	3.9
6	德国大众公司	240 263.8	5 937.3	626 715	38.34	0.95	2.5	1.4
18	美国通用汽车公司	166 380.0	9 427.0	225 000	73.95	4.19	5.7	4.3
290	加拿大麦格纳国际	36 445.0	2 031.0	155 450	23.44	1.31	5.6	9.0
41	上海汽车集团股份有限公司	113 860.8	4 818.2	97 582	116.68	4.94	4.2	5.7
78	韩国现代汽车	80 701.4	4 659.0	129 315	62.41	3.60	5.8	3.1
343	浙江吉利控股集团	31 429.8	1 265.7	60 712	51.77	2.08	4.0	4.3
301	瑞典沃尔沃集团	35 268.6	1 535.8	89 477	39.42	1.72	4.4	3.5
247	印度塔塔汽车公司	40 329.2	1 111.6	79 558	50.69	1.40	2.8	2.6

• 资料来源:根据2017年《财富》"世界500强"相关资料计算。

网络、通信设备行业有4家企业上榜,中国、瑞典、美国和芬兰各有1家企业上榜,从营业收入规模看,华为公司位列83位,思科公司位列187位,但思科公司净利率和资产收益率分别为21.8％和8.8％,华为公司这两项指标分别为7.1％和8.7％,思科公司净利率和资产收益率大大高出行业平均水平,竞争优势明显。与前几年相比,华为公司营利能力有了很大提升。此外,在其他资本与技术密集型制造业中,如工业机械行业、电子与电气设备行业、制药行业、航天与防务等中国跨国公司与跨国巨头各项指标差距较大。在计算机及办公设备行业,尽管联想集团表现出一定的竞争优势,但其净利率和资产收益率排名相对靠后,说明营利能力并不是很理想。在半导体与电子元件、计算机软件等领域,中国甚至无企业上榜。说明在资本与技术密集型制造业领域,尽管若干中国跨国公司经营绩效比较理想,但大多数营利能力不足。

3. 服务业

2017年银行业（商业储蓄）是上榜企业数量最多的行业，共有51家企业上榜，其中中国企业上榜数量最多，达10家，美国8家，法国和澳大利亚各4家，加拿大、巴西、日本和英国各3家，德国、意大利、瑞士、荷兰和西班牙各2家，俄罗斯、印度和委内瑞拉各1家。中国工商银行、建设银行各项指标表现较为突出，总体上看中国银行业上榜的代表性企业经营效率良好。进一步分析发现，银行业集中反映了中国上榜企业行业利润分布失衡的现状，中国上榜的10家商业银行占据了所有中国上榜公司利润总额的55.2%。而美国8家上榜的商业银行，利润则仅为其所有上榜公司利润的11.9%。考虑到目前金融行业对民营资本的限制，因此，这种状态也说明银行业良好的经营效率与国内管制性垄断地位不无关系。

表8-4 银行业各国代表性跨国公司绩效指标

排名	跨国公司	营业收入（百万美元）	利润（百万美元）	员工数（人）	人均营业收入（万美元）	人均利润（万美元）	净利率（%）	资产收益率（%）
22	中国工商银行	147 675.1	41 883.9	461 749	31.98	9.07	28.4	1.2
43	法国巴黎银行	109 026.4	8 517.2	184 839	58.98	4.61	7.8	0.4
28	中国建设银行	135 093.3	34 840.9	362 482	37.27	9.61	25.8	1.2
48	美国摩根大通	105 486	24 733	243 355	43.35	10.16	23.4	1.0
88	英国汇丰银行	75 329	2 479	241 000	31.26	1.03	3.3	0.1
74	美国花旗集团	82 386.0	14 912.0	219 000	37.62	6.81	18.1	0.8
113	巴西伊塔乌联合银行控股公司	66 876.3	6 666.4	94 779	70.56	7.03	10.0	1.6
189	德意志银行	48 876.2	−1 550.4	99 744	49.00	−1.55	−3.2	−0.1
164	日本三菱日联金融集团	55 185.3	8 550.1	115 276	47.87	7.42	15.5	0.3
121	英国劳埃德银行	65 208.1	2 784.4	70 433	92.58	3.95	4.3	0.1
232	俄罗斯联邦储蓄银行	42 159.4	8 078.0	325 075	12.97	2.48	19.2	1.9
217	印度国家银行	44 533.4	36	278 872	15.97	9.07	0.1	0.0

• 资料来源：根据2017年《财富》"世界500强"相关资料计算。

此外，在代表高端与新兴服务业的信息技术服务业、综合商业上榜企业均为发达国家跨国公司，中国无上榜企业。互联网服务和零售行业领域有腾讯、京东和阿里巴巴3家企业上榜，但在服务业领域，中国跨国公司的优势主要来自国内行政性垄断的领域，服务业跨国公司竞争力较弱。

以上分析显示，中国跨国公司经营绩效的行业差异比较大。尽管也出现了华为、上海汽车集团、联想等表现较好的企业,但其他经营绩效较好的企业主要来自行政性垄断的银行业、资源性垄断行业(如石油天然气)、受国内经济刺激计划支撑的汽车行业等,而资本与技术密集型制造业的经营效率普遍低于发达国家跨国公司。而在一些高端服务业领域,中国连上榜的企业也没有。可见在高技术制造和高端服务业领域,中国跨国公司与发达国家的跨国巨头存在不小的差距。

(四)要素控制

本研究重点选择技术和品牌两种要素指标,分析中国跨国公司对高端要素的控制情况。

1. 技术实力

2019年全球创新指数排名中,中国的排名继续攀升,从2018年的第17位升至2019年的第14位,在领先的创新国家中稳居一席之地。中国在中等偏上收入经济体中居第一位,仍然是中等收入经济体中唯一进入前30名的国家。在本国人专利数量、本国人工业品外观设计数量、本国人商标数量以及高技术出口净额和创意产品出口这几项上,中国仍然位居前列。中国在多个领域体现出明显的创新实力。这与中国在研发方面的大量投入有关。2017年全球研发支出最多的国家是美国,为5 110亿美元,中国紧随其后为4 520亿美元,这一支出水平是位居第三位的日本的两倍多。作为传统发达经济体,美国仍体现了较高的技术实力。2019年美国在全球创新指数排名中位居第三位,排名位于瑞士和瑞典之后。

在知识产权得到跨国公司高度重视的今天,专利是衡量一家跨国公司技术实力的重要指标。2019年,中国通过世界知识产权组织《专利合作条约》(PCT)途径提交了58 990件专利申请,是提交国际专利申请量较多的国家,显示了中国的创新活力。2019年,提交年度国际专利申请量排名前20位的申请人见表8-5。2019年中国共有5家企业进入前20位,这5家企业分别是华为、广东欧珀、京东方、平安科技和中兴通讯,其专利申请主要集中在数字通信、计算机技术、显示技术、半导体、人工智能等领域。其他15家企业分别为日本6家、美国3家、韩国3家、德国2家和瑞典1家。美国3家企业分别为高通公司、惠普公司和微软公司,专利申请主要来自数字通信和电子通信技术、计算机技术等领域。日本企业申请专利主要来自半导体设备领域、电视相关的技术、电池技术等。德国企业的优势在电机、仪器、能源等领域,韩国的专利主要来自电器、机械领域。

表 8-5　2019 年世界前 20 位 PCT 申请人

排名	申请人	申请人国别	申请量（件）
1	华为技术有限公司	中　国	4 411
2	三菱电气公司	日　本	2 661
3	三星电子有限公司	韩　国	2 334
4	高通公司	美　国	2 127
5	广东欧珀(OPPO)移动通信有限公司	中　国	1 927
6	京东方科技集团有限公司	中　国	1 864
7	爱立信公司	瑞　典	1 698
8	平安科技(深圳)有限公司	中　国	1 691
9	罗伯特博世公司	德　国	1 687
10	LG 电子公司	韩　国	1 646
11	LG 化学有限公司	韩　国	1 624
12	松下知识产权管理有限公司	日　本	1 567
13	索尼公司	日　本	1 566
14	惠普公司	美　国	1 507
15	微软公司	美　国	1 370
16	富士胶片公司	日　本	1 158
17	西门子公司	德　国	1 153
18	中兴通讯	中　国	1 085
19	电装株式会社	日　本	1 026
20	日本电气公司	日　本	1 024

• 资料来源：世界知识产权组织《2019 年世界知识产权指标》。

众多中国跨国公司中，华为公司在知识产权方面的优势无疑是非常突出的。从华为公司历年专利申请情况来看，从 2005 年到 2019 年这 15 年中，华为公司 PCT 累积申请量为 38 008 件，平均年申请量为 2 534 件。自 2007 年华为进入前五位 PCT 申请人以后，华为一直保持较强的创新活力，近三年一直是全球 PCT 申请量最大的公司。华为在无线通信网络技术相关的申请数量最多，其次是数字信息传输和数字数据处理技术方面的申请，体现了华为在通信领域较强的技术优势。

2. 品牌控制

世界知名品牌是跨国公司重要的无形资产和高级要素，一国跨国公司能否拥有世界知名品牌是该国跨国公司国际竞争力的重要体现。本研究采用世界品牌实验室(World Brand Lab)联合世界经理人集团独家编制的 2019 年"世界品牌 500 强"排行榜比较中外跨国公司对品牌控制的情况是自2005年至2013年,世界品牌实验室已连续九年发布"世界品牌500强"排行榜,依据市场占有率(Share of Market)、品牌忠诚度(Brand Loyalty)和全球领导力(Global Leadership)等三项指标评判品牌的世界影响力(Brand Influence),即品牌开拓市场、占领市场并获得利润的能力。这一榜单除企业品牌外,还包括非营利机构和教育机构的品牌,但主要以企业品牌为主,2013年非营利机构和教育品牌为17个,其中美国为10个,因此不影响研究结论。

2019年"世界品牌500强"排行榜入选国家共计29个。从各国拥有品牌的数量来看,美国跨国公司具有绝对优势,美国拥有的品牌数量为208个,占比41.6%,而2013年美国上榜品牌高达232个,接近50%。英国(44个)、法国(43个)、日本(42个)、中国(40个)、德国(27个)、瑞士(21个)和意大利(14个)等欧洲国家居于第二层次,韩国(5个)、俄罗斯(3个)和印度(2个)等新兴经济体入围品牌数量较少。中国属于新兴经济体中的佼佼者,拥有世界品牌的数量稳定上升,对比其他新兴经济经济体拥有绝对优势,虽然与美国差距较大,但同其他发达经济体相比,品牌实力有较大提升。从品牌涉及的行业领域来看(表8-6),中国上榜品牌不仅来自银行、保险、能源、工程与建筑、交通运输等传统行业领域,也来自信息技术、互联网等新兴产业领域。

表8-6 主要国家跨国公司代表性世界品牌比较分析

国家	代表性品牌	特点
中国	国家电网、腾讯、海尔、中国工商银行、华为、阿里巴巴、华润、中国移动、中国移动、联想、中国人寿、中国石油、中国石化、中国航天科工、中国建筑	行业分布广泛,包括银行、保险、能源、互联网、电信、计算机与通信、传媒、工程与建筑、防务与飞机制造等
印度	塔塔、印孚瑟斯	工业设备、计算机与通信
俄罗斯	俄罗斯联邦储蓄银行、俄罗斯天然气、皇冠伏特加	能源、食品与饮料
巴西	巴西石油	能源
韩国	三星、现代、LG	主要为数码与家电、汽车与零件
美国	谷歌、苹果、亚马逊、微软、可口可乐、通用电气、埃克森美孚、波音、IBM、科尔尼、智威汤逊、波音	涉及行业广泛,包括互联网、软件、金融、咨询、广告、计算机办公设备、能源、航空与防务等
英国	联合利华、英国石油、沃达丰、汇丰、捷豹、乐购、汤森路透	以服务业为主,主要包括零售、传媒、银行、广告等
法国	欧莱雅、路易威登、香奈儿、迪奥	以奢侈品、服装服饰为主

(续表)

国　家	代表性品牌	特　点
德　国	宝马、梅赛德斯-奔驰、博世、大众	以制造业为主
意大利	乔治阿玛尼、古琦、普拉达、范思哲	以奢侈品、服装服饰为主
日　本	软银、索尼、丰田、本田、花王、佳能、松下	以汽车与零件、数码家电、通信与电子、计算机办公设备行业为主

• 资料来源：根据2019年"世界品牌500强"资料整理。

英国品牌价值咨询公司（Brand Finance）发布的《2019年全球最具价值品牌年度报告》同样证实了中国跨国公司品牌不断上升的影响力。在2019年的500强品牌榜单中，来自中国的品牌总价值高达13 074亿美元，首次突破万亿美元大关，其中不少来自科技领域的品牌脱颖而出。微信（WeChat）就是其中之一。微信以507亿美元的品牌价值和126%的增长率，从2018年的全球第47位一跃升至第20位，品牌实力更是从72位升至全球第4位。腾讯则以497亿美元位列第21位。总体来看，中国跨国公司所拥有的品牌更加多元化，除了传统品牌外，近年来中国跨国公司在高科技制造、互联网等新兴产业领域也有不少品牌崛起，显示中国跨国公司拥有的品牌不仅数量增加，而且质量也在提升。

（五）跨国程度

跨国程度是跨国公司全球化经营实力的重要考量因素，衡量企业跨国程度的指标是跨国指数。[①]根据中国企业家联合会、中国企业家协会发布的《2019中国100大跨国公司》报告显示，2019年中国规模最大的100家跨国公司的海外资产占比、海外营业收入占比、海外员工占比分别为16.96%、20.17%、10.74%。与2011年的上榜企业相比，海外资产占比、海外营业收入占比、海外员工占比分别提高了2.23、2.83、6.07个百分点。2019年中国规模最大的100家跨国公司的平均跨国指数为19.74%，比2011年提高了3.72个百分点，跨国指数稳步上升。

根据联合国贸发会议发布的《2019年世界投资报告》，2018年，按海外总资产排名的全球非金融类跨国公司100强中，中国内地有5家企业入围。总的来看，世界排名前100位的非金融类跨国公司平均跨国指数为64.5%，入围的5家中国内地企业的跨国指数平均值为33.6%，中国跨国公司的跨

---

① 跨国指数按照（海外营业收入÷营业收入总额＋海外资产÷资产总额＋海外员工÷员工总数）÷3×100%计算得出。

国指数水平与全球平均值相差较大。全球发展中与转型经济体非金融类跨国公司100强中,中国内地有25家企业进入榜单,其中有6家企业进入前10位。这25家企业跨国指数平均值为29.3%,低于全部100家企业50.0%的平均值。这也说明未来中国跨国公司的国际化发展还有较长的路要走。

表8-7 中国代表性跨国公司的跨国指数

企 业	所属行业	跨国指数(%)
中国五矿集团公司	金属与金属制品	20.9
中国远洋运输股份有限公司	运输和仓储	50.4
腾讯控股有限公司	计算机和数据处理	44.1
中国海洋石油总公司	采矿、采石和石油	26.0
中国国家电网公司	电力	8.4
中国化工集团公司	化工制品	52.0

以上从几个维度指标体系开展的比较研究显示,尽管中国跨国公司是新兴经济体跨国公司中的佼佼者,但与美国、日本、德国等发达国家跨国公司相比,仍存在较大差距,国际竞争力亟待提升。

三、中国跨国公司国际竞争力方面的差距

中国与世界主要国家跨国公司,特别是发达国家跨国公司国际竞争力存在的差距主要体现在:

(一)跨国经营主体须多样化,发展的战略空间有待拓展

总体来说中国大型跨国公司以国有企业为主,民营企业相对较少。根据中国企业家联合会和中国企业家协会推出的《2019中国100大跨国公司》分析报告显示,2019年中国100大跨国公司中,民营企业有27家,国有及国有控股公司73家(其中中央企业38家),主要以国有企业为主。一方面,国有跨国公司对于实现国家经济战略是必要的,必须进一步做强做大国有跨国公司,支持国有跨国公司参与全球竞争,成长为世界一流企业。另一方面,民营跨国公司是市场化经营的企业,成长于激烈的竞争环境中,是我国企业参与国际竞争的有机组成部分,因此中国企业在全球化竞争中的群体崛起需要更多民营跨国公司。特别是在涉及石油、天然气开采、高技术开发等敏感领域,中国国有跨国企业在这些领域的投资经常遭受以国家安全等为借口的抵制,规避这些政治壁垒也需要跨国经营主体的多样化,唯有如此才能进一步拓展中国跨国公司发展的空间。

（二）高端要素总体缺乏，需增强可持续发展能力

中国跨国公司的优势主要是在劳动密集型制造业领域和传统服务业领域，如银行、通信、运输等领域，而这些领域的优势主要是依靠国内市场中的行政性垄断地位或者低成本优势获得，在高端服务业领域，中国具有世界影响力的跨国公司较少。高端要素是跨国公司的生命线。虽然也涌现了华为等一些杰出的高科技公司，但总体上中国跨国公司技术实力不足，自主创新能力薄弱，跨国品牌的世界影响力还不够，高端要素缺乏，与发达国家跨国公司差距较大，可持续发展能力堪忧。

（三）跨国程度需进一步提升，全球化进程仍需推进

中国跨国公司跨国程度普遍较低，可称为内向型跨国公司，而来自美、日等发达国家的跨国公司可称为外向型跨国公司。当然，对于国内市场较大的跨国公司来说，如果其经营活动更多依赖国内市场的话，确实会存在比其他国家同类跨国公司跨国指数更低的情况。但在跨国公司普遍实行全球化经营战略的今天，跨国指数的高低一定程度上也反映了企业全球化经营水平和竞争实力。跨国指数低显示中国多数跨国公司还仅能在国内市场上利用中国自己的资源参与全球竞争，其在全球范围内利用资源的能力有待提升。

（四）行业分布较为集中，国际产业分工地位有待进一步改善

中国跨国公司大多来自资源开发、铁路运输、工程建造、建材、贸易等相关的传统行业，产品和服务的附加值低，处在全球产业价值链的低端。而发达国家跨国公司较多分布在航天、证券、计算机及办公设备、软件数据服务、网络通信、制药、医疗保健、多元化外包服务等高技术和高端服务业领域，整体技术和产业结构层次较高。主要原因在于，在上一轮发达国家跨国公司主导的全球产业分工与价值链的形成过程中，中国主要是以土地、低成本劳动力等优势资源参与全球产业分工，虽然这在特定历史阶段下是中国必然的经济发展战略选择，但在这种发展模式主导下，中国跨国公司是全球产业分工的被动参与者，价值链环节的低端锁定也导致中国难以大量涌现世界级的跨国公司。

从数量和规模来看，中国跨国公司能与美国、日本和欧洲发达经济体的竞争者媲美，这也是改革开放四十多年来，中国企业参与全球市场竞争所取得的巨大成就。对中国跨国公司来说，在发展的初期阶段，利用制度优势从规模和数量方面突破不失为一条捷径。不可否认，中国跨国公司所存在的

差距与中外跨国公司处于不同的发展阶段直接相关,但这不应成为中国跨国公司沉浸在上榜企业数量突破的"战绩"上的借口,而应该正视与发达国家跨国公司的差距,奋起直追,争取在未来涌现更多具备较强国际竞争力的世界知名跨国公司。

第二节 中国跨国公司国际分工地位较低的原因

与发达国家跨国公司相比,中国跨国公司的国际竞争力还存在一定差距,这种差距与两者所处的成长阶段和发展的历史背景直接相关。作为后起之秀,与经历百年发展历史和市场竞争洗礼的成熟的发达国家跨国公司相比,中国跨国公司存在差距在所难免。当然,差距的产生也有中国跨国公司自身的原因。当前提升中国国际分工地位,需要中国跨国公司有所作为,在全球更大范围聚集优势生产要素,大力发展国际分工体系中的中高端制造和服务环节,并在新一轮国际产业分工中积极布局,从而在全球产业价值链中占据主导地位。

一、所处的成长阶段不同

欧美发达国家老牌的大型跨国公司历史悠久,其发展历程至少可追溯到 19 世纪 60 年代,当时美国和西欧的一些大企业,如美国的胜家缝纫机公司、德国的拜耳化学公司和瑞典的诺贝尔公司等,已经开始在国外设厂投资生产,供应当地市场,从事当地制造活动,产品主要销售供应当地市场,这些企业是早期跨国公司的代表。经过一个多世纪的发展,发达国家的跨国公司在数量、规模和实力上不断提升,一大批分布在各行业的著名跨国公司涌现,特别是 20 世纪 90 年代以来,随着经济全球化的深化发展,发达国家跨国公司实力不断增强,在全球经济中占据重要地位。反观中国跨国公司的发展历程,中国自实施改革开放政策后,对外直接投资开始起步,早期以在海外建立销售分公司为主。成立于 1979 年 10 月的中国国际信托投资公司是我国首家真正意义上的跨国公司,与发达国家相比,起步至少晚了一个世纪。处于不同演化阶段的跨国公司,其竞争优势等各方面明显不同(表 8-8),青年阶段的中国跨国公司与处于成熟阶段的发达国家跨国公司相比,中国跨国公司自然存在差距。

表 8-8 跨国公司演化的阶段

	阶段 1:幼年跨国公司	阶段 2:青年跨国公司	阶段 3:成熟跨国公司
母国国家特定优势的重要性	高	从高到中等,并降低	从中等到低,并降低
出口与海外生产的比例	出口超过海外生产	出口与海外生产平衡	海外生产超过出口
活动区域	母国区域的少数国家,除非新兴经济体跨国公司追求低成本合作战略	几个国家,强调母国区域的重要性	很多国家,在所有主要区域
品牌	国内知名,国外无名	国内知名,在国外逐步被认知	全球知名品牌
举例	大多数新兴经济体跨国公司	韩国跨国公司,如LG和现代	西方和日本跨国公司。如IBM、索尼等

- 资料来源:Ravi Ramamurti, What Have We Learned about EMNEs[A], In Ravi Ramamurti and Jitendra Singh(eds.) Emerging Multinationals from Emerging Markets[M]. Cambridge UK: Cambridge University Press, 2008, Chapter.

二、成长的制度环境不同

发达国家的市场经济经过漫长的发展已经高度发达,市场在资源配置方面起决定性作用,加之国家从政策各方面鼓励自由竞争,并建立起完善的法制体系配套,从而保证了一个相对来说有利于本土企业发展的自由市场竞争环境。发达国家跨国公司大多在这种自由竞争环境中成长起来,经历了比较充分的市场竞争的洗礼,竞争优势明显。目前中国市场经济制度仍有待完善,在面临经济全球化和对外开放的双重压力下,政府应大力支持国有跨国公司的发展,以平衡来自发达国家跨国公司的本土化竞争。中国国有跨国公司多数居于资源性垄断或管制性垄断行业,与政府关系密切。行政主导的发展模式,即以国有或国有控股企业为主,在国家和主管部门的推动下发展,也是一种"规模优先"的发展模式。从所有权优势层面看,由于发达经济体市场化程度相对较高,其母国政府在市场经济活动中的作用大多是中性的,反观大多数新兴经济体,其国内经济制度通常处于转轨进程中,为快速地消弭与发达国家竞争对手之间的差距,避免完全市场化的缓慢发展过程,政府通常实行经济发展的追赶战略,通过产业政策、财政政策、金融政策、外贸政策等对企业国际化活动进行干预。因此发达国家跨国公司的所有权优势多是企业层面的,新兴跨国公司的优势既来自企业层面,也来自政府层面。长期的政府干预使得有些新兴跨国公司不能很好地适应市场竞争,这也是他们之间分工地位存在落差的原因。

三、中国跨国公司自身的不足

中外跨国公司差距的存在也与中国跨国公司自身的不足直接相关。中国国有企业改革推进过程中，中国国有跨国公司现代企业制度建设取得了很大的成就，国有企业的激励与约束机制不断优化，现代制度的优势及国有企业特有的优势在逐渐显现。但在实践中，国有跨国公司的治理机制及管理优化仍有很大的改进与提升空间，如仍需进一步理清政企关系，加强现代管理，增强企业的自主性和自生性，建立产学研体系等，这样才能使企业发展的动力、增长机制更能胜任复杂的国内外市场环境。此外，一些民营企业跨国经营能力确实在不断提高，但一些民营企业还处于发展的起步阶段，经营模式主要以出口为主，对外直接投资规模有待进一步拓展。还有一些中国跨国公司缺乏国际化人才，对自主知识产权和品牌等高端要素的培育不重视，限制了其竞争力的提升。不可否认，中国跨国公司对技术、品牌、销售渠道等高级要素的需求是迫切的，这从中国跨国公司大手笔的跨国并购可见端倪。但是，一些企业跨国并购后，忽视了对资源的有效整合，整体管控力弱。而且仅靠从外部并购的方式获取高端要素，对提升企业核心竞争力的作用有限。

中国与世界主要国家跨国公司的差距既是两者所处的成长阶段不同和发展的历史背景不同造成的，同时也与中国跨国公司自身的原因相关。中国目前已成为全球第二大经济体。一国的经济规模的扩张会伴随众多跨国公司的涌现，这是一个互相促进的过程。未来中国涌现更多具有世界级竞争力的跨国公司仍需中国企业苦练内功，特别是要更好地发挥中国跨国公司与国内产业升级的良性互动关系，借鉴其他国家跨国公司发展的模式与经验。

第三节　跨国公司主要发展模式及发展趋势

一、中外跨国公司主要发展模式及其比较

在当代跨国公司经营实践中，存在着美国制造业跨国公司、日本综合商社、韩国大财阀三种典型模式。中国跨国公司作为后起之秀，发展模式更加多样化。

（一）美国制造业跨国公司

美国跨国公司发展模式起源于制造业企业对外直接投资，是由生产型

企业发展起来的,这类跨国公司以制造业作为主体,但同时也从事其他贸易、金融等方面的跨国经营活动,业务活动范围不仅仅限于生产制造。在发展过程中,美国制造业跨国公司通过各种形式的并购,甚至跨国并购,快速发展成为规模庞大、技术实力雄厚、功能齐全的现代企业。因其在规模和技术方面的巨大优势,美国制造业跨国公司在全球拥有较高的国际竞争力。从他们的发展路径来看,这些老牌跨国公司的发展大多经历了阶段化的进程:首先在海外设立销售机构从事进出口贸易,或通过跨国采购建立原材料供应地;在积累了一定的市场经验后,继而进行对外直接投资,在东道国设厂,以自身的垄断优势在东道国立足;最后发展成为真正具有现代意义的跨国公司。

美国制造业跨国公司发展模式具有以下特点:(1)跨国化程度高。美国跨国公司全球竞争意识强烈,积极参与国际竞争,实施跨国经营战略,跨国化程度都比较高,努力实现自身利益的最大化。(2)垄断优势明显。这些跨国公司通常集中在机械、交通运输、仪表仪器、化工等优势部门,这些部门具有较高的资本、知识与技术密集特征,垄断优势明显。(3)管理先进。经历了长时期的市场化历练以及跨国经营发展,美国跨国公司的管理水平和跨国经营能力都居于世界前列,一些行业知名跨国公司创立了不少先进的管理方法,为世界各国企业所学习采用。(4)重视研发。美国制造业跨国公司为掌握核心技术,非常注重研发投入,通过研发保持技术上的领先优势,巩固企业核心竞争力,从而保持在全球竞争中的领先地位。这些跨国公司大多能够在复杂多变的跨国经营环境中保持敏捷的反应,适时进行战略调整,而且具有能够很好地控制全球资源,并对其进行优化配置的能力,因而能在全球竞争中脱颖而出。由于美国制造业跨国公司发展模式的优势突出,适应性强,不仅美国生产制造业企业依靠该模式获得巨大成功,而且不少美国高科技公司同样也采取了这种发展模式,助力美国高科技企业领先全球。

(二)日本综合商社

日本综合商社是以贸易为主但不限于贸易的,集贸易、金融、科技、信息、实业等为一体的跨国企业集团。由于日本国土面积狭小,国内资源匮乏,工业化发展进程中资源供给不足,需要依靠日本贸易商人组织大规模的跨国贸易活动以保障日本国内产业与经济发展的能源、原材料以及其他生产要素的供给。在发展初期,日本贸易商经营范围较小,主要以生产原料和资源如棉花、煤炭等为主。但随着进一步发展,日本贸易商社经营领域更加广泛,功能更加多样化,对日本经济的渗透更深,逐渐形成大规模的综合商社。"二战"后,日本经济发展迅速,综合商社发展很快,加上日本银行的支持,更多的日本商社崛起,形成主导日本经济的包括三菱商事、住友商事、三井物产、丰田通商、丸红商事、伊藤忠商事等在内的著名综合商社。

现代日本综合商社经营体系包括原材料、中间产品、最终成品经营等,跨越上游至下游的各个领域。由于经营范围更加广泛,日本综合商社在全球的活动范围也更广,国际化程度更高,广泛的跨国经营区域范围让日本综合商社减少了单一海外市场带来的风险,拥有较强的抗风险能力,为促进日本企业海外经营以及日本经济的发展发挥了重要作用。在国内,日本综合商社的发展出现了两个融合发展的趋势,一是综合商社与日本国内中小企业形成稳定的经济联系。它们往往联合进行海外市场开拓,提升了日本中小企业海外竞争力。二是日本综合商社与金融巨头和大企业集团相结合。各大综合商社大多依靠隶属的企业财团和大银行的支持逐步发展起来。在日本,以各类银行为代表的金融巨头、大企业集团和综合商社形成共生发展的关系,大型金融企业为综合商社扩张提供资金支持,大企业集团与综合商社形成各种业务经营关系,综合商社则按照大型金融企业的要求,代表银行向企业提供信贷担保,承担企业投资风险,并向各自所属的大型企业集团提供原材料、销售产品,形成融合发展的趋势,因此其资本实力更加雄厚。

(三)韩国大财阀

韩国跨国公司模式是以大财阀也就是大企业集团为主体的发展模式。韩国经济发展起点比较低,为快速完成工业化,提升韩国的竞争力,韩国企业在发展过程中得到政府的大力支持。"二战"结束以后,韩国接收了原日本企业在韩国的投资企业,韩国政府除了保留关系国民经济命脉的工矿企业及公用行业企业为国家所有外,其余企业全部售给私人经营,这是韩国大财阀发展的起点。在这种背景下,作为韩国第一代企业集团三星和现代等企业成长起来了。进入20世纪60年代,韩国工业化取得了一定成就,产业结构得以改善,韩国政府推行出口导向型发展战略,大力支持私营企业发展,通过提供低息贷款与出口补贴等财政措施和金融支持,让大企业迅速扩张,以大宇集团为代表的第二代财阀集团出现。到了70年代以后,韩国推行以重化工业为主的进口替代发展战略,从财政、税收、出口等方面提供诸多政策扶持相关领域大企业的发展,于是一批石化、钢铁、电子行业、汽车的财阀集团应运而生。自90年代以来,韩国跨国公司开始寻求更为开放的国际化道路,更加注重提升技术水平,培育自主品牌,提升了韩国跨国公司全球竞争实力。

韩国跨国公司在发展过程中得到政府大力的扶持。政府通常通过制定相应阶段的产业培育与发展政策,辅之以各种优惠措施,对韩国企业的发展进行引导。韩国企业竞相调整发展战略,根据政府产业政策确定重点发展领域,借助政府的支持发展和壮大。因此,可以说,韩国跨国公司的发展历程与韩国产业发展的历程是一致的,反过来,韩国跨国公司也是韩国产业发展的重要推动者和主导者。因此,不难理解韩国跨国公司发展的阶段性特征。在发展的早期阶段,韩国跨国公司主要以出口劳动密集型产品为主,低成本生产是其主要优势,如大宇集团就是以纺织品出口为主,现代集团的业务重点是对外工程承包。随着韩国三次产业比例结构的改善,韩国制造业内部结构进一步优化,此阶段韩国跨国公司在资本与技术密集领域的投资增加,如现代集团在汽车领域的对外投资。进入 90 年代后,随着信息技术的进步及广泛应用,韩国也重点发展信息技术产业,促进产业向高技术化方向发展,因此在这阶段韩国跨国公司在资本与技术密集型产品生产与出口方面拥有一定的优势,代表企业是三星集团。此外,韩国跨国公司发展模式有一个重要缺陷,虽然政府扶持使得企业能够在短时间内快速发展壮大,但由于企业和政府关系过于密切,造成大财阀与政界相互渗透的局面,政府对企业干预过多,企业较多依赖政府扶持,阻碍了企业的进一步发展。这也是总体上韩国跨国公司相比美、日跨国公司竞争实力弱的主要原因。

(四) 中国跨国公司的多样化发展模式

严格来说,中国跨国公司是 20 世纪 80 年代才出现的,而同时期,不少欧美跨国公司已经历了上百年的发展历史。1984 年,中信公司通过对外直接投资在美国组建合资企业西林公司,被视为中国第一家跨国公司。通过多年的发展,中国跨国公司形成了多种所有制企业共存、多种经营方式并存和多行业海外投资的跨国经营格局,呈现出强劲的发展势头。特别是进入 21 世纪以来,中国跨国公司不论是从数量上还是从规模上都已大幅提高,展现出巨大的发展潜力。从发展模式来看,作为后起之秀,中国跨国公司可借鉴其他国家跨国公司的发展模式;同时,中国跨国公司成长于独特的社会主义市场经济制度环境中。在众多因素交织下,崛起于经济全球化大发展背景下的中国跨国公司发展模式更加多样化,典型的有以下几种:

1. 以央企为代表的国有跨国公司

根据联合国贸发会议提供的数据,2010 年,在全球各地生产经营的国有跨国公司至少有 650 家,总共拥有 8 500 多个海外子公司,虽然在跨国公司领域,国有跨国公司属于少数,但在 2009 年和 2010 年世界 100 家最大的跨国公司中,国有跨国公司却占据了 19 个席位。发达国家也有国有跨国公司,如法国电信。其中来自中国的国有跨国公司因数量较多而令人瞩目。以央企为代表的国有跨国公司是中国跨国公司的独特之处。从"财富 500 强"中国跨国公司上榜名单来看,以央企为代表的国有跨国公司不在少数。这些跨国公司大多为大型企业集团,是典型的国家战略主导下发展起来的跨国公司。从其自身经营实践来考察,这些跨国公司涵盖的经营范围主要涉及国计民生的战略性行业,如资源开采领域(以中石油、中石化、中海油等为代表)、基础设施与服务(国家电网、中国邮政等)、金融业跨国公司(如中国四大国有银行等)、服务业(中国移动等),等等。特别是金融危机以来,这些国有跨国公司在国际并购中频现大手笔,颇为引人注目。

2. 以跨国并购获取先进技术的联想模式

作为高科技企业,缺乏先进和核心技术,仅仅依靠低成本制造是难以在激烈的全球竞争中长期立足的,但创新需要企业持续投入大量的资金,中国联想集团因此走了一条通过跨国并购快速获取先进技术的发展路径。这条发展道路的关键事件是联想收购 IBM 的 PC 业务,联想通过此次并购,一跃成为全球第三大电脑生产商,同时也获得了原 IBM 的技术和市场,发展巨大。自此以后中国企业对外投资领域,企业以技术寻求为目的的跨国并购日渐增多,特别是进入 21 世纪以后,除了国有企业外,包括以吉利、均胜集团等为代表的众多民营企业也开始采取跨国并购方式,不仅快速地打开了国际市场,而且获得了被并购企业的专利技术,提升了企业生产能力和技术水平,短期内迅速壮大了企业实力。

3. 坚持自主创新的华为模式

华为是中国企业坚持自主创新的杰出代表。华为自成立以来始终专注于通信技术的进步,每年大量资金投入研发,开发出数量众多的专利技术,从而确保技术进步与领先。华为在国际化经营中坚持使用自主品牌,努力建立国际品牌知名度。由于长期的努力,华为不仅在新兴与发展中国家市场获得大量的市场份额,而且成功地在发达国家市场打开局面,与众多跨国巨头同台竞技,成为一家非常优秀的全球知名跨国公司。

4. 以生产本地化为主的海尔模式

早在 20 世纪 90 年代,海尔就已经启动国际化战略。海尔早期以出口为主,但面临的障碍是国外市场特别是发达国家市场对中国家电产品认可度不高,而且家电产品出口容易受其他国家贸易壁垒的限制。在此背景下,海尔开始在国外投资设立工厂,进行本地化销售,或者以某个东道国生产基地向周边和其他市场销售,此举助力海尔成功绕过贸易壁垒,扩大了海外市场销售。本地化生产和销售成为海尔国际化的重要经验。在这种发展模式下,海尔在发达国家的投资遇到了成本高企的问题,而海尔当时在当地市场的销售价格不足以覆盖高成本,因此利润率比较低下,海尔又开始寻求新的国际化发展模式。此时海尔将目光投向了国外家电制造领域的跨国巨头,这些跨国巨头所拥有的先进家电制造技术和品牌正是海尔所缺少的。2011年海尔集团收购三洋电机株式会社家用电器业务,海尔亚洲国际株式会社和海尔亚科雅销售公司成立,AQUA 新品牌正式诞生。2012 年海尔收购新西兰最大家电制造商斐雪派克,拥有该公司诸多家电制造技术专利。2016年海尔收购通用电气家电业务,此举意在借助通用的品牌形象,快速扩大美国市场,打破海尔在美国高端家电市场的僵局,推进海尔的国际化进程。从海尔的发展模式来看,各种模式可以综合为企业借鉴和利用。实践中,企业也不可能是单一的发展模式,可根据自身所处的发展阶段、面临的市场机遇、战略调整等综合利用各种发展模式的长处,帮助企业快速成长。

统观中、美、日、韩四国跨国公司发展模式可发现,跨国公司的发展模式都是适应各国特定社会经济发展的产物,是特定经济、社会、文化多种因素综合作用的结果,其不同的特点构成了这些模式的差异性。尽管如此,不同国家跨国公司发展模式也存在共同之处:首先,能够成长为跨国公司的企业通常在该国国内拥有一定的技术、生产、组织或制度方面的优势。前述美国跨国公司的垄断优势在于其较大的规模和先进的技术以及较高的资本密集度;日本综合商社通常由日本政府授予统一管理进出口业务的权利,这些商社在全球范围内建立了强大的情报网络,便于及时发现商机;韩国跨国公司则直接得到韩国政府的大力扶持;中国的国有跨国公司具有很强的规模优势和制度优势,民营跨国公司通常专注于某一细分市场,不少还是"隐形冠军"。其次,本国跨国公司在发展初期,以寻求资源为目的进行海外投资较多,发展后期投资领域更加多样化。如日本、韩国国内资源贫乏,主要工业原料均依赖进口,因此其跨国公司对外投资包含保证资源和能源供应的战略目标;美国跨国公司早期投资也以资源领域投资为主;中国目前对外投资也有资源获取型投资。再次,随着本国跨国公司实力壮大,跨国公司涉及的领域会更加多样化,此时获取资源不再是唯一目标,包含了寻求市场、寻求效率、寻求战略资产等多重目标。

二、跨国公司的发展趋势

(一)跨国公司发展到一定阶段会向国际大都市集聚

从地理空间分布来看,跨国公司发展到一定阶段会向国际大都市集聚,主要原因在于,与一般城市或地区相比,国际大都市首先大多是本国的金融、商业和经济中心,同时也具有国际枢纽和控制中心的独特地位,具备跨国公司全球化经营所需的各项要素,因此成为跨国公司总部首选地址。事实上,一国大公司总部的选址呈现明显的大都市倾向和集群入住特征,如南非74%的企业都将公司的总部设在约翰内斯堡;而墨西哥城共有8 629家外资企业,占全国外资企业的46%;东京外国公司入驻的倾向甚至超过了日本国内公司;2017年中国100大跨国公司中,49%的公司总部集中在北京和上海两地。由于制造业跨国公司的生产基地并不在大都市内,而是分散于全国各地和海外,所以他们对大都市的贡献不在于生产了多少东西,而在于这些公司调动着多少国内外生产活动和资源。对于服务业跨国公司,特别是金融业跨国公司来说,由于他们的服务覆盖国内外,所以,其贡献也不在于他们为城市自身的产业进步做出了多大的贡献,而在于他们充当国内外相关产业、行业和地区发展的"动力源"之一。

表8-9 2017年"世界500强"上榜企业总部所在地及其产业分布情况

城市	企业数量	产业	代表性企业
中国北京	56	工程与建筑、航天与防务、金融、工业机械、能源、电信、金属产品、公用设施、房地产等	中国建筑工程总公司、中国移动、中国建设银行、中国人寿保险(集团)公司、中国中车股份有限公司、中国化工集团公等
日本东京	38	车辆与零部件、贸易、电信、电子与电气设备、金融、信息技术服务、批发等	日立、软银集团、日产汽车、本田、丰田、索尼、三菱日联金融集团、第一生命控股有限公司等
法国巴黎	17	金融、公用设施、制药、工程与建筑、服装、电信、航空、车辆与零部件等	安盛、法国兴业银行、法国威立雅环境集、赛诺菲、迪奥、标致、法国航空-荷兰皇家航空集团等
美国纽约	16	金融、娱乐、制药、电信、食品等	花旗集团、摩根、摩根士丹利、高盛、时代华纳、二十一世纪福克斯、辉瑞制药等

(续表)

城市	企业数量	产业	代表性企业
英国伦敦	14	金融、公用设施、家居与个人用品、炼油、电信、航天与防务、采矿等	英杰华集团、汇丰银行、英国保诚集团、英国石油公司、联合利华、英国电信集团、BAE系统公司等
韩国首尔	14	电子、电气设备、车辆与零部件、保险、炼油、公用设施、工程与建筑等	现代汽车、LG电子、韩国浦项制铁公司、起亚汽车、三星人寿保险等
中国上海	8	金融、能源、船务、车辆与零部件、金属产品等	上海汽车集团公司、中国宝武钢铁集团、中国远洋海运集团有限公司、中国太平洋保险(集团)股份有限公司、交通银行等

• 资料来源:"世界500强"中文网站,www.fortunechina.com。

国际大都市因其外向型经济发展特征,除了吸引本国企业总部入驻外,通常又是外国投资和跨国公司总部集聚的场所。跨国公司总部集聚的区位选择既有与一般跨国投资选址一致的要求,如电讯与交通设施、市场规模与市场潜力、政策稳定性等,也有与其功能及职责相对应的特殊要求,如富有创新能力和营销、规划、管理等专业技能的人力资源,有利于总部协调和管理较广区域及网络内营活动的政策体系等,而这正是国际大都市优势所在,因此跨国公司发展到一定阶段会向国际大都市集聚。

国际大都市吸引跨国公司集聚的另一个重要原因在于,这些城市不仅具有较为活跃且高效的金融服务网和金融运作市场,能提供综合融资市场和相关支持性服务,而且能提供高质量生活及服务环境,其金融服务、现代物流、信息咨询等行业的人力资源丰富。如纽约有全美前100家律师事务所中的34家总部、全球5大会计师事务所中的4家总部、200多家国际银行、世界最大的6家证券公司等;伦敦金融城内有500多家外国银行;东京有金融保险业400多家;法兰克福有德国25家盈利最多的广告公司中的8家总部以及世界20家最大银行中的16家;多伦多有加拿大5大银行的总部、加拿大的85%的外资银行的总部以及加拿大最大的10家保险公司中的6家等。这些形成了全球高级别的为跨国公司总部提供专业服务的网络。

(二)跨国公司向全球公司转型

20世纪90年代以来,在经济全球化的推动下,企业界最引人注目的变化全球公司(Global Corporations)出现。全球公司是跨国公司在全球化时代进入的发展新阶段。进入此阶段后,跨国公司的跨国指数会达到50%以上。由于销售收入、主要资产和员工大部分都来自海外,因此全球公司管理结构、理念文化和发展战略更注重全球视角,形成了真正意义上的全球经营模式。全球公司的出现与全球市场的出现有很大关系。随着全球市场取代国别和区域市场,跨国公司面临的竞争就跨越了国别和区域范围。为了在竞争中胜出,跨国公司必须更贴近消费市场,因此跨国公司首先把营销及服务网点分布于全球,随后把制造与组装环节转移到最适宜加工组装的地区,这些地区通常位于成本更低的发展中国家,而研发、设计、销售等高附加值环节通常仍控制在自己手中,这样全球产业价值链得以构建,全球生产网络得以形成。随着90年代以来全球化的深入发展,越来越多的国家和地区被卷入跨国公司全球生产网络中,特别是随着分布式创新和开放式创新模式的出现,跨国公司甚至将涉及非核心的研发与设计业务向全球各地转移。在这个过程中,跨国公司积极通过外包,最大限度地吸纳、整合全球研发资源与人力资源。在此背景下,在这一体系中占主导地位的跨国公司摇身一变,很自然地成为全球公司。

(三)新型跨国公司出现,跨国公司类型更加多样化

当代制造与服务新业态下,新型跨国公司出现,跨国公司类型更加多样化,这里以来自制造业领域的天生的国际化企业,以及服务业领域的平台型企业为例进行说明。

在传统理论的视域中,中小企业与国际市场无缘,因为他们抗拒风险的能力比较弱,企业要想成长为跨国公司,只有先在国内做大做强,才能进行跨国经营,最终形成跨国公司,即中小企业的国际化成长必须遵守国际化阶段理论的预测。然而,自20世纪80年代末期以来,越来越多的中小企业在成立不久就开始国际化经营,展示了一种企业迅速国际化,成长为跨国公司的发展道路。这类企业通常被称为天生的国际企业(Born Global Firms)。它们通常在国际市场上为特定细分市场生产技术领先的产品,凭借其创新技术、产品设计或者产品质量在国际市场上立足,这类天生的国际企业多以制造业领域的中小企业为主。如光驰公司(Optorun Co. ltd.)1999年创立于日本,是光学薄膜成膜生产设备与技术提供商,2000年及其后,就在中国、韩国等成立了公司。天生国际企业的出现首先得益于全球化的深化发展和全球市场的出现,特别是随着国际分工的不断深化,这些有利条件为中小企业参与国际经营创造了发展空间,进入国外市场不断降低成本,成长为跨国公司。其次,包括通信与信息等领域的技术使得一些原本资源缺乏的中小企业更容易获得外国市场的信息,能发现比国内市场更大规模的全球

市场需求,从而以更低的成本生产相关产品供应全球市场。天生国际企业的出现颠覆了跨国公司天生即为大型企业的传统观念,说明在一定条件下中小企业完全可以发展成为跨国公司。

在服务业领域,互联网的应用使得平台型企业不断涌现。平台型企业是信息化条件下快速发展起来的新型经营模式,其最大特征是有效搭建双边或多边平台,尤其是电子商务平台,涉及领域广、交叉性强,因此成长快,[①]这类企业具有以下特点:企业本身并不需要生产商品,而是借助一定的平台作为交易空间或场所,促成各方达成交易,提供平台的企业通过从交易中收取一定的费用来获取收益。平台型跨国公司大致可划分为四类:第一类是大宗商品交易平台,这类平台通常充当定价中心和订单中心的功能;第二类是网上购物平台,其特征是企业主要面向个人消费者,提供便捷配送服务;第三类是第三方交易支付平台,是应电子商务发展而兴起的金融服务创新平台,其特征是通过搭建便捷和安全的第三方交易支付平台获益;第四类是电子商务专业服务平台,为客户提供平台建设、电子支付服务等专业服务。

第四节　中国跨国公司发展的战略部署

一、把握中国跨国公司发展的战略时机

2008年全球金融危机后,国际经济环境发生了深刻而复杂的变化,全球经济进入结构转换的阶段,为我国跨国公司发展带来了机遇和动力,中国应把握中国跨国公司发展的战略机遇。

首先,后危机时代全球经济格局的转换和调整为我国跨国公司发展提供了机会。后危机时代,全球经济格局的重大调整之一是发达经济体和新兴经济体力量之间的消长,表现为发达经济体受危机冲击经济实力有所下降,新兴经济体的经济实力的提升。受危机冲击,不少发达国家的流动性不足,为刺激经济复苏,政府纷纷制定更为宽松的引资政策,一些发达国家企业陷入困境,形成生产要素全球范围调整,为中国企业通过跨国并购获取发达国家企业的品牌、技术、营销网络和人才等提供了机会,有利于中国跨国

[①] 曹莹、刘思弘:《催生本土"阿里巴巴"的政策需求——上海火速网络科技有限公司的调查》,《浦东开发》2014年第7期。

公司的发展和扩张。

其次,中国经济实力的大幅提升奠定了中国跨国公司发展的客观基础。英国、美国、德国和日本等发达国家跨国公司崛起的历史证明,某个经济体的崛起会催生本国或本地区一批企业的成长和壮大,最终成长为具有全球影响力的跨国公司。我国已经成为世界第二大经济体,巨额外汇储备为我国企业进行海外并购提供了金融保障。

再次,第三次产业革命的发生为中国发展跨国公司提供了机遇。历史经验表明,每一次危机过后往往伴随着大范围新发明、新技术、新设备在生产领域的大规模应用,从而带动世界经济进入新一轮增长周期。低碳经济时代的到来使得未来世界极有可能会发生一场以绿色、健康、智能和可持续为特征的技术革命和产业革命,能在这场技术革命中抓住机遇的跨国公司无疑将在未来全球竞争中取得战略制高点。目前美、欧、日等主要发达经济体都积极投身到这场技术革命中,大多数新兴经济体,如中国、印度、巴西、俄罗斯和墨西哥等,也重视未来产业结构调整中新能源等新兴产业的发展。世界技术和产业革命,特别是中国在经济结构转型过程中重视新兴产业的发展为中国跨国公司带来了发展机遇。

最后,中国企业竞争力的提升为中国跨国公司的发展奠定了微观基础。伴随数十年经济快速增长,中国不仅在产业结构、资本规模、技术水平等方面具备了一定的优势,更重要的是,中国通过开放,大量引进外资,本土企业积极融入跨国公司全球生产网络,积累了一定的规模优势、成本优势和技术优势。这是中国企业跨国发展的微观基础。总体上,由于改革开放后,我国企业积极融入全球价值链分工体系中,我国不少企业已经具备向价值链高附加值环节攀升的技术基础。

二、确立中国跨国公司发展的战略目标

中国对外直接投资的快速增长催生了大量中国跨国公司的兴起,特别是联想等跨国公司的兴起,成为全球竞争的重要参与者,是中国跨国公司的亮点。未来促使更多中国跨国公司成长为世界级的跨国公司需要确立中国跨国公司的发展战略:

(一)巩固跨国公司在传统优势产业中的地位,扩展在新兴产业领域的发展空间,提升在全球产业分工中的地位

中国跨国公司主要分布在能源、电信、银行、钢铁、建筑、化工等传统行

业,新兴产业如高端制造业和新兴服务业领域的跨国公司比较少。传统行业是中国跨国公司的优势领域,但这些行业通常利润率较低,随经济周期波动的影响更大,因此要重点关注中国跨国公司竞争优势的可持续性。新兴产业是跨国公司竞争的制高点,是未来产业发展的方向。从产业角度来看,中国跨国公司的发展战略包括:

中国跨国公司具有优势的传统行业,主要包括两类,一是劳动密集型的制造业和服务业(如建筑、贸易、运输等行业),二是资本密集型具有垄断性的服务行业(如金融、电信)等行业。重点是鼓励中国跨国公司创新,通过技术创新和商业模式创新提升竞争优势,提升加工制造和低端服务业的附加值,企业焕发新活力。同时,企业应通过对外直接投资延伸产业链,增强产业发展与市场竞争的话语权。例如从生产能力与规模来看,我国纺织产业实力比较强,但存在产业价值链地位低,产品附加值低的困境,我国纺织与服装产业领域的一些企业通过对外投资,向纺织产业价值链的上游和下游高附加值环节跃进,显著提升了我国企业国际纺织产业分工的地位,对国内纺织产业升级有积极意义,其中作为浙江富丽达集团的成功经验值得借鉴。当时富丽达集团虽是中国最大、世界第三的短胶纤维生产企业,但原料供应主要依赖国际供应商,成本难以控制,于是集团决定拓展企业产业链。2011年收购了加拿大纽西尔特种纤维素有限公司的全部股份。此次并购规模高达 2.535 亿美元,显示了集团向产业价值链上游迈进的决心。该公司是加拿大专业生产特种溶解浆的厂商,通过并购该公司,富丽达集团对产业链上游的控制加强,可以得到稳定的原料供应,降低生产成本,增强了企业的行业话语权。中国跨国公司具有比较优势的行业还包括一些资本投入高,技术相对比较成熟的制造业(如计算机与办公设备行业、车辆与零部件制造等行业),但与发达国家跨国公司相比,有较大差距。为提高技术实力,这类跨国公司应该主动到技术与人力资本密集的地方,通过设立海外研发中心、跨国并购、与国外先进企业结成战略联盟等方式,整合全球创新要素,提升技术实力,向全球价值链的高端跃升。

值得一提的是,铁矿石、石油、天然气等领域的中国跨国公司,其发展战略应定位于:在国家外交战略的支持下,建立稳定的海外战略性资源与能源开发供应基地。鉴于国外意识形态的偏见,对这些领域的国有跨国公司投资比较警惕,中国未来应鼓励民营跨国公司、混合所有制的跨国公司发展壮大,绕开在这些领域投资的政治壁垒。

（二）支持民营及其他类型跨国公司崛起，促进跨国经营主体多样化

从跨国经营的主体来看，中国跨国公司以国有跨国公司为主。不仅世界500强上榜企业以国有跨国公司为主，中国企业家联合会发布《2017中国100大跨国公司》也显示，2017年中国100大跨国公司中，国有及国有控股公司73家，其中中央企业43家，说明当前大企业国际化的主力军仍然是国有控股公司，占据明显的主导地位。国有跨国公司大多居于资源性垄断或行政性垄断行业，主要是依靠在庞大的国内市场中的垄断地位成长起来，其发展与壮大离不开政府政策支持。当然，这里并不是否认国有跨国公司存在的意义，世界范围里，无论是发达经济体还是新兴经济体都存在国有跨国公司。国有跨国公司对于实现国家战略利益具有重要作用。对中国国有企业跨国公司来说，未来的发展战略目标应侧重于建立真正意义上的现代企业制度，完善治理结构，培育核心竞争力，促使其竞争优势以当前的制度优势为主，向制度优势和市场优势并重转变，建立可持续的竞争优势。

中国需要培育一批在更多领域特别是来自竞争性行业，代表中国企业真正实力的企业，加快形成国际竞争新优势，支持它们成长为具有全球竞争力的跨国公司，这对提升我国在国际产业分工格局中的地位具有重要的战略意义。民营企业大多居于竞争性行业，应鼓励其在竞争性领域提升产业价值链分工地位或掌握产业发展的主导权。近年来不少民营企业生产规模迅速扩大，管理水平日益提高，逐步具备了全球思维和国际战略眼光，与国有企业相比，这些民营企业市场化程度更高，具备参与国际竞争的基本条件，不乏跨国经营的大手笔，如吉利汽车并购沃尔沃、联想并购IBM的PC业务、三一重工并购德国机械制造巨头普茨迈斯特等。此外，一批创新活跃、成长性好的中小型民营企业是行业的"隐形冠军"，具备成长为中小型跨国公司的实力。

（三）借鉴不同跨国公司发展模式的优势，充分吸收各种发展模式的优势，发展与壮大中国跨国公司

总体来说，全球跨国公司主要有两大类发展模式，一类是以欧美跨国公司为代表的发展模式，这些大型跨国公司大多经历了长期的阶段化的渐进发展过程，在发展过程中积累了先进的技术、雄厚的资金和优质的人力资本，竞争实力强，是市场主导型成长模式。另一类是以20世纪70年代的日

本和 80 年代的韩国跨国公司为代表的后发型跨国公司发展模式。这些企业选择在政府各种政策支持下,通过兼并、收购、联合、重组等手段,迅速扩大规模,成长为跨国公司,是政府主导型的发展模式。市场主导型模式下,企业得到市场竞争的充分历练,经营效率高,抗风险能力强,政府主导型的发展模式下,得益于政府的强力支持和引导,企业能快速成长,实现赶超,而且这些企业与国家的经济发展战略能较好地协调。中国处于全球化深化发展的背景下,因为对外开放后,外资大量进入,所以中国本土企业在国内市场中面临的是国际化竞争。这为中国企业整合全球要素提供机会。因此,中国跨国公司的发展需要同时借鉴两种模式的长处,过去比较偏重政府主导型的模式,造就了大批具有全球影响力的国有跨国公司,这对于实现国家经济的赶超发展、执行国家经济发展战略是必要的,未来也应重视市场主导型模式,提升国有跨国公司的竞争优势,培育更多民营跨国公司,实现中国跨国公司的群体性崛起。

(四)以制度改革突破阻力与瓶颈,促进更多高质量的中国跨国公司涌现

中国跨国公司成长和壮大需要一个全方位、多领域的支撑体系,其核心是以制度改革突破中国跨国公司发展的阻力与瓶颈。要按照优化经济结构,转变增长方式的客观要求,发挥市场在资源配置中的决定性作用,营造有利于本土企业成长与发展的国内市场环境。在培育企业国际竞争力的过程中,企业是跨国经营的行为主体。政府要定位于政策体系的构建者和服务体系的提供者,尊重企业的市场主体地位,遵循市场经济规律,充分发挥政府引导推动和协调服务作用,创造外部条件、激发企业内在活力和发展动力;和企业各司其职,密切合作,共同提高国家在竞争性领域的综合能力。这是中国跨国公司发展的基本制度环境。制度改革的一个重要方向是制定中国对外直接投资的有关战略规划、方针政策和管理措施,建立公平、完善、透明与高效的对外投资管理制度,减少本土企业跨国经营中各种要素跨境流动的障碍,建立企业跨国经营的激励机制,为企业跨国经营提供引导与支持。

目前中国与世界其他发达国家、新兴经济体相比在促进贸易与双向投资便利化的进程上刚刚起步,现有的宏观经济与对外经济主管部门缺乏指导各部门行动的总体规划,在职能分工与合作上的总体设计尚不完善,缺乏统一的组织协调机构。这一问题的出路在于从国家层面协调各领域主管部

门,明确推进中国与海外经济合作的融资管理、税务管理与商业合规管理的协调机制。此外,还需要中央层面相关部门积极与更多国家和地区开展双边或者多边的跨国经济合作谈判,通过设立境外经济贸易合作园区,签署政府间企业投资风险管控等框架协定等确立长期的双边合作机制;确立投资自由化安排的重点领域、项目与融资保障安排,并建立投资争端评判、解决机制,形成一个充分保护中国跨国公司投资利益的制度环境。

第五节 中国跨国公司发展的对策

发展中国跨国公司,提升中国跨国公司的国际分工地位,需要一个全方位、多领域的支撑体系,涉及政府、企业和中介组织各方,既需要为中国跨国公司提供成长的制度环境,也需要为本土企业提供全方位服务,更需要企业自身努力。

一、对外积极参与和主导国际投资体制建构,为跨国公司海外扩张提供制度保障

近年来,与中国经济总规模和对外投资规模位列世界前列形成反差的是,由于中国在国际投资体制中更是参与者的角色,与中国在国际直接投资格局中的地位不相称。虽然中国已签署一定数量的双边投资与贸易协定,但这些协议存在结构失衡的问题,因为中国与美国和日本等全球投资并未签署双边投资协定,特别需要指出的是,在新一代国际投资规则建立过程中,中国要更具主动性和前瞻性,积极参与和主导国际投资体制建构,为中国跨国公司海外扩张,积极布局全球产业分工提供制度保障。中国要实现在多边投资体制中从参与者向建构者的转变,不仅要积极参与全球经济治理,倡导国际投资共识,为推进国际多边投资体制发展贡献人力、提案、议案或具体政策实施方案等,更要系统规划,探索平衡发达经济体与新兴经济体利益关系的国际投资机制,新机制应将包括中国在内的广大新兴经济体纳入进来,以全面反映全球投资格局变化,呼应广大新兴经济体合理的利益诉求,如召开关于投资机制的国际听证会、对于实质性问题建立工作组,建立包括全球主要投资企业、民间团体等投资相关利益方参与的全球投资协调对话机制等,协调与平衡各方投资利益。对有关跨国直接投资的具体问题,如各国投资政策观察与反馈、投资利益受损的追索、投资进入与退出等常见

核心利益问题，考虑建立专门的组织机制，确保投资国利益不受东道国或第三方非法侵犯，并在投资国利益受到侵犯时有相应的追索和赔偿机制保障投资国的利益。当前中国正向双向投资协调发展的新阶段转化，笔者认为中国参与国际投资体制建设的战略目标应该从短期利益向持续发展转变，通过多层次积极参与国际投资体制建设与全球经济治理，形成国际投资开放合作新机制，从而构造全球利益分享的格局。在中美贸易摩擦加剧的背景下，我国的战略重心是加快推进包括中美双边投资谈判在内的双边投资谈判，以纠正目前我国双边投资协定体系中的结构性失衡状况。同时，以扩大资本输出为谈判基础，积极巩固和扩大与亚太周边经济体的区域性投资自由化体制和机制建设。[1]

二、对内以制度改革突破阻力与瓶颈，营造有利跨国公司的市场环境

发展中国跨国公司的核心是以制度改革突破跨国公司发展的阻力与瓶颈，营造有利跨国公司成长的市场环境。按照优化经济结构、转变增长方式的客观要求，发挥市场在资源配置中的决定性作用，在提升企业国际竞争力过程中，企业是跨国经营的行为主体，政府要定位于政策体系的构建者和服务体系的提供者，尊重企业的市场主体地位，遵循市场经济规律，充分发挥政府引导推动和协调服务作用，创造外部条件、激发企业内在活力和发展动力，政府和企业各司其职，这是跨国公司发展的基本制度环境。

当前制度改革的一个重要方向是通过推进国内投资促进政策和差别性企业政策的改革，在投资审批、行业准入、获取融资和要素配置等多个环节上，营造内外资企业、国企民企公平竞争的制度环境。这也是通过深化国内改革应对国际投资体制构建中的竞争中立和监管透明度等新规则，减少国有跨国公司在国际上频繁遭遇投资壁垒，促进民营跨国公司成长，实现中国跨国公司参与国际分工的主体多样化的重要举措。

三、积极培育高端要素，向产业价值链的高端环节跃升

高端要素是跨国公司的生命线，培育高端要素主要有两个途径：

第一个途径是企业自主培育，目前的重点是政府要扩大知识产权保护

---

[1] 金芳：《金融危机后国际投资体制的建构特征与中国的应对》，《世界经济研究》2014年第4期。

等公共政策的供给,为企业营造良好的外部环境;企业加大研发投入,注重自主创新,加强品牌传播,提升技术水平,努力提升品牌认可度和市场价值。在品牌传播方面,企业要夯实第一层次的传播,苦练内功,提升产品质量和服务水平;加强第二层次传播,通过广告等方式,让利益相关者了解中国跨国公司,提升其美誉度;引导第三层次的传播,即利用现代化的通讯与传播手段,对利益相关者的评价进行引导,同时三个层次的传播统筹兼顾,做到"名副其实""言行一致"。

第二个途径是借力培育,鼓励和引导有条件的大企业集团、上市公司及其他有条件的企业,通过赴境外直接投资、收购参股、与国际著名跨国公司合资合作、建立战略联盟等方式,建立研发、设计及创新中心,提高技术创新能力,获取更多的核心技术、人才、品牌、营销管道和管理方法等高端要素,向产业链的高端环节跃进。

四、引导中国跨国公司积极布局,谋求新一轮全球产业链分工的主导权

危机后,以美国为代表的发达经济体消费动力不足,发达经济体开始审视国内经济结构与发展模式,提出了新的发展战略,如美国提出了"以创新战略推动可持续增长的高质量就业"战略,欧盟提出了"聪慧的可持续与包容性增长"的战略,日本提出了"优势产业与新领域增长"的战略,并结合新战略纷纷进行产业结构调整,大力发展新兴产业。作为一国重要的支柱产业,制造业的发展更受到空前重视。2012年德国推行了"工业4.0计划",意在利用物联信息系统将生产中的供应、制造、销售信息数据化和智能化,最后达到快速与高效的产品生产与供应。美国制定了"先进制造业伙伴计划",旨在发展高新技术产业,回归实体经济。中国已提出实施制造强国战略的十大重点发展领域,即新一代信息通信技术产业、轨道交通装备、高档数控机床和机器人、航空航天装备、海洋工程装备及高技术船舶、节能与新能源汽车、电力装备、新材料、生物医药及高性能医疗器械和农业机械装备。在对外投资导向上,政府鼓励具备一定基础和实力的中国跨国公司开展紧跟产业技术革命前沿的先导性投资,特别是在中国已具备一定竞争优势的新兴产业,如航空航天装备、新能源、轨道交通装备、新能源汽车等领域鼓励企业瞄准产业技术前沿,加大研发投资,自主创新,进一步提升企业技术水平,占据产业发展先机,谋求新一轮全球产业链分工的主导权。

扩大对外投资,发展跨国公司是中国作为新兴大国产业与经济转型升级的重要手段。当前提升中国国际分工地位,需要跨国公司有所作为,在全球更大范围聚集优势生产要素,大力发展国际分工体系中的中高端制造和服务环节,并在新一轮国际产业分工中积极布局,从而在全球产业价值链中占据有利位置。使得中国跨国公司成为中国提升国际分工地位的突破口。

五、结合"一带一路"国际化合作契机,大力推动中国跨国公司发展

"一带一路"是目前世界上跨度最长的经济大走廊,覆盖沿线的60多个国家和地区约40多亿人口,不少国家和地区工业化进程和城镇化还未完成,这些地区产业升级的需求和经济增长的潜力为中国跨国公司的发展提供了巨大的机遇,有助于中国跨国公司竞争优势的提升。中国要积极借助"一带一路"提供的契机大胆走出去,抓住沿线国家本地化的市场需求,提升经营绩效,提高国际化程度,特别是可通过并购高端要素等方式提升行业地位,提高国际竞争优势。

当前世界经济复苏乏力,世界范围内各国企业普遍面临较大压力,而中国一些跨国公司借助"一带一路"倡议却迎来了海外发展机遇,一些企业抓住沿线国家的本地化需求,扩大了国际市场,提高了跨国程度,竞争优势得到提升。面对"一带一路"沿线国家经济发展水平参差不齐,社会文化多样的特点,海尔在推行本土化方面做了诸多尝试。在广告宣传方面,海尔针对不同国家或地区的目标人群,有针对性地选取了当地人进行拍摄,例如,海尔在澳大利亚和巴基斯坦就分别塑造了当地人形象,拉近了品牌形象与当地消费者的距离,更能获得当地人的认同和信任。同时,海尔善于把握不同消费阶层的不同情感诉求,其中针对家庭宣传就从家庭生活场景出发,而海尔旗下的大、小家电产品与剧中生活场景完美契合,向当地居民传达出海尔是真正有用的日常生活解决方案。与海尔品牌战略相配合的是海尔产品的本土化运营战略,针对澳洲人对家电产品极为苛刻的节能要求,海尔通过领先的技术创新能力,不断推出节能型创新产品,成为当地畅销的产品。而针对巴基斯坦家庭一般家庭成员较多的特点,海尔开发了大容量的12千克洗衣机,这款洗衣机最大的特点是能一次性清洗全家人衣服,因此一经推出,广受当地市场的好评。巴基斯坦电力能源短缺,夏季断电频繁,天气炎热,为此海尔推出了高温不停机、快速强力制冷空调,产品同

样受到市场欢迎。①

此外,一些中国企业高度重视"一带一路"构想带来的发展机遇,全力推进对"一带一路"沿线国家和地区的国际化业务,拓展了企业的发展空间,全面提升了企业"走出去"的综合能力和竞争优势。"一带一路"沿线国家大多为新兴与发展中国家,汽车消费市场潜力巨大,东风汽车公司对沿线国家的市场非常重视,专门成立了"一带一路"项目推进小组,结合国家相关政策、东道国市场信息以及东风汽车公司产品的特点寻求市场切入点,全面提升企业"走出去"的综合能力。东风公司此举已经取得较好成效。在俄罗斯,自2004年东风汽车公司开始向俄罗斯出口产品以来,经历了7年的市场探索与开发,2011年东风汽车投资成立了东风俄罗斯公司,这是该公司在国外成立的首家子公司,这家子公司主要负责东风汽车旗下产品在俄罗斯当地市场的销售,意在推进东风公司在俄罗斯的本土化销售,更加贴近消费市场。在伊朗,东风汽车公司经过出口业务发展阶段后,目前已在伊朗投资设立多个散件组装工厂,产品在当地市场认可度较高。在公司的"十三五"发展规划中,东风明确加强国际化发展,提升跨国经营能力的发展方针,具体来说,就是要从本土化制造能力、本地化销售能力和全球资源配置能力三个方面入手,以已经投资建立的伊朗乘用车KD项目、俄罗斯汽车销售公司以及阿尔及利亚市场为基础,促进东风跨国经营战略的转型升级。②

六、建立和完善中介服务体系,为企业跨国经营提供全方位中介服务

笔者在实地调研中了解到,由于中介服务不完善,企业跨国经营过程中获取真实市场信息和相关服务的成本过高,因此应建立包括会计、广告、法律、知识产权、管理咨询等方面的中介服务网络,为企业跨国经营提供全方位的中介服务,通过这种跟随式的发展,也有利于本土服务业跨国公司的兴起,提升国际产业分工地位。考虑到本土中介服务机构跨国经营经验不足,也可与国外高水平的中介服务机构开展多种形式的合作,提升本土中介服务机构的服务水平。

在信息服务方面,可依托国家驻外使领馆、涉外政策性金融机构、行业

---

① 光明网:《中国企业国际化背后:品牌是核心》,http://lady.gmw.cn/2016-05/10/content_20029009.htm。
② 李晶:《"一带一路"下我国自主品牌汽车国际化战略》,《汽车工程师》2018年第1期。

协会、商会、企业家协会等机构与组织的信息采集渠道,加强与国外驻华使领馆和商务机构、东道国当地中介机构的联系,重视海外华人华侨的桥梁与纽带作用,全方位为企业跨国投资提供国别信息(包括国别法律状况、政治风险、东道国社会文化等)、行业风险分析、资信调查、信用评级、市场分析等信息服务,同时及时收集有关境外投资合作项目、市场开拓、工程承包等方面的信息,及时在相关平台上发布,为企业"走出去"发展提供咨询服务。

七、完善跨国经营风险防范和安全保障机制

近年来,中国跨国公司对一些风险高发国家和地区的投资风险频现,如员工遭绑架、企业正常经营受武力冲击等,其中有些风险并非企业层面的原因造成,因此为降低这类风险,可通过政府来帮助企业在跨国经营中做好风险防范和安全保障工作。按照商务部等部门下发的《境外中资企业机构和人员安全管理指南》和《中国企业海外安全风险防范指南》要求,政府部门可指导企业建立境外风险防范的安全管理工作体系,引导企业用好对外投资保险、境外劳务保险等避险工具,完善境外突发事件应急处理机制。在企业完善内部防控体系基础上,为企业提供必要的制度环境和服务。企业要加强对中方出入境人员的安全教育与培训,强化中方出境人员的安全防范意识,提高中方出境人员的风险处置和应对能力。

总体来说,在发展中国跨国公司的进程中,国家可根据各行业的特点、企业的资本规模和海外经营能力以及跨国经营程度,遴选部分重点行业和重点企业,分层次推进培育中国跨国公司的工作,形成不同类型、不同规模、内外互动的中国跨国公司加快发展的新格局。对外开放以来,通过积极融入跨国公司行列,融入由发达国家跨国公司主导的全球产业价值链体系,中国企业在国际分工中的地位取得了较大提高,参与全球产业分工的程度不断加深,但总体仍处于价值链的低端,从全球产业分工中获取的利益有限。中国需要重新审视和调整企业发展战略以及相应的产业发展政策,以提升在我国企业在全球价值链分工体系中的地位,推进产业升级,提升国家竞争力。产业升级的实现既取决于产业层次的集体行动以及政府产业政策的支持,同时更取决于企业层次的个体努力。发展中国跨国公司,支持中国跨国公司向产业价值链的高端跃升,是中国实现产业升级,提升国际分工地位的必然路径。

参考文献

白光裕、庄芮:《全球价值链与国际投资关系研究——中国的视角》,《国际贸易》2015年第6期。

白玫、刘新宇:《中国对外直接投资对产业结构调整影响研究》,《国际贸易》2014年第2期。

陈程:《"金砖四国"对外直接投资动因的比较研究》,湖南大学硕士学位论文,2011年。

陈春明、张洪金:《国外制造业转型升级比较与变革借鉴》,《国外社会科学》2017年第5期。

陈继勇、王清平:《经济全球化与美国对外直接投资的变化》,《世界经济与政治》2003年第7期。

陈建奇:《对外直接投资推动产业结构升级——赶超经济体的经验》,《当代经济科学》2014年第11期。

陈景华:《行业差异、全要素生产率与服务业对外直接投资——基于中国服务业行业面板的实证检验》,《世界经济研究》2015年第9期。

陈俊聪、黄繁华:《对外直接投资与出口技术复杂度》,《世界经济研究》2013年第11期。

陈俊聪、黄繁华:《对外直接投资与贸易结构优化》,《国际贸易问题》2014年第3期。

陈俊聪:《对外直接投资对服务出口技术复杂度的影响——基于跨国动态面板数据模型的实证研究》,《国际贸易问题》2015年第12期。

陈培如、冼国明、马骆茹:《制度环境与中国对外直接投资——基于扩展边际的分析视角》,《世界经济研究》2017年第2期。

陈威如、丁远、王高、忻榕和杨国安:《全球化之路:中国企业跨国并购与整合》,中信出版集团2017年版。

陈小蕴、张水泉:《对外直接投资与贸易品技术结构提升:韩国的经验及启示》,《亚太经济》2012年第2期。

陈衍泰、吴哲、范彦成、金陈飞:《新兴经济体国家工业化水平测度的实证分析》,《科研管理》2017年第3期。

程中海、袁凯彬:《能源对外直接投资的进口贸易效应与类型甄别——基于结构式引力模型的系统 GMM 估计》,《世界经济研究》2015 年第 11 期。

程中海、张伟俊:《要素禀赋、对外直接投资与出口贸易:理论模型及实证》,《世界经济研究》2017 年第 10 期。

崔凡:《美国 2012 年双边投资协定范本与中美双边投资协定谈判》,《国际贸易问题》2013 年第 2 期。

邓新明、许洋:《双边投资协定对中国对外直接投资的影响——基于制度环境门槛效应的分析》,《世界经济研究》2015 年第 3 期。

邱玉娜、由林青:《中国对一带一路国家的投资动因、距离因素与区位选择》,《中国软科学》2018 年第 2 期。

董蓉蓉、臧新:《韩国对外直接投资与产业结构调整的实证分析》,《商业研究》2006 年第 19 期。

樊纲、许永发:《中国对外直接投资战略、机制与挑战》,中国经济出版社 2017 年版。

方凯、陈新华:《外商直接投资对我国技术进步的影响——基于技术势差视角的分析》,《科技管理研究》2013 年第 8 期。

房裕:《对外直接投资的产业升级理论与中国实践》,中国经济出版社 2017 年版。

封颖、徐峰、许端阳等:《新兴经济体中长期科技创新政策研究——以印度为例》,《中国软科学》2014 年第 9 期。

付海燕:《对外直接投资逆向技术溢出效应研究——基于发展中国家和地区的实证检验》,《世界经济研究》2014 年第 9 期。

郭璐、田珍:《外商直接投资与我国战略性新兴产业技术进步的发展研究——基于微观企业数据的溢出渠道研究》,《未来与发展》2018 年第 5 期。

韩冰:《二十国集团在国际投资领域的合作与前景展望》,《国际经济评论》2016 年第 7 期。

郝红梅:《美国对外直接投资流向分析》,《国际贸易》2013 年第 6 期。

何帆:《中国对外投资的特征与风险》,《国际经济评论》2013 年第 1 期。

胡明:《中国企业对俄投资风险分析及对策研究》,《国际贸易》2016 年第 8 期。

胡志军、温丽琴:《中国民营企业对外直接投资新特点与新问题研究》,

《国际贸易》2014年第6期。

黄丽华:《泰国对外直接投资的现状及动机》,《人力资源管理》2014年第8期。

黄胜、叶广宇、申素琴:《新兴经济体企业国际化研究述评——制度理论的视角》,《科学学与科学技术管理》2015年第4期。

黄胜、叶广宇等:《二元制度环境、制度能力对新兴经济体创业企业加速国际化的影响》,《南开管理评论》2015年第6期。

黄益平、何帆、张永生:《中国对外直接投资研究》,北京大学出版社2013年版。

贾妮莎、申晨:《中国对外直接投资的制造业产业升级效应研究》,《国际贸易问题》2016年第8期。

江东:《对外直接投资与母国产业升级》,浙江大学博士学位论文,2010年。

姜宝、邢晓丹、李剑:《"走出去"战略下中国对欧盟逆向投资的贸易效应研究——基于FGLS和PCSE修正的面板数据模型》,《国际贸易问题》2015年第9期。

蒋冠宏、蒋殿春:《中国工业企业对外直接投资与企业生产率进步》,《世界经济》2014年第9期。

蒋冠宏、蒋殿春:《中国企业对外直接投资的异质性检验——以服装、纺织和鞋帽类企业为例》,《世界经济研究》2013年第11期。

金芳:《金融危机后国际投资体制的建构特征与中国的应对》,《世界经济研究》2014年第4期。

金芳:《中国国际直接投资地位上升中的失衡特征及其纠正》,《世界经济研究》2016年第2期。

金明玉:《韩国对外直接投资的发展轨迹及其绩效研究》,辽宁大学博士论文,2008年。

金中夏:《中国面临全球贸易投资规则重建的重大挑战》,《国际经济评论》2016年第7期。

卡尔·索旺、崔海晶:《新兴市场国家的对外直接投资:一些政策问题》,《国际经济合作》2009年第2期。

兰益江:《英国对外直接投资发展与趋向》,《欧洲研究》1986年第2期。

李晨光、郭巍:《博鳌亚洲论坛新兴经济体发展2017年度报告》,对外经济贸易大学出版社 2017 年版。

李逢春:《对外直接投资与投资国产业升级:基于中国的实践分析》,人民出版社 2014 年版。

李国平、田边裕:《日本的对外直接投资动机及其变化研究》,《北京大学学报(哲学社会科学版)》2003 年第 2 期。

李国平:《日本对外直接投资动机的区域差异研究》,《世界经济》2000 年第 2 期。

李国学:《制度约束与对外直接投资模式》,《国际经济评论》2013 年第 1 期。

李娟、唐珮菡、万璐、庞有功:《对外直接投资、逆向技术溢出与创新能力——基于省级面板数据的实证分析》,《世界经济研究》2017 年第 4 期。

李磊、郑昭阳:《议中国对外直接投资是否为资源寻求型》,《国际贸易问题》2012 年第 2 期。

李蕾、赵忠秀:《中国对外直接投资企业生产率影响因素研究》,《国际贸易问题》2015 年第 6 期。

李梅、余天骄:《海外研发投资与母公司创新绩效——基于企业资源和国际化经验的调节作用》,《世界经济研究》2016 年第 8 期。

李梅、袁小艺、张易:《制度环境与对外直接投资逆向技术溢出》,《世界经济研究》2014 年第 2 期。

李猛、王纪孔:《东道国宏观经济特征、反倾销与中国对外直接投资》,《世界经济研究》2014 年第 4 期。

李珮璘:《跨国公司并购与中国战略产业的发展》,《世界经济研究》2008 年第 7 期。

李珮璘:《危机后新兴大国产业结构调整的战略与政策研究》,《商业经济与管理》2012 年第 11 期。

李珮璘:《危机后新兴跨国公司的投资战略与发展趋势》,《国际经贸探索》2011 年第 7 期。

李珮璘:《新兴大国开放战略升级:内部困境及其实践探索》,《经济问题探索》2013 年第 11 期。

李珮璘:《新兴经济体对外直接投资理论研究评述》,《上海经济研究》2009 年第 10 期。

李珮璘:《新兴经济体跨国公司理论研究进展及演进趋势分析》,《商业经济与管理》2011年第10期。

李珮璘:《新兴经济体跨国公司与传统跨国公司的比较研究》,《世界经济研究》2010年第5期。

李珮璘:《中外跨国公司国际竞争力的比较研究》,《世界经济研究》2015年第4期。

李思慧、于津平:《对外直接投资与企业创新效率》,《国际贸易问题》2016年第12期。

李晓:《"一带一路"战略实施中的"印度困局"——中国企业投资印度的困境与对策》,《国际经济评论》2015年第9期。

李晓钟、王倩倩:《研发投入、外商投资对我国电子与高新技术产业的影响比较——基于全要素生产率的估算与分析》,《国际贸易问题》2014年第1期。

李雪松:《对外直接投资与企业技术创新——基于中国上市公司微观数据的实证研究》,《国际贸易问题》2017年第6期。

李自杰、高璆崚、梁屿汀:《新兴市场企业如何推进并进型对外直接投资战略?》,《科学学与科学技术管理》2017年第1期。

李自杰:《中国企业对外直接投资的动机与路径研究》,中国人民大学出版社2015年版。

林跃勤、周文:《金砖国家发展报告:机制完善与成效提升(2017)》,社会科学文献出版社2017年版。

刘爱兰、王智烜、黄梅波:《资源掠夺还是多因素驱动?——非正规经济视角下中国对非直接投资的动因研究》,《世界经济研究》2017年第1期。

刘昌黎:《90年代日本对外直接投资的波动及其原因》,《日本学刊》2001年第1期。

刘洪铎、陈和:《双边贸易成本抑制了中国制造业企业的对外直接投资吗?》,《世界经济研究》2016年第8期。

刘辉群、卢进勇:《国际投资规则的演变与中国企业"走出去"战略》,厦门大学出版社2016年版。

刘凯、邓宜宝:《制度环境、行业差异与对外直接投资区位选择——来自中国2003—2012年的经验证据》,《世界经济研究》2014年第10期。

刘英基、杜传忠、刘忠:《走向新常态的新兴经济体产业转型升级路径分析》,《经济体制改革》2015年第1期。

龙世国、湛柏明:《美国对新兴经济体国家直接投资的贸易效应》,《首都经济贸易大学学报》2016年第7期。

龙晓柏、洪俊杰:《韩国海外农业投资的动因、政策及启示》,《国际贸易问题》2013年第5期。

龙云安:《中国海外直接投资非市场能力与对策研究》,《世界经济研究》2013年第11期。

卢锋、姜志霄、周俊安:《从"华坚现象"看中国对非投资类型演变》,《国际经济评论》2013年第9期。

卢进勇、陈静、王光:《加快构建中国跨国公司主导的跨境产业链》,《国际贸易》2015年第4期。

陆长平、周云峰:《对外投资模式、国别与中国产业结构优化》,《国际贸易》2016年第7期。

吕飞、许大明:《东亚地区跨国公司制造业产业链重构研究》,《重庆大学学报(社会科学版)》2013年第5期。

马述忠、吴国杰、任婉婉:《海外在华研发投资促进了我国技术创新——基于互补性检验的实证研究》,《国际贸易问题》2014年第5期。

马宇、唐羽:《新兴经济体资本外逃影响因素实证分析》,《云南财经大学学报》2017年第2期。

聂名华:《中国对外直接投资的主要特征与发展策略思考》,《国际贸易》2017年第4期。

潘圆圆、唐健:《美国外国投资委员会国家安全审查的特点与最新趋势》,《国际经济评论》2013年第9期。

潘悦:《国际产业转移的四次浪潮及其影响》,《现代国际关系》2006年第4期。

齐亚伟:《研发创新背景下中国企业对外直接投资的学习效应研究》,《国际贸易问题》2016年第2期。

祁春凌、黄晓玲、樊瑛:《技术寻求、对华技术出口限制与我国的对外直接投资动机》,《国际贸易问题》2013年第4期。

乔晶、胡兵:《对外直接投资如何影响出口——基于制造业企业的匹配倍差检验 国际贸易问题》,《国际贸易问题》2015年第4期。

荣大聂、提洛·赫恩曼、潘圆圆:《中国对发达经济体的直接投资:欧洲和美国的案例》,《国际经济评论》2013年第1期。

桑百川、杨立卓、郑伟：《中国对外直接投资扩张背景下的产业空心化倾向防范——基于英、美、日三国的经验分析》，《国际贸易》2016年第2期。

桑百川：《防范对外直接投资高速增长的宏观经济风险》，《国际经济评论》2016年第7期。

申屹：《"日本式"的对外直接投资》，《国外社会科学情况》1996年第1期。

施锦芳：《新一轮日本对外直接投资战略变化及其对我国的启示》，《国际贸易》2014年第11期。

宋勇超：《"一带一路"战略下中国对外直接投资与国际产能合作》，《技术经济与管理研究》2018年第1期。

隋广军、黄亮雄、黄兴：《中国对外直接投资、基础设施建设与"一带一路"沿线国家经济增长》，《广东财经大学学报》2017年第1期。

陶攀、洪俊杰、刘志强：《中国对外直接投资政策体系的形成及完善建议》，《国际贸易》2013年第9期。

田珍、王红红：《"金砖五国"对美投资的引力模型分析》，《世界经济研究》2014年第7期。

童继生、李元旭：《"新兴市场"研究综述》，《学术月刊》2001年第10期。

万军：《国际产业转移与新兴市场经济国家的外资引进：中越两国的比较》，《战略决策研究》2011年第1期。

王碧珺：《被误读的官方数据——揭示真实的中国对外直接投资模式》，《国际经济评论》2013年第1期。

王碧珺：《中国参与全球投资治理的机遇与挑战》，《国际经济评论》2014年第1期。

王光、卢进勇：《国际投资规则新变化对我国企业"走出去"的影响及对策》，《国际贸易》2016年第12期。

王建、栾大鹏：《成本、禀赋与中国制造业对外直接投资——基于扩展KK模型的分析》，《世界经济研究》2013年第1期。

王丽、张岩：《对外直接投资与母国产业结构升级之间的关系研究——基于1990~2014年OECD国家的样本数据考察》，《世界经济研究》2016年第11期。

王丽：《对外直接投资与母国产业结构升级之间的关系研究》，《世界经济研究》2016年第11期。

王曼怡、石嘉琳:《新常态下中国对东盟直接投资研究》,《国际贸易》2015年第5期。

王启洋、任荣明:《投资壁垒的博弈分析及我国企业的应对策略研究》,《国际贸易问题》2013年第3期。

王启洋、任荣明:《我国企业海外投资的壁垒及其应对策略——基于东道国与企业的利益博弈模型》,《世界经济研究》2013年第10期。

王胜、田涛、谢润德:《中国对外直接投资的贸易效应研究》,《世界经济研究》2014年第10期。

王恕立、向姣姣:《对外直接投资逆向技术溢出与全要素生产率:基于不同投资动机的经验分析》,《国际贸易问题》2014年第9期。

王晓红:《构建新时期我国企业对外直接投资的新体制和新格局》,《国际贸易》2017年第3期。

王英:《对外直接投资与中国产业结构调整》,科学出版社2010年版。

魏际刚:《第三次工业革命对国际产业分工和竞争格局的影响》,《现代经济探讨》2014年第10期。

温湖炜:《中国企业对外直接投资能缓解产能过剩吗——基于中国工业企业数据库的实证研究》,《国际贸易问题》2017年第4期。

吴红雨:《价值链高端化与地方产业升级》,中国经济出版社2015年版。

吴书胜、李斌:《中国对外直接投资逆向技术溢出非线性效应研究——基于面板平滑转换模型的实证分析》,《世界经济研究》2015年第9期。

吴哲、范彦成、陈衍泰、黄莹等:《新兴经济体对外直接投资的逆向知识溢出效应——中国对"一带一路"国家OFDI的实证检验》,《中国管理科学》2015年第11期。

夏先良:《构筑"一带一路"国际产能合作体制机制与政策体系》,《国际贸易》2015年第11期。

谢光亚、张佳颖:《中国OFDI的制造业产业"空心化"效应研究》,《湖南大学学报(社会科学版)》2018年第2期。

谢无忌:《马来西亚工业化的进展和对外贸易结构的变化》,《南洋资料译丛》1979年第3期。

徐茂魁、陈丰:《日本企业对外直接投资规避反倾销的经验研究》,《现代日本经济》2009年第1期。

徐秀军:《新兴经济体与全球经济治理结构转型》,《世界经济与政治》

2012年第10期。

亚历克斯·柯布林、李想：《中国对美投资：来自私企还是国企？》，《国际经济评论》2014年第3期。

杨恺钧、胡树丽：《经济发展、制度特征与对外直接投资的决定因素——基于"金砖四国"面板数据的实证研究》，《国际贸易问题》2013年第11期。

杨亚平、吴祝红：《中国制造业企业OFDI带来"去制造业"吗——基于微观数据和投资动机的实证研究》，《国际贸易问题》2016年第8期。

杨英、刘彩霞：《"一带一路"背景下对外直接投资与中国产业升级的关系》，《华南师范大学学报（社会科学版）》2015年第10期。

杨振兵：《对外直接投资、市场分割与产能过剩治理》，《国际贸易问题》2015年第11期。

姚战琪：《基于全球价值链视角的中国企业海外投资效率问题研究》，《国际贸易》2016年第2期。

姚枝仲：《如何看待中国当前的对外直接投资》，《国际经济评论》2009年第5期。

叶娇、赵云鹏：《对外直接投资与逆向技术溢出——基于企业微观特征的分析》，《国际贸易问题》2016年第1期。

尹小剑：《中国企业对外直接投资的产业选择研究》，经济管理出版社2014年版。

于世海：《中国对外直接投资与产业升级互动机制研究》，武汉理工大学博士学位论文，2014年。

余官胜、都斌等：《中国"天生对外直接投资"企业的特征与影响因素——基于微观层面数据的实证研究》，《国际贸易问题》2017年第10期。

袁其刚、朱学昌、王玥：《〈对外投资国别产业导向目录〉对企业OFDI行为的影响及其生产率效应的检验》，《国际贸易问题》2016年第6期。

张宝艳：《俄罗斯对外直接投资：理论、现状与影响》，《俄罗斯中亚东欧研究?》2009年第5期。

张海波：《对外直接投资能促进我国制造业跨国企业生产率提升吗——基于投资广度和投资深度的实证检验》，《国际贸易问题》2017年第4期。

张海波：《东亚新兴经济体对外直接投资对母国经济效应研究》，辽宁大学博士学位论文，2011年。

张宏、王建：《中国对外直接投资与全球价值链升级》，中国人民大学出版社 2013 年版。

张纪凤、黄萍:《替代出口还是促进出口——我国对外直接投资对出口的影响研究》,《国际贸易问题》2013 年第 3 期。

张述存:《"一带一路"战略下优化中国对外直接投资布局的思路与对策》,《管理世界》2017 年第 4 期。

张晓平:《美国对外直接投资的区域和行业分布变化》,《世界地理研究》2001 年第 9 期。

张亚斌:《"一带一路"投资便利化与中国对外直接投资选择——基于跨国面板数据及投资引力模型的实证研究》,《国际贸易问题》2016 年第 9 期。

张宇燕、田丰:《新兴经济体的界定及其在世界经济格局中的地位》,《国际经济评论》2010 年第 7 期。

赵宸宇、李雪松:《对外直接投资与企业技术创新——基于中国上市公司微观数据的实证研究》,《国际贸易问题》2017 年第 6 期。

赵东麒、桑百川:《"一带一路"倡议下的国际产能合作——基于产业国际竞争力的实证分析》,《国际贸易问题》2016 年第 10 期。

赵萌:《韩国对外直接投资特点探析》,外交学院博士论文,2011 年。

赵明亮、杨蕙馨:《"一带一路"战略下中国钢铁业过剩产能化解:贸易基础、投资机会与实现机制》,《华东师范大学学报(哲学社会科学版)》2017 年第 7 期。

郑蕾、刘志高:《中国对"一带一路"沿线直接投资空间格局》,《地理科学进展》2015 年第 5 期。

中华人民共和国商务部、中华人民共和国国家统计局、国家外汇管理局:《2014 年度中国对外直接投资统计公报》,中国统计出版社 2015 年版。

中华人民共和国商务部、中华人民共和国国家统计局、国家外汇管理局:《2015 年度中国对外直接投资统计公报》,中国统计出版社 2016 年版。

中华人民共和国商务部、中华人民共和国国家统计局、国家外汇管理局:《2016 年度中国对外直接投资统计公报》,中国统计出版社 2017 年版。

钟昌标、黄远浙、刘伟:《新兴经济体海外研发对母公司创新影响的研究——基于渐进式创新和颠覆式创新视角》,《南开经济研究》2014 年第 12 期。

周杰:《印度跨国公司对外直接投资研究》,四川大学博士学位论文,2009 年。

周帅:《美国和日本的产业空心化问题研究》,辽宁师范大学硕士学位论文,2015年。

庄宗明、孔瑞:《制造业结构调整与经济波动:美国的实例》,《国际经济合作》2007年第2期。

A. Cuervo-Cazurra, 2007: "Sequence of Value-added Activities in the Multinationalization of Developing Country Firms", *Journal of International Management*.

A. Cuervo-Cazurral & M. Genc, 2008: "Transforming Disadvantages into Advantages: Developing-country MNEs in the Least Developed Countries", *Journal of International Business Studies*.

Abe K., 1992: "Japan Direct Investment in the USA: Direct Investment, Hollowing-Out and Deindustrialization", *In Economic, Industrial, and Managerial Coordination between Japan and the USA*[M]. Edited by Kiyoshi A., William G. and Harold S., New York, St. Martin's Press.

Aggarwal, R. & Agmon, T., 1990: "The International Success of Developing Country Firms: Role of Government-directed Comparative Advantage", *Management International Review*.

Aulakh, P.S., 2007: "Emerging Multinationals from Developing Economies: Motivations, Paths and Performance", *Journal of International Management*.

B Ramasamy, M Yeung, S Laforet, 2012: "China's Outward Foreign Direct Investment: Location Choice and Firm Ownership", *Journal of World Business*.

Balaramasamy, Mathew Yeung, Sylvie Laforet, 2012: "China's Outward Foreign Direct Investment: Location Choice and Firm Ownership", *Journal of World Business*.

Barry F. Gorg, H. McDowell, 2003: "Outward FDI and the Investment Development Path of a Late-industrializing Economy: Evidence from Ireland", *Regional Studies*.

Bartlett, C. A., & Ghoshal, S., 2000: "Going Global: Lessons from Late Movers", *Harvard Business Review*.

Belussi, F., G. Rudello and M. Savarese, 2016: "The Internationalization of MNEs from and to BRICS Countries: The Case of the Industrial Machinery Industry", Marco Fanno Working Papers 205, Università degli studi di Padova, Padova.

Binnur Neidik, Gary Gereffi, 2006: "Explaining Turkey's Emergence and Sustained Competitiveness as a Full-package Supplier of Apparel", *Environment and Planning A*.

Blomstrom M. Fors Gunnar, Lipsey Robert E., 1997: "Foreign Direct Investment and Employment: Home Country Experience in the United States and Sweden", *The Journal of the Royal Economic Society*.

Bonaglia, F., Goldstein, A., & Mathews, J. A., 2007: "Accelerated Internationalization by Emerging Markets' Multinationals: The Case of White Goods Sector", *Journal of World Business*.

Bonaglia, F., Goldstein, A., & Mathews, J. A., 2007: "Accelerated Internationalization by Emerging Markets' Multinationals: The Case of White Goods Sector", *Journal of World Business*.

Braconier H.. K. Ekholm, K. H. Midelfart Knarvi, 2001: "In search of FDI-transmitted R&D Spillovers: A Study Based on Swedish Data"[J], *Review of World Economics*.

Cabor Hunya, 2002: "Restructuring Through FDI in Romanian Manufacturing", *Economic Systems*.

Chen Yongmin, Ruqu Wang, 2004: "A Model of Competing Selling Mechanisms", *Economic Letters*.

Child, J. & Rodrigues, S.B., 2005: "The Internationalization of Chinese Firms: A Case for Theoretical Extension?", *Management and Organization Review*.

Chittoor, R. & Ray, S., 2007: "Internationalization Paths of Indian Pharmaceutical Firms-A Strategic Group Analysis", *Journal of International Management*.

Crafts N., 1996: "Deindustrialisation and Economic Growth", *The Journal of the Royal Econom Society*.

Cuervo-Cazurra, 2007: "A. Sequence of Value-added Activities in the Multinationalization of Developing Country Firms", *Journal of International Management*.

Cuervo-Cazurra, 2008: "A. The Multinationalization of Developing Country MNEs: The Case of Multilatinas", *Journal of International Management*.

D. W. Yiu., C. M. Lau & G. D. Bruton, 2007: "International Venturing by Emerging Economy Firms: The Effects of Firm Capabilities, Home Country Networks, and Corporate Entrepreneurship", *Journal of International Business Studies*.

Deng, P., 2009: "Why Do Chinese Firms Tend to Acquire Strategic Assets in International Expansion?", *Journal of World Business*.

Deng, P., 2003: "Foreign Investment by Multinationals from Emerging Countries: The Case of China", *Journal of Leadership & Organizational Studies*.

Dirk Holtbr, Heidi Kreppel, 2012: "Determinants of Outward Foreign Direct Investment from BRIC Countries: An Explorative Study", *International Journal of Emerging Markets*.

Donald J., 1993: "Outward Direct Investment by Indonesian Firms: Motivation and Effects", *Journal of International Business Studies*.

Dunning, J. H., C. Kim & D. Park, 2008: "Old Wine in New Bottles: a Comparison of Emerging Market TNCs Today and Developed Country TNCs Thirty Years ago", SLPTMD Working Paper Series, No.011.

Dunning, J. H., Hoesel, R. & Narula, R., 1996: "Explaining the New Wave of outward FDI from Developing Countries: The Case of Taiwan and Korea." *MERIT Research Memoranda*, No.009.

Dunning, J.H. R. V. Hoesel & R. Narula, 1998: "Third World Multinationals Revisited: New Developments and Theoretical Implications", In J.H. Dunning(ed), *Globalisation, Trade and Investment*, Amsterdam: Elsevier.

Erdener, C. & Shapiro, D. M., 2005: "The Internationalization of Chinese Family Enterprises and Dunning's Eclectic MNE Paradigm", *Management and Organization Review*.

Eric W. K. Tsang, 2002: "Learning from Overseas Venturing Experience: The Case of Chinese Family Businesses", *Journal of Business Venturing*.

Fagerberg J., 2000: "Technological Progress, Structural Change and Productivity Growth: A Comparative", *Structural Change and Economic Dynamics*.

G. D. Bruton, D. Ahlstrom & K. Obloj, 2008: "Entrepreneurship in Emerging Economies: Where Are We Today and Where Should the Research Go in the Future", *Entrepreneurship Theory and Practice*, January.

Ge, G. L. & Ding, D. Z., 2008: "A Strategic Analysis of Surging Chinese Manufacturers: The Case of Galanz", *Asia Pacific J Manage*.

Hoskisson, R. E. L. Eden, C. M. Lau & M. Wright, 2000: "Lorraine. Strategy in Emerging Economies", *Academy of Management Journal*.

J. Child & S. B. Rodrigues, 2005: "The Internationalization of Chinese Firms: A Case for Theoretical Extension?", *Management and Organization Review*.

J. Lee & J. Slater, 2007: "Dynamic Capabilities, Entrepreneurial Rent-seeking and the Investment Development Path: The Case of Samsung", *Journal of International Management*.

Kedia, Ben, Nolan Gaffney and Jack Clampit, 2012: "EMNEs and Knowledge—Seeking FDI", *Management International Review*.

Kefei You, Offiong Helen Solomon, 2015: "China's Outward Foreign Direct Investment and Domestic Investment: An Industrial Level Analysis", *China Economic Review*.

Khanna, T. & Palepu, K. G., 2006: "Emerging Giants: Building Worldclass Companies in Developing Countries", *Harvard Business Review*.

Klein, S. & Wocke, 2007: "A. Emerging Global Contenders: The South African Experience", *Journal of International Management*.

Lall S., 1996: "The Investment Development Path: Some Conclusions", In J. H. *Foreign Direct Investment and Governments: Catalysts for Economic Restructuring*.

LC Kwok Hon, MA Zihui, 2010: "China's Outward Foreign Direct Investment", *Economic Journal*.

Li, P. P., 2007: "Toward an Integrated Theory of Multinational Evolution: The Evidence of Chinese Multinational Enterprises as Latecomers", *Journal of International Management*.

Li, P.P. & Chang, T., 2000: "The Paradox of Asian Management Practices: A Case Study", In J. Choi (ed) *International Finance Review*. Stamford, CT: JAI Press.

Li, P. P., 2003: "Toward a Geocentric Theory of Multinational Evolution: the Implications from the Asian MNEs as Latecomers", *Asia Pacific Journal of Management*.

Liu Xiaoguang, Gou Qin, Lu Feng, 2015: "Remedy or Poison: Impacts of China's Outward Direct Investment on Its Exports", *China & World Economy*.

Liu, X., Buck, T., & Shu, C., 2005: "Chinese Economic Development, the Next Stage: Outward FDI?", *International Business Review*.

Lu, Y., 2007: "Home-based Product Strategies and Export Performance in International Entrepreneurial Firms", Working paper, Chinese University of Hong Kong.

Luo, Y.D. & Tung, R. L., 2007: "International Expansion of Emerging Market Enterprises: A Springboard Perspective", *Journal of International Business Studies*.

Makino, S., Lau, C.M. and Yeh, R.S., 2002: "Asset-exploitation Versus Asset-seeking: Implications for Location Choice of Foreign Direct Investment From Newly Industrialized Economies", *Journal of International Business Studies*.

Malik, O. M. and R. Agarwal, 2012: "The Rise of Emerging Market Multinational Companies(EMNC): A Capabilities-Based Perspective". Paper presented at the Third Copenhagen Conference on Emerging Multinationals: Outward Investment from Emerging Economies, Copenhagen, Denmark, 25—26 October.

Mathews, J. A., 2006: "Dragon Multinationals: New Players in 21st Century Globalization", *Asia Pacific Journal of Management*.

Michael Carney & Marleen Dieleman, 2011: "Indonesia's Missing Multinationals: Business Groups and Outward Direct Investment", *Bulletin of Indonesian Economic Studies*.

Moon, Hwy-Chang. & Roehl, Thomas W., 2001: "Unconventional Foreign Direct Investment and the Imbalance Theory", *International Business Review*.

Narula, R., 2006: "Globalization, New Ecologies, New Zoologies, and the Purported Death of the Eclectic Paradigm", *Asia Pacific Journal of Man-*

agement.

P. J. Buckley, L. J. Clegg, et al., 2007: "The Determinants of Chinese Outward Foreign Direct Investment", *Journal of International Business Studies*.

Pananond, P., 2007: "The Changing Dynamics of Thai Multinationals after the Asian Economic Crisis", *Journal of International Management*.

Peng, M.W. & Zhou, J.Q., 2005: "How Network Strategies and Institutional Transitions Evolve in Asia", *Asia Pacific Journal of Management*.

PJ Buckley, LJ Clegg, et., 2018: *A Retrospective and Agenda for Future Research on Chinese Outward Foreign Direct Investment*, Social Science Electronic Publishing.

R. Chittoor & S. Ray, 2007: "Internationalization Paths of Indian Pharmaceutical Firms—A Strategic Group Analysis", *Journal of International Management*.

Rui, H. & Yip, G. S., 2008: "Foreign Acquisitions by Chinese Firms: A Strategic Intent Perspective", *Journal of World Business*.

S. Sasidharan, M. Padmaja, M. Kawai, 2018: *Do Financing Constraints Impact Outward Foreign Direct Investment? Evidence from India*, Social Science Electronic Publishing.

S. Thukral, V. Tripathi, 2018: "Impact of Characteristics of Emerging Market's Firm on Financing Their Outward Foreign Direct Investment", *International Journal of Public Sector Performance*.

Sim, A. B., & Pandian, J. R., 2003: "Emerging Asian MNEs and Their Internationalization Strategies: Case Study Evidence on Taiwanese and Singaporean Firms", *Asia Pacific Journal of Management*.

Tolentino, P. E., 1993: *Technological Innovation and Third World Multinationals*, London: Routledge.

V. T. Thu, Q. H. Le, T. B. D. Le., 2018: "Determinants of Vietnam's Outward Direct Investment: The Case of Cambodia", *Journal of Economic Development*.

Wen Chung Hsu, ChengQi Wang, Jeremy Clegg, 2015: "The Effects of Outward Foreign Direct Investment on Fixed-Capital Formation at Home: The Roles of Host Location and Industry Characteristics", *Global*

Economic Review.

Wesson, T. J., 1993: "An Alternative Motivation for Foreign Direct Investment", Unpublished Ph.D dissertation, Harvard University.

Williamson, P. & Zeng, M. In Ravi Ramamurti and Jitendra V. Singh (eds.), 2008: *Emerging Multinationals from Emerging Markets*, Chapter 2. Cambridge, UK: Cambridge University Press. (Earlier version of this paper originally presented at the Northeastern University-Wharton School conference, held in Boston)

Wladimir, Andreff, 2017: "New-Wave Emerging Multinational Companies: The Determinants of Their Outward Foreign Direct Investment", *China Economic Review*.

X. Liu, W. Xiao & Xi.Huang, 2008: "Bounded Entrepreneurship and Internationalisation of Indigenous Chinese Private-owned Firms", *International Business Review*.

Y. Yamakawa, M. W. Peng & D. L. Deeds, 2008: "What Drives New Ventures to Internationalize from Emerging to Developed Economies?", *Eentrepreneurship Theory and Practice*, January.

Y.D. Luo & R. L. Tung, 2007: "International Expansion of Emerging Market Enterprises: A Springboard Perspective", *Journal of International Business Studies*.

Yamakawa Y., Peng M. W. & David L. Deeds, 2008: "What Drives New Ventures to Internationalize from Emerging to Developed Economies?", *Eentrepreneurship Theory and Practice*, January.

Yang, X. Yi Jiang, Rongping Kang & Yinbin Ke, 2009: "A Comparative Analysis of the Internationalization of Chinese and Japanese Firms", *Asia Pacific Journal of Management*.

Yeung, H., 1998: "Transnational Corporations and Business Networks: Hong Kong Firms in the ASEAN Region", London: Routledege.

Yiu, D. W., Lau, C. M. & Bruton, G. D., 2007: "International Venturing by Emerging Economy Firms: The Effects of Firm Capabilities, Home Country Networks, and Corporate Entrepreneurship", *Journal of International Business Studies*.

图书在版编目(CIP)数据

新兴经济体对外直接投资与母国产业升级的互动关系研究 / 李珮璘著 . — 上海：上海社会科学院出版社，2020
 ISBN 978 - 7 - 5520 - 3329 - 8

Ⅰ.①新… Ⅱ.①李… Ⅲ.①对外投资—直接投资—研究—世界 Ⅳ.①F831.6

中国版本图书馆 CIP 数据核字(2020)第 198498 号

新兴经济体对外直接投资与母国产业升级的互动关系研究

著　者：李珮璘
责任编辑：王　勤
封面设计：朱忠诚
出版发行：上海社会科学院出版社
　　　　　上海顺昌路 622 号　邮编 200025
　　　　　电话总机 021 - 63315947　销售热线 021 - 53063735
　　　　　http://www.sassp.cn　E-mail：sassp@sassp.cn
照　　排：南京理工出版信息技术有限公司
印　　刷：上海颛辉印刷厂有限公司
开　　本：710 毫米×1010 毫米　1/16
印　　张：17
字　　数：275 千字
版　　次：2020 年 11 月第 1 版　2020 年 11 月第 1 次印刷

ISBN 978 - 7 - 5520 - 3329 - 8/F · 634　　　　　　　　　　定价：79.80 元

版权所有　翻印必究